남자아이 여자아이

이 도서의 국립중앙도서관 출판시도서목록(CIP)은
e-CIP 홈페이지(http://www.nl.go.kr/cip.php)에서 이용하실 수 있습니다.
(CIP제어번호: CIP2006002410)

WHY GENDER MATTERS:
What Parents and Teachers Need to Know about
the Emerging Science of Sex Differences by Leonard Sax

Copyright ⓒ 2005 by Leonard Sax
All rights reserved.
Korean translation copyright ⓒ 2007 by Ahchimyisul Publishing Co.
This Korean edition published by arrangement with Leonard Sax c/o Felicia Eth Literary
Representation, Palo Alto, CA through KCC(Korea Copyright Center Inc.), Seoul.

이 책의 한국어판 저작권은 (주)한국저작권센터(KCC)를 통해 저작권자와 독점계약한
도서출판 아침이슬에 있습니다. 저작권법에 의해 한국 내에서 보호를 받는 저작물이므로
무단전재와 무단복제를 금합니다.

남자아이
유치원생에서 고등학생까지
여자아이

부모와 교사들이 꼭 알아야 할 성별 차이와
효과적인 교육법

레너드 삭스 지음 | 이소영 옮김

아침이슬

차례

1장 | 성별 차이
성차를 무시한 교육의 문제점 · 11

2장 | 여자의 뇌, 남자의 뇌
남자의 뇌와 여자의 뇌는 다르다 · 25
남녀의 청력은 신생아 때부터 다르다 · 29
얼굴을 바라보는 여자아기, 모빌을 쳐다보는 남자아기 · 33
소녀는 명사를 그리고, 소년은 동사를 그린다 · 37
화성에서 온 소년, 금성에서 온 소녀 · 40
남자아이와 여자아이가 좋아하는 장난감은 다르다 · 42
감정이 섬세한 여자아이, 감정표현이 서툰 남자아이 · 45
뇌의 크기와 IQ는 상관이 있을까 · 47
아이를 키울 때 기억해야 할 두 가지 원칙―성별과 나이 · 50
타고난 성이 성적 취향보다 우선한다 · 54

3장 | 모험심
고리 던지기 · 59
소년은 자극 때문에 모험을 즐긴다 · 60
소녀들의 무기력은 학습된다 · 66
넘어져서 무릎이 까질 권리 · 74
위험에 어떻게 대비할 것인가 · 76

4장 공격성

오지탐험으로 우울증에서 벗어난 제프리 · 81
소년들의 공격성은 진화의 부산물이다 · 84
소년에게는 공격성을 표출할 기회가 필요하다 · 88
소년과 소녀는 고통을 느끼는 정도가 다르다 · 93
스트레스에 도전하는 소년들, 스트레스를 피하는 소녀들 · 96
소년들에게는 폭력의 배출구가 필요하다 · 97
소녀들의 싸움은 고요하나 치명적이다 · 101

5장 학교생활

남자 교사와의 불화로 인생이 바뀐 멜라니 · 111
소년들의 우정, 소녀들의 우정 · 117
주의력결핍장애—청력이 떨어지는 소년들의 굴레 · 124
행복한 교실—성차를 간파한 선생님들 · 125
조기 학습으로 망가지는 아이들 · 130
우리 딸은 왜 수학을 못 할까 · 138
우리 아들 왜 읽기를 싫어할까 · 148
소년은 자기를 과대평가하고, 소녀는 자기를 과소평가한다 · 156

6장 성 문제

요즘 아이들의 성 문화 · 161
관계 형성 능력을 망가뜨리는 성적 접촉 · 164
여자는 정서적 유대를 원하고, 남자는 신체적 접촉을 원한다 · 166
남자 패러다임 · 173

아이들의 현실에 무지한 부모들 · 175
소년들은 인간인가 · 176
그렇다면 부모가 할 수 있는 일은? · 182

7장 중독

약물중독에 빠진 케이틀린 · 191
아이들이 약물에 손을 대는 이유 · 196
부모의 욕심으로 마약에 빠진 이던 · 203
아이는 부모의 거울이다—자신의 모습을 들여다보라 · 210
사실만을 말하라 · 211
저녁은 가족이 함께 먹는다 · 213
하늘이 무너지는 날 · 215

8장 어떻게 키울 것인가

통제되지 않는 아이, 크리스틴 · 219
권위를 세우지 못하는 부모들 · 223
올바른 태도를 길러주는 훈련법 · 228
문제 부모가 문제 아이를 만든다—다시 한 번 자신의 모습을 들여다보라 · 233
벌을 줄 때도 성별과 나이를 고려하라 · 237
남의 입장 되어보기 · 238
연령과 성별에 따른 구체적인 훈련지침 · 240
볼기를 때리는 것은 아동학대인가 · 252
매를 아끼고 진정제를 투여하는 아이러니 · 255
닫혀버린 크리스틴의 인생 · 261

9장 동성애자, 양성애자, 트랜스젠더

게이 소년 다니엘 · 267
게이 의사 사이먼 르베이 · 271
게이에 대한 오해 · 273
방탕하게 살아가기 · 277
레즈비언—선천적인가, 후천적인가 · 279
여성적 특성이 강한 소년 마틴 · 283
변종 남자 · 289
남성적 특성이 강한 소녀 에이미 · 295
변종 소년과 변종 소녀의 차이점 · 297

10장 분홍(여성)과 파랑(남성)의 이분법 극복하기

성별을 의식하지 않는 사회 · 301
분홍과 파랑을 넘어서 · 316

부록1 | **성과 성별의 차이** · 321
부록2 | **여성지수 남성지수** · 323
옮긴이의 글 | 지금은 성별 차이에 다시 주목할 시기이다 · 331

인명색인 · 334
용어색인 · 337
참고문헌 · 340

1장 성별 차이

지난 30년 동안 아동발달상의 성차를 인정하지 않고
존중하지 않았기 때문에 엄청난 문제가 생겨났다.
요즈음 아이들은 부모 세대가 유아기나 사춘기 시절에 겪었던 것과는
근본적으로 다른 문제들에 직면하고 있다.

w h y
Gender
Matters

성차를 무시한 교육의 문제점

다섯 살짜리 남자아이 매튜는 여름 내내 유치원에 가게 될 9월을 손꼽아 기다렸다. 매튜는 유치원이 친구들과 마냥 재미있게 놀 수 있는 곳이라 생각했는지 빨리 유치원에 다니고 싶다며 안달을 했다. 그런데 유치원에 들어간 지 한 달 남짓 무렵부터 아이가 유치원에 가기 싫다며 떼를 쓰기 시작했다. 매튜의 엄마는 아침이면 아이가 옷도 입지 않고 심술을 부리자 깜짝 놀랐다. 안 가겠다고 떼를 쓰는 아이에게 억지로 옷을 입혀 차에 태우고 유치원에 도착해서도 교실까지 질질 끌고 가다시피 하는 날이 반복되었다. 매튜의 엄마는 아들이 무엇 때문에 유치원에 가지 않으려고 하는지 알아보려고 수업도 참관하고 교사와 면담도 했으나 별로 문제될 것이 없어 보였다. 말투도 부드럽고, 성품도 온화하고, 박식해 보이는 교사는 크게 걱정할 것 없다며 엄마를 안심시켜주었다. 그래도 매튜의 엄마는 마음을 놓을 수가 없었다. 그것은 당연했다. 매튜에게 심각한 문제가 닥쳐오고 있었기 때문이다.

케이틀린은 수줍음이 많은 여자아이로 초등학교 시절 내내 조금 뚱뚱한 편이었다. 토실토실하고 외톨이였던 케이틀린은 중학교에 들어가면서부터 180도로 변하여 적극적이고 사교적인 소녀가 되었다. 엄마는 딸아이의 몸무게가 놀랄 정도로 줄어들었기 때문에 혹시 신경성 식욕부진증(거식증)에 걸린 것은 아닌지 걱정스러웠지만 그 후 4년 동안 아무 일도 일어나지 않았다. 가끔 지나치다 싶을 정도로 열정적이고 광적인 행동을 하기도 했지만 아이는 훌륭하게 자라는 것 같았다. 케이틀린은 힘겨운 학업을 감당해냈고 친구도 많아졌으며 빽빽한 방과후활동도 빼놓지 않고 열심히 참여했다. 밤을 새워가며 숙제를 하는 날도 많았다. 그래도 아이는 아주 행복해 보였다. 종종 지나치게 흥분해서 기진맥진할 때만 제외하면 케이틀린은 늘 행복해했다. 아니 11월의 어느 날 새벽, 전화벨이 울리기 전까지는 모두들 그렇게 생각했다. 너무나 끔찍해서 결코 잊지 못할 그날 새벽 3시, 전화를 건 간호사는 케이틀린이 응급실에 누워 있으며 아직 의식이 회복되지 않은 상태라고 말했다. 아이가 자살을 하려고 진통제 바이코딘과 신경안정제 재낵스를 과다 복용했던 것이다.

위의 두 사례는 모두 실제로 일어났던 일로 몇 가지 불길한 공통점을 가지고 있다. 하나는 두 아이 모두 처음에는 아무 문제가 없었는데 후에 좋지 못한 방향으로 나아갔다는 것이고, 다른 하나는 두 경우 모두 부모가 남자아이와 여자아이의 몇 가지 기본적인 차이점을 이해하지 못해 문제가 발생했다는 것이다. 두 아이의 부모가 자기 아이들의 삶에서 '정말로 어떤 일이 벌어지고 있는지' 인식할 수 있을 만큼 성별 차이에 대해 알고 있었더라면 문제를 미리 예방하거나 해결할 만한 조처들을 취할 수 있었을 것이고 불행한 사태를 미리 막을 수도 있었을 것이다.

아직은 위의 두 사례가 성차의 이해와 어떤 관계가 있는지 분명하게 인식하지 못할 것이다. 뒤에 가서 매튜와 케이틀린에 대한 이야기를 좀 더 자세히 들어보고 또 확고한 성별 차이에 대해 어느 정도 기본적인 지식을 갖게 되면 부모들이 어느 시점에서 잘못된 결정을 내렸고, 적절한 조처를 취할 시점이 언제였는지 깨닫게 될 것이다.

나는 1980년 9월 펜실베이니아대학교 심리학과 대학원 박사과정에 등록하고 발달심리학 강좌를 신청했다.

"남자아이들과 여자아이들은 왜 서로 다르게 행동할까요?"

저스틴 애론프리드 교수가 다분히 수사학적인 질문을 던지고 나서 다음과 같이 말했다.

"우리들이 그렇게 행동하기를 '기대'하기 때문입니다. 여자아이들에게는 탱크나 트럭을 가지고 놀게 하고 남자아이들에게는 인형을 가지고 놀게 하는 그런 세상을 상상해봅시다. 남자아이들은 부드럽게 꼭 껴안아주고, 여자아이들과는 이리저리 뒹굴면서 난폭한 게임을 벌이는 그런 세상말입니다. 그러면 우리가 지금 소년 소녀들에게서 보고 있는 서로 다른 많은 행동 양식들, 어쩌면 거의 '모든' 차이점들이 사라질지도 모릅니다."

또 다른 세미나에서는 존스홉킨스대학교 존 머니 교수의 놀라운 연구 업적에 대하여 배우게 되었다. 머니 교수는 포경수술을 받던 중 불행하게도 성기가 타버린 한 어린 소년의 부모로부터 상담 요청을 받았다. 머니 박사의 권고로 소년은 여자아이로 양육되었고, (머니 박사에 의하면) 훌륭한 결과가 나타났다. 그 아이는 옷을 차려입는 놀이를 아주 좋아했고 부엌에서 즐겁게 엄마를 도왔으며 총이나 트럭 같은 '사내아이용 장난감'은 거들떠보지도 않았다.

강좌를 맡았던 헨리 글라이트 교수는 이렇게 말했다.

"머니 박사의 연구 결과 소년 소녀에게서 나타나는 대부분의 차이점들은 사회적으로 형성된 것이라는 증거가 더 많아졌다. 우리가 만들어놓은 성역할에 순응하는 아이들에게는 칭찬이라는 보상을 주는 반면에 그런 역할에 순응하지 않는 아이들에게는 벌을 주거나 적어도 보상은 해주지 않는 부모들이 소년 소녀에게서 나타나는 차이점을 만들어내고 강화시키고 있다."

우리는 교수의 말에 동의한다는 듯이 고개를 끄덕거렸다. 당시 우리는 여자아이와 남자아이는 태어날 때부터 차이가 있다는 개념에 매달려 있는 부모들을 어리석다고 생각했었다.

학교를 졸업하고 가정의로 레지던트 생활을 시작한 나는 펜실베이니아대학교에서 모아두었던 논문을 대부분 내다버렸다. 쓰레기통으로 들어가지 않은 유일한 자료는 1950년대와 1960년대에 존 코르소 교수가 발표했던 논문들로 남자보다 여자가 청력이 더 좋다는 내용을 담고 있었다.

4년 동안의 레지던트 생활을 마친 다음 우리 부부는 가정의학과 전문병원을 개업하였다. 그 후로 나는 성별 차이에 대한 생각을 별로 하지 않았다. 그런데 1990년대 중반이 되자 내 진찰실로 초등학교 2학년, 3학년 남자아이들이 줄줄이 들어오기 시작했다. 아이를 데려오는 부모들의 손에는 학교에서 보낸 쪽지가 들려 있었다. 대부분 "걱정스럽게도 저스틴(또는 완, 마이클, 타이런)에게서 주의력결핍장애Attention Deficit Disorders, ADD 증세가 나타납니다. 병원에 가서서 진단을 받아 보시기 바랍니다."라는 내용이었다.

이 소년들을 만나본 뒤 나는 이 아이들에게는 주의력결핍장애를 완화시키는 약이 아니라, 오히려 '남자아이와 여자아이의 학습 방식에는 확고하고도 결정적인 차이가 있다'는 것을 이해하는 '교사'가 필요하다는 사실을 발견했다. 그리고 탐문 조사를 진행하는 과정에서 학교에 근무하는 교직원들 중에는 청력에 성별 차이가 있다는 점을 인식하고 있는 사람이 단 한 명도 없다는 사실을 알게 되었다. 나는 코르소 교수의 논문들을 다시 꺼내 보았다. 거기에는 분명 남자아이들은 여자아이들만큼 청력이 좋지 못하다고 적혀 있었다.

일단 초등학교 1학년 교실을 생각해보자. 6살짜리 남자아이 저스틴이 교실 뒤쪽에 앉아 있는 모습을 상상해보라. 여교사는 자신이 생각하기에 적절하다고 여겨지는 어조로 이야기를 하고 있다. 그러나 저스틴에게는 교사의 말소리가 거의 들리지 않는다. 당연히 그 아이는 교사의 말에 귀를 기울이는 대신 멍하니 창밖을 내다보거나 천장을 기어가는 파리에게 주의를 돌린다. 저스틴이 주목하지 않는다는 것을 알아차린 교사는 저스틴이 산만하다고 생각한다. 그리고 저스틴에게 주의력결핍장애가 있는 것이 아닐까 의심한다.

교사는 자신의 판단이 절대적으로 옳다고 확신한다. 하지만 저스틴이 주의를 집중하지 못하는 이유는 '주의력결핍장애' 때문이 아니라 교사의 부드럽고 나직한 목소리를 거의 알아들을 수 없기 때문이다. 그 여교사는 자기 자신이나 여자아이들에게는 편안한 어조로 말했지만 몇몇 소년들은 실제로 교사의 말을 알아듣지 못했고 수업 시간에 잠이 들기도 했다. 소년들에게 나타나는 이런 문제는 아이를 앞쪽에 앉히는 것만으로도 간단히 해결된다.

한번은 주의력결핍장애 때문에 찾아온 부모에게 그런 의견을 말하고 소견서를 써주었는데 그 부모가 다시 찾아왔다. 학교에서 다른 의사를 찾아가 진단을 받아보라고 했다는 것이다.

"선생님, 우리가 선생님 말씀을 믿지 못하는 게 아니에요. 학교에서 전문가의 견해를 받아 와야 한다고 심각하게 권했기 때문이에요."

얼마 지나지 않아서 나는 이 학교가 '전문가'라고 생각하는 의사는 주로 약물을 처방하는 의사들이라는 것을 알게 되었다. 그리고 이런 일이 나 혼자만 겪는 것인지 확인하기 위해 워싱턴 지역의 모든 의사들을 대상으로 설문 조사를 했다. 설문의 내용은 기본적으로 '아이에게 맨 처음 주의력결핍장애라는 진단을 내린 사람은 누구인가?'였다. 그 결과 대부분 교사들이 먼저 진단을 내렸다는 것을 알게 되었다. 부모도 아니고, 이웃 사람도 아니고, 의사도 아니었던 것이다.

그 후 남자아이와 여자아이의 청력 차이에 대한 책을 쓰라는 주변의 권유를 받고 대중적인 책들을 많이 읽었다. 놀랍게도 대부분의 책들이 남자와 여자의 타고난 차이점에 대한 기본적인 사실조차 언급하지 않고 있었다. 뿐만 아니라 이런 책들은 몇 가지 점에서 아이들의 양육에 도움이 되지 않는 수많은 오해와 오류들을 주장하고 있었다.

우선 남자와 여자는 태어날 때부터 서로 다르게 태어난다고 암시하는 것조차 남성우월주의적인 태도라고 주장하는 책들이 있다. 예를 들면 브라운대학교의 한 교수는 최근에 출간한 책에서 인간을 두 개의 성 즉 남자, 여자로 구분하는 것은 우리 문화가 만들어낸 인위적인 개념이라고 주장했다. 이 책의 논지는 '우리가 현재 알고 있는 남성성과 여성성의 개념은 순전히 문화적인 발상'에서 비롯된 것이며 한 아이에게 소년 또는 소녀라는 '명칭을 붙이기'로 한 것은 '사회적인 결정'이므로 우리는 어떤 아이에게도 소년 '또는' 소녀라는 이름을 붙여서는 안 된다는 것이었다.

나는 곧바로 '성별 중립적인' 육아 방식이 최상의 양육 방식이라고 조언하는 베스트셀러들을 모으기 시작했다. 이 책들은 전통적으로 아이의 성과 반대되는 장난감을 가지고 놀도록 훈련시켜야 아이의 덕성을 키울 수 있다고 조언하고 있었다. 아들에게는 인형을 가지고 놀게 해 남을 돌보는 법을 가르치고, 딸에게는 조립식 완구를 사주어야 한다는 것이다. 나는 남자아이에게 인형을 가지고 놀게 하면 남을 좀 더 배려하는 아이로 성장할 것이고, 여자아이에게 조립 완구를 가지고 놀게 하면 소녀들의 공간관계 기능이 향상될 것이라는 가설을 거부하는 것은 아니다. 그렇지만 이와 같은 성별 중립적인 육아 방식이 대단히 유익하다는 주장을 뒷받침해주는 과학적 증거는 어디서도 찾아볼 수 없었다.

물론 육아와 관련된 서가에는 소년과 소녀의 학습 방법에 선천적인 차이점이 있다는 것을 확인해주는 책들도 꽂혀 있다. 그렇지만 『경이로운 소년들 The Wonder of Boys』이나 『딸을 자신만만하고 용기 있는 소녀로 키우는 법 Girls Will Be Girls』 같은 책들은 성별에 대한 고리타분하고 정확하지 못한 고정관념을 조장하고 있을 뿐이다. 앞으로 살펴보겠지만 '소년들보다 소녀들의 감정이 더 풍부하다', '소년들은 두뇌 구조상 수학 공부에 유리하다' 같은 익숙한 통념들 역시 오류라는 것이 밝혀질 것이다.

이처럼 한편에는 소년과 소녀 사이에는 선천적으로 타고난 차이점이 전혀 없으며 그렇게 생각하지 않는 사람들은 1950년대 사고방식에 매달리는 보수주의자라고 주장하는 책들이 있는가 하면, 다른 한편에는 소년과 소녀 사이에 타고난 차이점들이 있음을 확신하면서도 그 차이를 성별에 대한 고정관념을 강화시키는 방향으로 해석하는 책들이 넘쳐나고 있다.

그러나 이런 책들에는 한 가지 공통점이 있었다. 그 책들은 객관적인 사실에 기초하여 집필된 것이 아니라 저자들의 개인적인 신념이나 정치적인 입장을 반영하고 있다는 것이다. 그리하여 그들은 타고난 성차를 부정하거나 아니면 아동발달에서 나타나는 남녀의 성차를 전통적인 성역할을 고수하는 구실로 이용한다.

몇 해에 걸쳐 소년 소녀에 대한 수많은 책들을 읽은 후 나는 실제적이고 과학적인 연구 조사에 기초한 책을 쓰겠다고 결심하게 되었다.

이 책에서는 지난 30년 동안 아동발달상의 성차를 인정하지 않고 존중하지 않았기 때문에 생겨난 엄청난 문제를 다룰 것이다. 요즈음 아이들은 15년이나 30년 전 혹은 40년 전 부모 세대가 유아기나 사춘기 시절에 겪었던 것과는 근본적으로 다른 문제들에 직면하고 있다. 통계를 살펴보면 오늘날의 십대들은 부모 세대보다 마약이나 알코올 남용에 노출될 가능성이 엄청나게 높다.

미국의 경우 십대 여학생들이 술을 마실 확률은 어머니 세대보다 4배 이상 높고 마약의 경우는 더 심해서 '15'배 이상이다. 전통적으로 알코올 남용은 십대 소녀보다는 십대 소년들에게 더 심각한 문제였다. 그러나 이제는 상황이 바뀌었다. 2004년 전미연구조사협회에서 출간한 보고서에 의하면 소년들보다도 나이 어린 십대 소녀들이 정기적으로 알코올을 '더 많이' 마시는 경향을 보이는데, 그것은 소년들이 술을 덜 마시기 때문이 아니라 소녀들이 술을 더 많이 마시기 때문이다.

소녀들이 알코올 문제에서 성별 차이를 좁혔다면 소년들은 마약 문제로 어려움을 겪을 가능성이 더 높다. FBI의 통계에 의하면, 약물남용으로 체포된 18세 이하 소년들의 숫자는 지난 10년 동안 50% 이상 증가했다. 18세 이하의 소년들이 18세 이하의 소녀들보다 약물남용 위반으로 체포될 가능성은 아직도 5배 이상이다.

그러나 더 중요한 것은 소년들에게 마약이 아니라 '학교'가 '새로운 문젯거리'로 등장했다는 것이다. 오늘날의 소녀들이 마약이나 알코올 문제에 연루될 가능성이 더 높다면 소년들은 학교생활에서 어려움을 겪을 가능성이 훨씬 더 높아졌다.

소년들의 학교 이탈 현상은 심각할 정도로 급증하고 있다. 최근 조사에 의하면 지난 20년 동안 미국 남학생들의 학업 성취도가 놀랄 정도로 저하되었다는 사실을 알 수 있다. 미국 교육부의 발표를 보면 11학년(한국의 고등학교 2학년) 남학생의 평균 작문 실력은 8학년 여학생의 평균 실력과 같은 수준이었다. 이와 유사한 성별 간극은 미국뿐 아니라 영국, 오스트레일리아, 뉴질랜드, 캐나다에서도 보고되고 있다.

대학에 진학하거나 대학을 졸업하는 남자들의 비율이 떨어지는 것 역시 세계적인 추세이다. 미국 교육부가 추정한 바로는 2011년이 되면 남녀 대학생의 비율은 100대 140, 즉 남녀 비율이 거의 40대 60에 육박하게 될 것이라고 한다.

이런 예측은 이미 현실로 나타나고 있다. 뉴욕대학교나 노스캐롤라이나대학교는 전체 학생 중 60% 이상이 여자이다. '여자 대학도 아닌 남녀공학에서 여학생의 비율이 이토록 높아지는 이유는 무엇인가? 대학에 진학하는 남학생의 비율이 꾸준히 낮아지고, 학업을 마치고 대학을 졸업하는 젊은 청년들의 비율이 떨어지는 이유는 무엇인가?'라는 질문은 시의적절하고 중요하다.

미국의 경우 고등학교 중도 탈락자의 비율도 이미 30%에 육박하고 있으며 대다수의 중도 탈락자가 남학생이다. 점점 더 많은 소년들이 초등학교, 중학교, 고등학교를 거치는 동안 실패에 실패를 거듭하면서 낙담한 나머지 "무엇 때문에 지긋지긋한 학교생활을 지속해야 한단 말인가?"라는 질문을 던지고 있다. 그 의문에 답하여 이 책의 뒷부분에서 성별 차이점을 '활용'하여 소년 소녀 모두에게 학습에 대한 새로운 흥미와 열정의 불을 지필 수 있는 방법을 제시할 것이다.

아직도 많은 교육 전문가들이나 정책 입안자들은 소년 소녀의 차이가 전적으로 사회적 기대감에서 연유한다는 독단적인 '사회적 구성주의'를 고수하고 있다. 소년과 소녀 사이에 존재하는 타고난 생물학적 차이점을 인정하지 않으려는 수많은 교육계 종사자들은 소년 소녀들이 교실에 들어갈 때 서로 다른 욕구, 서로 다른 능력, 서로 다른 목표를 가지고 있다는 사실을 충분히 인식하지 못하고 있다.

2001년 공립남학교와 공립여학교의 설립을 합법화하는 새로운 법안이 통과된 후 미국에서는 남학생과 여학생을 따로 교육시키는 공립학교의 숫자가 세 배 이상 증가하였다. 이 제도는 미국뿐 아니라 오스트레일리아, 뉴질랜드, 영국, 아일랜드에서도 큰 호응을 받고 있다.

이 책에서는 남학생과 여학생을 따로 교육하는 학교와 보이스카우트나 걸스카우트처럼 단일한 성만을 위한 특별활동의 장단점도 살펴보게 될 것이다. 적어도 어떤 상황에 처해 있는 일부 아이들에게는 여학생만을 위한 또는 남학생만을 위한 특별활동이 문제를 미연에 방지하거나 해결할 수 있는 기회를 제공해준다.

지난 몇 년 동안 나는 미국과 캐나다의 여러 학교에서 교사들을 대상으로 소년과 소녀의 학습 방식에 대해 강연했다. 그리고 그 과정에서 모든 좋은 교사와 좋은 부모에게서 나타나는 한 가지 공통점을 발견했다. 그들은 모두 어떻게 하면 아이들을 제대로 도와줄 수 있는지 고민하느라 밤잠을 설쳤으며 특정한 아이 한 명과 벌여온 힘겨운 싸움을 이야기하면서 눈물을 머금었다. 좋은 교사나 좋은 부모는 모두 각각의 아이들이 얼마나 독특한 존재인지 잘 알고 있었고 그 아이들이 가진 잠재력을 충분히 발휘할 수 있도록 도와주고 싶어 했다.

나는 이 책을 읽는 독자 여러분에게 때로는 부모로서, 때로는 교사로서의 역할을 제시하려 한다. 예를 들어 7장에서는 중독 문제를 놓고 부모들이 딸이나 아들과 대화하는 방법을 얘기할 것이다. 그리고 5장에서는 소녀들이 수학 공부에 흥미를 갖도록 수학을 가르치는 요령과 미술이나 예능에 대한 소년들의 흥미를 계속 유지시킬 수 있는 몇 가지 방안을 제시할 것이다. 혹시 교사가 아니더라도 이 장들을 주의 깊게 읽어주시기 바란다. 왜냐하면 교육 문제에는 모든 부모가 교사이며 모든 교육은 가정에서부터 시작되기 때문이다.

2장 여자의 뇌, 남자의 뇌

1990년대 중반이 되자 초등학교 2학년, 3학년
남자아이들이 주의력결핍장애가 의심된다는 쪽지를 들고
줄줄이 내 진찰실로 들어오기 시작했다.
그러나 이 소년들에게 정작 필요한 것은 주의력결핍장애를 완화시키는 약이 아니라
남자아이는 여자아이들보다 청력이 약하며 남자아이와 여자아이의 학습 방식에는
확고한 성차가 있다는 것을 이해하는 부모와 교사들이었다.

w h y
Gender
Matters

남자의 뇌와 여자의 뇌는 다르다

1800년대 말, 프랑스의 신경학자 샤를 에두아르 브라운-세카르와 영국의 신경학자 헨리 찰튼 바스티안은 각기 인간의 왼쪽 뇌가 언어를 전담하는 것 같다는 사실을 밝혀냈다. 뇌졸중으로 왼쪽 뇌가 손상된 사람은 오른쪽 뇌에 손상을 입은 사람보다 언어 기능을 잃어버릴 가능성이 훨씬 더 높다는 것이다. 이후로 인간의 왼쪽 뇌는 언어 기능을 담당하는 반면 오른쪽 뇌는 길을 찾는다거나 심상을 그리는 등의 공간 기능을 담당한다는 견해가 널리 퍼지게 되었다. 그렇다면 양쪽 뇌가 다른 기능을 담당한다는 이 사실은 남녀 모두에게 똑같이 적용되는 것일까?

성별 차이에 대한 현대적인 연구는 1964년에 시작되었다. 1964년

허버트 랜스델은 여자와 남자의 두뇌 조직에 해부학적인 성차가 있다고 보고하였다. 그 후 20여 년 동안 이루어진 연구에서 '남자'의 경우는 뇌의 좌반구가 분명히 언어 기능을 전담하지만 '여자'들은 그렇지 않다는 사실이 증명되었다.

뇌졸중을 앓았던 사람들을 조사한 결과 남녀의 뇌로 서로 다르게 조직되어 있어 남자의 뇌는 구역에 따라 기능이 정해져 있지만 여자의 뇌는 기능이 넓게 분포되어 있다는 견해가 설득력을 얻게 되었던 것이다. 예를 들어 뇌졸중으로 뇌의 좌반구에 손상을 입은 남자들은 언어 지능이 평균 111.5에서 88.7로 대략 20% 정도 내려간 반면에 뇌의 우반구가 손상된 남자들은 실제로 언어 지능이 전혀 내려가지 않았다. 이로써 남자는 뇌의 좌반구가 언어 능력에 상당히 중요하지만 우반구는 그렇지 않다는 것이 증명되었다.

그러나 여자는 그렇지 않았다. 뇌졸중으로 왼쪽 뇌에 손상을 입었던 여자들은 평균적으로 언어 지능이 113.9에서 103.6으로 9% 정도 내려갔다. 그리고 오른쪽 뇌가 손상된 경우에도 언어 지능은 좌뇌와 비슷하게 113.9에서 101.0으로 11% 정도 내려갔다. 이는 여자의 경우 뇌의 양측 반구 모두가 언어 기능에 활용된다는 사실을 나타낸다.

1980년대 중반이 되자 남자들은 뇌의 반구 기능이 명확하게 정해져 있지만 여자들은 '거의 또는 전혀' 그렇지 않다는 점이 더욱 분명해졌다. 당시 대부분의 과학자들은 남녀의 뇌에서 나타나는 이런 차이는 호르몬에서 비롯된다고 생각했다. 하버드대학교의 신경학자인 놈 게슈윈드 교수를 비롯한 몇몇 학자들은 남자의 뇌에서 나타나는 특수화된 반구 기능은 남성호르몬 때문이라는 견해를 제시했다. 이들은 사춘기 이전에는 성호르몬의 분비가 많지 않으므로 아동들의 뇌에서는 성차가 별로 나타나지 않을 것이라고 생각했다.

과연 그럴까? 아마도 그렇지 않을 것이다. 실험실 동물의 뇌를 조사해본 결과, 남자의 뇌와 여자의 뇌는 태어날 때부터 유전학적으로 크게 다르다는 사실이 증명되었다. 2004년 미국 UCLA대학교에서 암수가 한몸인 자웅동체 새를 대상으로 한 연구 결과가 발표되었다. 이 새의 오른쪽 세포는 모두 수컷이고, 왼쪽 세포들은 모두 다 암컷이었다. 아래 그림을 잘 들여다보면 오른쪽에는 수컷의 깃털, 왼쪽에는 암컷의 깃털이 나 있는 것을 볼 수 있다. 뿐만 아니라 이 새는 생식 기관도 양성의 것을 다 갖고 있어서 오른쪽에는 고환이, 왼쪽에는 난소가 있었다. 따라서 이 새의 혈액에는 난소에서 만들어진 여성호르몬과 고환에서 만들어진 남성호르몬이 섞여 있었다.

만일 남녀의 성차가 호르몬 때문이라는 이론이 옳다면 이 새의 왼쪽 뇌와 오른쪽 뇌는 별다른 차이가 없어야 한다. 남성호르몬과 여성호르

오른쪽 절반은 수컷, 왼쪽 절반은 암컷인 제브라핀치. UCLA 대학교의 아서 아놀드 연구팀이 연구한 이 새의 왼쪽 세포들은 남성염색체를, 오른쪽 세포들은 여성염색체를 가지고 있다. 자웅동체 새의 연구를 통해 뇌의 성차를 만드는 것은 호르몬이 아니라 염색체라는 것이 밝혀졌다.

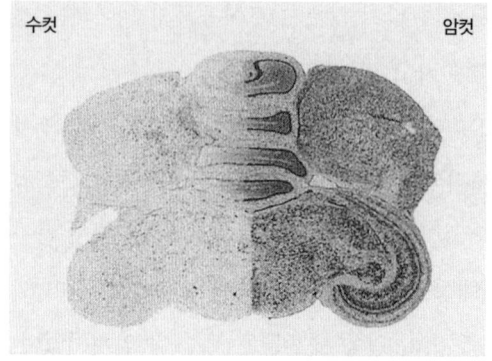

수컷의 뇌 조직은 암컷의 뇌 조직과 근본적으로 차이가 있다.

몬이 골고루 섞인 혈액이 공급되고 있으므로 좌뇌와 우뇌는 똑같아야 하는 것이다.

그러나 조사 결과, 이 새의 왼쪽 뇌와 오른쪽 뇌는 엄청나게 달랐다. 따라서 이 새를 연구한 학자들은 암컷과 수컷은 다른 성염색체를 가지고 있기 때문에 호르몬과는 상관없이 뇌 조직에 '근본적인 차이'가 생기는 것이라는 결론을 내렸다.

그렇다면 사람의 경우는 어떨까? 2004년 캘리포니아대학교, 미시건대학교, 스탠포드대학교의 신경학자들이 팀을 이루어 발표한 연구 결과를 보면 인간의 뇌 조직도 남녀 간에 '내재적인 차이'가 있다는 사실을 알 수 있다. 이 연구팀은 사람의 경우, 여자 뇌와 남자 뇌의 단백질합성 과정이 전적으로 다르고 이는 성염색체에서 기인하는 것임을 증명하였다. 남자는 뇌의 여러 부위에 Y염색체에 의해 유전암호가 지정되는 단백질이 풍부하게 들어 있는 반면 여성의 뇌 조직에는 그런 단백질이 없다. 반대로 여성의 뇌 조직에는 X염색체에 의해서 유전암호가 지정되는 물질이 풍부하게 들어 있으나 남성의 뇌 조직에는 그런 특별한 X염색체의 유전정보 전사체가 없다. 따라서 남녀의 성 차이는 호르몬 때문에 생겨나는 것이 아니라 '유전적으로 결정된' 것이라 볼 수 있을 것이다.

이 과학자들이 분석한 30개의 표본 뇌 조직은 여러 사람에게서 수집한 것으로 과학자들에게는 표본이 남자의 것인지 여자의 것인지 알려주지 않았다. 그러나 그들은 유전자 합성 과정 분석을 통해 곧바로 30개 표본의 성을 정확하게 식별해낼 수 있었다. 여자의 뇌 조직과 남자의 뇌 조직은 근본적으로 차이가 있다.

이 연구로 증명된 사실은 우선 여자의 뇌는 남자보다 X염색체로부터 더 많은 것을 받고, 남자들의 뇌는 Y염색체로부터 직접적인 영향을 받는다는 것과 성염색체가 뇌 조직에 미치는 영향은 호르몬에 의해 조절되지 않는다는 점이다. 그것은 이미 태어날 때부터 유전학적으로 결정된 성차가 존재하기 때문이다.

그렇다면 뇌 구조의 성차가 뇌의 '기능' 면에서도 차이를 불러올까? 소년 소녀들의 듣는 방식이나 보는 방식 그리고 학습 방식에는 주목할 만한 차이가 있을까? 만일 차이가 있다면, 그 차이들은 태어날 때부터 존재하는 것일까?

남녀의 청력은 신생아 때부터 다르다

1980년대 말 플로리다주립대학교의 대학원생이던 자넬 케인은 음악 치료가 미숙아에게 미치는 영향을 연구했다. 케인과 연구원들은 신생아에게 부드러운 음악을 들려주면 식욕이 향상되어 성장 속도가 더 빨라질 것이라는 가설을 증명하기 위해 미숙아 26명의 침대 옆에 음악을 틀어놓았다. 그리고 이 그룹과 나이와 몸무게가 같은 다른 26명의 미숙아들에게는 음악을 전혀 들려주지 않았다. 아니나 다를까 음악을 들려준 아기들은 성장 속도가 더 빨랐고 합병증도 적었으며 음악 치료를 받지 않은 아기들보다 평균 5일 정도 일찍 퇴원했다.

그런데 몇 년 전 케인의 연구 결과를 성별로 분류한 자료를 검토하면서 예상치 못했던 사실을 발견했다. 음악 치료를 받은 여자아기들은 그렇지 않은 여자아기들보다 평균 9.5일 정도 빨리 퇴원했지만 음악 치료를 받은 '남자'아기들의 퇴원 날짜는 '조금도' 빨라지지 않았다! 음악 치료가 여자아기들한테는 상당한 효과가 있었지만 남자아기들한테는 전혀 도움이 되지 않았던 것이다.

좀 더 최근의 연구에서도 동일한 결과가 나왔다. 이 조사에서는 젊은 여자들이 일부 미숙아들에게만 반복해서 〈브람스의 자장가〉를 콧노래로 불러주었는데 콧노래를 들은 아기들은 그렇지 않은 아기들보다 평균 6일 정도 빨리 퇴원했다. 이번에는 성별 차이가 훨씬 더 컸다. 콧노래를 불러준 여자 미숙아들은 콧노래를 불러주지 않은 여자아기들보다 평균적으로 '12일 일찍' 퇴원하였다. 그러나 남자 미숙아들의 경우에는 노래를 들려준 아기들이나 그렇지 않은 아기들이나 퇴원 날짜가 같았다.

왜 음악 치료가 여자아기들에게는 그토록 놀라운 영향을 미치는데 남자아기들에게는 전혀 효과를 발휘하지 못하는 것일까? 가장 그럴듯한 설명은 남자아기들은 여자아기들만큼 음악 소리를 잘 듣지 못하거나 아니면 듣기는 해도 여자아기들과 같은 방식으로 듣지 못하기 때문이라는 것이다.

여자 신생아가 남자 신생아보다 청력이 더 좋다는 확실한 증거는 다른 자료들에서도 찾아볼 수 있다. 소아 청력학자인 바버라 콘-웨슨, 글렌디 라미레즈, 이본 시닝거는 사람이 소리를 들으면 즉시 뇌에서 음향 반응이 나타난다는 점에 착안, 60명 이상의 남녀 신생아들에게서 나타나는 뇌의 음향 반응을 측정했다. 오른쪽 귀에 1,500Hz의 소리를 들려주자 평균적인 여자아기의 뇌에서는 평균적인 남자아기보다 대략 80% 정도 더 강한 음향 반응이 나타났다. 이들이 1,500Hz의 소리를 들려준 이유는 그 정도의 음역이 언어 이해에 결정적이기 때문이다.

여자 신생아의 청력이 특히 고주파에서 남자 신생아의 청력과 다르다는 연구 결과는 루이지애나주립대학교의 제인 캐시디 교수에 의해 확인되었다. 캐시디 교수는 일시 유발 이음향방사 기법을 활용하여 350명의 남녀 신생아를 대상으로 연구한 결과, 여자아기들의 청력이 특히 언어 식별에 아주 중요한 1,000 내지 4,000Hz 범주에서 남자아기들보다 놀라울 정도로 민감하다는 것을 밝혀냈다. 또 다른 연구에서는 십대 소녀들의 청력이 소년들보다 훨씬 좋다는 것이 증명되었다. 여자와 남자의 청력 차이는 나이가 많아질수록 더 커지는 것으로 나타난다.

이처럼 타고난 청력의 성별 차이는 실제적으로 중대한 결과를 가져온다. 앞에서 본 것처럼 음악 치료는 여자아기들에게는 효과가 있지만 남자아기들에게는 별 효과가 없다. 혹시 음량을 조절하거나 음악의 다른 요소들을 바꾼다면 남자아기들한테도 효과가 나타날지 모른다. 자넬 케인은 〈브람스의 자장가〉, 〈잘 자라 우리 아가〉, 〈반짝반짝 작은 별〉 등의 노래들을 활용하였다. 그 다음에 이루어진 연구에서는 오로지 〈브람스의 자장가〉만을 들려주었다. 남자아기들에게 이런 음악 대신 바그너의 〈발퀴레의 비행〉이나 〈그레고리오 성가〉 또는 로큰롤이나 힙합을 들려주었다면 더 좋은 결과가 나왔을까? 그것은 알 수 없는 일이다.

여자와 남자의 청력 차이는 부모와 자녀의 대화 방식에도 영향을 미친다. "나는 늘 보통 목소리로 말을 하는데 딸애는 나보고 소리를 지른다고 해요."라며 하소연하는 아빠들이 많다. 만일 43세 성인 남자가 17세 딸에게 자기가 느끼기에 '보통 목소리'로 말을 한다면 그 소녀는 성인 남자가 듣는 것보다 약 10배는 더 크게 듣게 될 것이다. 결국 아버지는 자신도 인식하지 못한 채 딸에게 소리를 질러대는 셈인데 이는 아버지와 딸이 똑같은 소리를 다른 방식으로 경험하기 때문이다.

청력에 성별 차이가 있다는 것은 교실에서도 남녀 학생에게 다른 전략을 활용해야 한다는 것을 의미한다. 심리학자인 콜린 엘리엇은 30여 년 전에 이미 11세 소녀는 소년들보다 '10배'나 작은 소음에도 주의가 분산된다는 것을 증명했다. 만일 한 소년이 책상을 손가락으로 '톡톡 두드린다'면 다른 소년들한테는 별 영향을 미치지 않을 것이다. 그러나 그 소년은 자신도 모르게 (여자) 교사는 물론 여학생들의 신경을 자극하게 된다. 11세 소녀들은 남자아이들보다 '청력'이 훨씬 더 좋기 때문이다.

만일 여학생을 가르치는 교사라면 목소리를 높이지 않고 교실에서 불필요한 소리가 나지 않도록 유의해야 한다. 소녀들은 교사의 목소리가 크고 소음이 많은 교실에서는 제대로 학습하지 못한다. 그러나 소년들만 있는 교실이라면 교사들은 아이들의 주의를 집중시키기 위해 목소리를 높일 필요가 있다.

얼굴을 바라보는 여자아기, 모빌을 쳐다보는 남자아기

대부분의 여자는 남자들보다 사람의 얼굴 표정을 더 잘 읽는다. 케임브리지대학교의 연구원들은 얼굴 표정을 알아채는 여자들의 능력이 천부적인 것인지 아니면 사회적 요인에 의해 개발된 것인지 밝히기 위해 '아기가 태어난 날'에 신생아들을 조사했다.

연구원들은 아기들에게 움직이는 모빌과 젊은 여자의 얼굴을 보여주었다. 젊은 여자는 아기를 바라보며 미소를 지었을 뿐 말은 하지 않았고, 천장에 매단 모빌도 빙글빙글 돌아가기만 할 뿐 소리를 내지 않았다.

조사 대상인 102명의 신생아들을 비디오로 촬영한 뒤 눈동자의 움직임을 분석한 결과, 남자아기들은 모빌에 더 큰 흥미를 보였고, 여자아기들은 여자의 얼굴에 더 많은 관심을 보였다. 남자아기들이 모빌을 선호할 가능성이 두 배 이상 높다는 것을 확인한 연구원들은 사회적 관심사에 대한 남녀의 차이는 부분적으로는 '태어날 때부터 생물학적'으로 결정되어 있다는 결론을 내렸다.

이 실험 결과를 놓고 볼 때 소녀들은 태어날 때부터 얼굴에 흥미를 느끼도록, 소년들은 움직이는 물체에 더 많은 관심을 갖도록 정해져 있다고 볼 수 있다. 이런 차이는 남녀의 눈 조직과 관계가 있다.

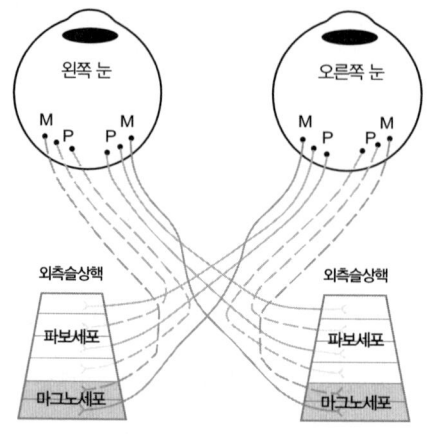

망막에 맺힌 상은 뇌 안에 있는 외측슬상핵으로 전달된다. 외측슬상핵의 파보세포는 '무엇' 정보를 처리하고, 마그노세포는 '어디' 정보를 처리한다.

 인간의 망막은 빛을 신경학적인 신호로 전환시키는 기관인데 망막에 들어 있는 간상세포는 흑백에 민감하고 원뿔세포는 색에 민감하다. 이들 간상세포와 원뿔세포는 받아들인 신호를 신경절세포로 보낸다. 신경절세포는 크기에 따라 거대신경절세포(M세포)와 소신경절세포(P세포)로 나뉜다. 망막 전체에 골고루 분포되어 있는 M세포는 주로 간상세포에 연결되어 있으며 시계視界에 들어온 대상물의 동작을 추적한다. M세포들은 '물체가 지금 어디에 있고 앞으로 어느 쪽으로 움직일 것인가?'를 알아내는 기능을 담당한다. 반면 3종의 원뿔세포에 연결된 P세포는 망막의 중앙 부분인 황반에 위치한 중심와中心窩 속이나 중심와 주위에 집중적으로 분포되어 있으며 '저것이 무엇인가?'와 같은 정밀한 질문에 답할 수 있다. 다시 말해 P세포는 대상의 성질이나 색에 대한 정보를 수집하고, M세포는 동작이나 방향에 대한 정보를 수집한다.

 그러므로 P세포는 대상의 성질이나 색의 분석을 전담하는 대뇌피질

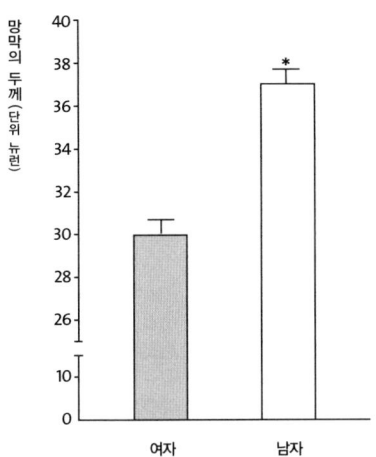

남자의 망막에는 커다란 M세포들이 두드러지게 많은 반면 여자의 망막에는 작은 P세포들이 풍부하기 때문에 남자의 망막이 여자의 망막보다 훨씬 더 두껍다. 같은 성끼리의 차이보다는 이성 간의 차이가 훨씬 크다.

의 특정 영역으로 정보를 전달하고, M세포는 별도의 통로를 통해 공간 관계나 사물의 움직임을 전문적으로 분석하는 대뇌피질의 다른 영역으로 정보를 전달한다. 그리고 놀랍게도 '망막에서 대뇌피질에 이르기까지 거치는 각 단계도 남녀가 서로 다르다.'

진정으로 놀라운 사실들은 지난 5년 동안 수행된 미시적인 눈의 분석을 통해 밝혀졌다. 최근 개발된 기술 덕분에 인간의 망막에 성 호르몬 수용체들이 가득 들어 있다는 것을 알아낸 것이다. 해부학자인 에드윈 레파트를 비롯한 연구팀은 남자의 망막이 여자의 망막보다 훨씬 두꺼우며, 남자의 망막에는 커다랗고 두터운 M세포가 많은 반면 여자의 망막에는 작고 얇은 P세포가 많이 분포되어 있다는 사실을 알아냈다.

위 그래프에서 볼 수 있는 것처럼 동물의 수컷에는 M세포가 많기 때문에 모든 수컷의 망막은 같은 종에 속한 어느 암컷의 망막보다 두껍다.

〈P세포와 M세포의 차이점〉

	P세포	M세포
주로 연결되는 곳	원뿔세포	간상세포
주로 위치하는 곳	망막의 중심부 (시계 중심)	망막 전체 (전 시계, 주변부와 중심부)
가장 잘 감지하는 것	대상의 색과 성질	위치, 방향, 속도
어떤 질문에 답하는가	그게 무엇인가?	그것이 지금 어디 있는가? 그것은 어디로 가고 있는가? 얼마나 빨리 움직이는가?
최종적으로 전달되는 부위	하측두피질	후두정피질
주로 누구에게 많은가	여자 P세포 > M세포	남자 M세포 > P세포

    어린 소년 소녀들에게 하얀 종이와 크레용을 주고 좋아하는 것을 그리라고 하면 소녀들은 빨강색, 오렌지색, 녹색, 베이지색을 선호할 것이다. 여자들의 눈에 많은 P세포는 그런 색에 민감한 반응을 보이도록 정해져 있기 때문이다. 소년들은 그림을 그릴 때 움직이는 동작을 주로 그린다. 그리고 검정색, 회색, 은색, 푸른색 등을 많이 쓰는데 M세포는 그런 식으로 반응하도록 결정되어 있기 때문이다.

    아이들을 대상으로 한 조사에 따르면 소녀들은 '저게 뭐지?'와 같은 대상물 식별 작업을 잘 하는 반면에 소년들은 '그게 어디에 있지?'와 같은 대상물의 위치 탐색에 탁월하다. 최근에는 어린 원숭이들에게도 이와 유사한 암수의 차이가 있다는 사실이 증명되었다.

    이런 연구 결과는 장난감 선호에서도 남녀 차이가 있다는 사실을 더 잘 이해하게 해준다. 여자의 경우, 신경 조직이 P세포를 선호하므로 움직이는 트럭보다는 화려한 인형에 마음이 끌릴 것이다. 사람이건 원숭이건 어린 여자아이들은 인형을 선호하고, 어린 남자아이들은 트럭을 선호하는 것이 일반적인 경향이다.

소녀는 명사를 그리고, 소년은 동사를 그린다

유치원 교사인 카노브스키는 아이들에게 종이를 한 장씩 나눠주고 크레용으로 그림을 그리라고 말했다. 다섯 살짜리 아니타는 10개가 넘는 크레용을 사용해서 사람을 세 명이나 그리고 사용한 크레용을 그림 위에 늘어놓았다. 사람들은 모두 다 미소를 지으며 관찰자를 바라보고 있다. 아니타의 그림에 등장하는 사람들은 빨강색, 갈색, 오렌지색 등 피부색이 다양했다.

"아주 멋있구나, 아니타!"

카노브스키 선생이 아니타를 칭찬했다.

역시 다섯 살 난 소년 매튜(1장에서 언급한 바로 그 매튜이다.)는 검은색 크레용을 미친 듯이 마구 휘갈기고 있다.

"그게 뭐지?"

"조금 있으면 지구로 곤두박질쳐 부서질 로켓이에요."

매튜가 힘차게 대답한다.

"자, 보세요! 이건 로켓이고요! 여긴 지구예요!"

카노브스키 선생은 매튜가 검은색 한 가지만 써서 로켓과 지구를 그렸다는 점에 주목한다. 색깔도 없고 사람의 모습도 찾을 수 없다.

"잘 했다, 매튜."

선생님은 꽤나 애를 썼지만 목소리에서는 큰 감흥을 느낄 수 없다.

"색깔을 조금 칠하면 어떨까? 그리고 로켓에는 사람이 하나도 안 타고 있네?"

5세 정도가 되면 남자애든 여자애든 어른들이 무엇을 좋아하는지 금방 알아챈다. 이 상황에서 매튜는 당연히 선생님이 자기 그림을 아니타의 그림만큼 좋아하지 않는다는 것을 눈치 챈다.

아마도 카노브스키 선생은 자기가 배운 평가 기준을 적용하고 있을 뿐이라고 변명할 것이다. '아이들이 다양한 색을 사용해 인물 중심의 그림을 그리도록 권장하라'고 배웠기 때문이다. 하지만 그런 권고는 남자아이와 여자아이가 세상을 바라보는 방식에 차이가 있다는 점을 고려하지 않은 것이다.

어린이의 그림을 연구하는 학자들은 소녀들은 전형적으로 관찰자를 바라보도록 인물(또는 애완동물, 꽃, 나무)을 그리고 다소 좌우대칭이 되게 배열한다는 것을 발견했다. 또한 소녀들은 그림을 그릴 때 10가지 이상의 색을 사용하고 (아니타는 그림 위에 사용한 크레용을 모두 늘어놓았다.) 야스마사 아라이가 '따뜻한' 색이라고 이름 붙인 빨강, 초록색, 베이지색, 갈색을 즐겨 사용했다.

이와는 달리 소년들은 전형적으로 '동작'을 그리는데, 로켓이 목표물을 맞힌다든지 자동차가 다른 자동차와 충돌하는 모습을 그린다. 소년들은 많아야 6가지 정도의 색을 사용하고 야스마사 아라이가 '차가운' 색이라고 명명한 푸른색, 회색, 은색, 검은색을 선호한다. 그리고 실제로 동작을 하는 자동차나 동물을 마주 바라보는 시점보다는 오히려 멀리 떨어진 지점에서 그 행위를 바라보는 제3자의 시각을 선택한다. 심리학자 도나 투먼은 그런 차이를 '소녀들은 명사를 그리고, 소년들은 동사를 그린다'고 요약했다.

적어도 유치원 교사의 95%는 여성이다. 하지만 교사들은 이런 차이점을 알지 못하기 때문에 카노브스키 선생처럼 아동들에게 많은 색을 사용해 사람을 그리라고 권하는 경우가 많다. 아니타나 매튜 같은 5세 아이들은 아니타는 그림을 '옳게' 그리고, 매튜는 '잘못' 그렸다는 사실을 재빨리 간파한다.

매튜는 자기가 아니타를 흉내 내 여러 가지 색을 사용해서 사람을 그리려고 해도 잘 하지 못한다는 것을 금방 알게 될 것이다. 그리고 자기가 미술에 전혀 소질이 없다고 성급하게 생각해버릴 수도 있다. 실제로 이제 겨우 다섯 살밖에 안 된 매튜는 '미술은 여자애들이나 하는 것'이라는 결론을 내렸다.

매튜는 앞으로 갖게 될 다른 경험들을 통해 21세기의 '성별 중립적인' 유치원에서 이루어지는 모든 분야에서 자신이 잘할 수 있는 것은 하나도 없다는 것을 터득하게 될 것이다. 매튜는 이리저리 뛰어다니면서 점프도 하고 소리도 지르고 싶은데 교사는 매튜가 가만히 앉아서 자기 이야기를 듣기를 원한다. 그렇게 몇 주가 지나면 유치원은 전혀 즐겁지 않은 곳이 된다. 그리고 바로 그때부터 화가 치밀어 오르기 시작한다.

유치원 교사인 카노브스키는 소년들의 시각적 세계와 소녀들의 시각적 세계 사이에는 어쩔 수 없는 차이가 있다는 사실을 인식하지 못했다. 아이러니하게도 전통적인 성별 고정관념은 교사들이 성별 차이를 인식하지 못한 결과로 더욱 강화되었다고 할 수 있다. 남녀 차이에 대한 정확한 지식을 가지고 성별 인식적인 접근을 했다면 아이에게 미술은 여자애들이나 하는 것이라는 고정관념을 갖게 하지는 않았을 것이다.

화성에서 온 소년, 금성에서 온 소녀

두뇌가 작동하는 방식에서 나타나는 소년 소녀의 또 다른 차이점을 살펴보자. 예를 들어 길을 찾을 때 소년과 소녀의 뇌는 각각 다른 방식으로 작동한다. 다시 말해 이런 작업을 수행할 때 여자와 남자는 근본적으로 서로 다른 전략을 활용한다는 것이다.

여자에게 친구의 집을 찾아가는 방법을 물으면 여자들은 아마도 다음과 같이 알려줄 것이다.

킹 스트리트를 따라서 맥도널드가 보일 때까지 내려가다가 좌회전을 해. 그 다음 철물점과 엑슨 주유소를 지나서 초등학교가 나올 때까지 계속 가. 초등학교를 지나자마자 바로 우회전을 한 다음에 스코츠데일 거리를 따라서 내려가. 그러면 네거리에서 왼쪽으로 네 번째 집이 그 친구가 살고 있는 집이야. 그 집은 '연한 녹색'으로 칠한 일층집이야. 그 집을 보면 너는 아주 깜짝 놀랄 거야. 덧문하고 가장자리 장식을 '적자색'으로 칠했어. 연한 녹색과 적자색이라니까. 마치 불꽃처럼 '곰팡이'가 방금 피어나기 시작한 생강빵집 같아. 그런 집을 찾으면 돼.

그러나 남자라면 그 집을 찾아가는 방법을 다음과 같이 제시할 것이다.

킹 스트리트를 따라서 남쪽으로 3.5km쯤 가다가 듀크 거리가 나오면 동쪽으로 방향을 바꿔. 듀크 거리를 따라서 약 1.6km 정도를 가다 보면 스코츠데일 거리가 나오거든. 그럼 다시 남쪽으로 방향을 틀어서 반 블록쯤 가면 길 동쪽 편에 그 집이 있어. 페인트칠을 한 지 얼마 안 되는데, 아마 녹색과 분홍색일 거야.

여자들은 주로 보거나 듣거나 냄새 맡을 수 있는 표지물을 이용해 길을 찾는다. 하지만 남자들은 동서남북과 같은 절대적인 방향 또는 km나 블록과 같은 절대적인 거리를 활용할 가능성이 더 높다. 2003년 출간된 연구 논문에 의하면 길을 찾는 방식에서 나타나는 성별 차이는 5세 무렵이면 벌써 확정된다.

신경학자들은 젊은 남자와 젊은 여자가 길을 찾을 때 활용하는 뇌의 부위가 다르다는 사실을 밝혀냈다. 목표물을 찾을 때 젊은 여자들은 대뇌피질을 활용하는 반면에 젊은 남자들은 뇌 속 깊은 곳에 묻혀 있는 세포핵인 해마를 활용하는데 해마는 보통 여자들의 뇌에서는 활성화되지 않는다.

사실상 이런 남녀 차이는 성인보다는 아동기나 사춘기 시절에 '한층 더' 두드러지게 나타난다. 이러한 성차 때문에 기하나 수이론 같은 과목을 가르칠 때 소년에게 적절한 전략과 소녀에게 최선인 전략은 다를 수밖에 없다. 5장에서 구체적인 예를 통해 살펴보기로 한다.

남자아이와 여자아이가 좋아하는 장난감은 다르다

지난 20년에 걸쳐 '아이들은 태어날 때에는 남녀 양성적'이라는 신념의 기초가 되었던 과학적 토대는 무너져 내렸다. 소년을 소녀로 양육할 수 있다는 존 머니 박사의 주장은 거짓말이라는 것이 밝혀졌다. 이 이야기의 주인공인 데이빗 라이머가 직접 밝힌 것처럼 머니 박사의 주장은 실제 상황과는 정반대였고 데이빗은 그 사실을 폭로하고 몇 해 후인 2004년 5월, 38살의 나이에 스스로 목숨을 끊었다.

인간이 남녀 양성적이라는 관념이 오류였음을 보여주는 또 다른 실례는 소년 소녀들이 선택하는 장난감의 종류와 관계가 있다. 1960년대 중반부터 1990년대 중반까지 소년과 소녀의 학습 방식이나 놀이 방식에는 생래적인 차이가 있다고 말하는 것은 '정치적'으로 온당하지 못했다. 그 '암흑 시절', 대다수의 전문가들은 아동들의 장난감 선호는 사회적으로 구축된 것이라고 고집스럽게 주장했다. 예를 들어 두 살짜리 남자아이가 인형보다 트럭을 좋아하는 이유는 소위 '성도식gender schema'이라는 다음의 3단 논법이 아이의 행동 양식을 지배하기 때문이라는 것이다.

1) 나는 남자아이다.
2) 남자들은 인형이 아니라 트럭을 가지고 놀아야만 한다.
3) 그러므로 나는 인형이 아니라 트럭을 가지고 놀 것이다.

사회적 학습/성도식 이론의 가장 큰 문제점 가운데 하나는 이 이론이 사실과 일치하지 않다는 점이다. 콩코디아대학교의 아동심리학자 리사 서빈과 동료들은 아장아장 걷는 18개월짜리 남녀 아이들 77명을 대상으로 장난감 선호를 조사했다. 이 아이들, 특히 남자아이들은 자신의 성별을 전혀 알지 못했고, 어른들이 일러주어도 알아채지 못했다. 그럼에도 불구하고 연구팀은 이 나이의 아이들이 좋아하는 장난감은 이미 성별에 따라 확고하게 다르다는 것을 확인하게 되었다. 남자아이에게 트럭과 인형을 내밀면 남자아이는 트럭을 선택했다. 남자아이들은 여자아이들이 인형을 선호하는 것보다 훨씬 더 트럭을 좋아했다.

사회적 학습/성도식 이론을 지지하는 사람이라면 이 사실에 매우 놀랄 것이다. 왜냐하면 18개월짜리 아이의 경우는 여자아이들의 (자신이나 다른 아이들의) 성별 구별 능력이 남자아이들보다 훨씬 뛰어나므로, 사회적 학습/성도식 이론이 옳다면 성별 전형적인 장난감을 선호하는 경향은 여자아이들에게서 더 강력하게 나타나야 마땅하다. 그러나 현실은 정반대이다.

9개월짜리 어린아이들을 대상으로 한 아동심리학자 앤 캠벨의 연구팀도 똑같은 결과를 발견했다. 남자아기들은 공, 기차, 자동차 같은 '소년들의 장난감'을 선호한 반면 여자아기들은 인형이나 유모차 같은 '소녀들의 장난감'을 선호했다. 남자아이건 여자아이건 아이들은 성별을 이해하기 훨씬 전부터 성별 전형적인 장난감에 대한 선호를 나타낸다. 또한 서빈의 연구에서와 마찬가지로 여자아이의 선호도는 남자아이의 선호도에 비해 그리 높지 않았다. 캠벨 박사는 최근에 "지금까지 인지적 변수의 영향력이 과대평가되었던 것 같다."고 조심스럽게 말했다. 소년들은 사회적으로 학습되었기 때문이 아니라 트럭을 가지고 놀고 싶기 때문에 트럭을 선택하는 것이다.

예일대학교 아동연구센터의 제리안 알렉산더는 최근에 암컷 원숭이들은 인형을 가지고 놀기를 좋아하는 반면에 수컷 원숭이들은 장난감 자동차를 선호한다는 사실을 발표하였다. 앞서 논의한 P세포와 M세포의 차이를 이해한다면 이런 결과는 그리 놀랄 일이 아니다.

놀이 습성의 성별 차이는 지금까지 연구된 거의 모든 포유동물에게서 비슷하게 나타난다. 어린 수컷 쥐들이 어린 암컷 쥐들보다 훨씬 더 저돌적이고 과격한 놀이에 참여한다는 사실은 이미 20여 년 전의 연구에서 밝혀졌다. 어린 쥐의 편도(뇌 기저에 있는 조그만 세포핵으로 감정과 정서에 중요한 역할을 담당한다.)에 손상을 입힌 뒤 행동을 관찰하는 실험이었는데 수컷은 저돌적인 놀이에 참여하는 비율이 급격히 감소했지만 암컷들에게는 별다른 영향을 미치지 않았다.

이런 사실로 미루어볼 때 놀이 습성의 성별 차이는 적어도 부분적으로는 편도의 암수 차이에서 기인한다고 말할 수 있다. 놀이 습성의 성별 차이가 인간뿐 아니라 다양한 종에서도 발견된다는 사실을 고려한다면 어린아이들이 이와 유사한 선호 경향을 나타내는 것이 전적으로 문화 때문이라는 생각은 틀렸다고 할 수 있을 것이다.

소년 소녀 사이에 타고난 차이점이 많다는 사실은 오늘날에는 잘 알려져 있다. 남자아이와 여자아이는 놀이 방식이나 학습 방식, 싸움 방식에서 서로 다르다. 남자아이와 여자아이는 세상을 바라보는 방식도 다르고, 청력도 다르다. 1980년대에는 대부분의 심리학자들이 소년 소녀의 차이는 부모들의 양육 방식이 다르기 때문이라고 주장했지만 최근에는 그 반대라는 사실이 밝혀졌다. 남자아이와 여자아이는 태어날 때부터 다르기 때문에 부모들이 다른 방식으로 양육하는 것이고, 그들의 뇌 조직이 서로 다르기 때문에 행동도 다른 것이다.

감정이 섬세한 여자아이, 감정 표현이 서툰 남자아이

하버드대학교의 데보라 여젤런-토드를 중심으로 한 연구팀은 7세에서 17세 사이의 아동들을 대상으로 뇌에서 감정처리가 이루어지는 과정을 조사하기 위한 실험을 했다. MRI 화상촬영을 활용한 검사 결과, 불쾌하거나 불안하게 만드는 시각적 이미지를 보았을 때 어린 아동들에게서 나타나는 부정적인 정서 활동은 뇌에서 아직 계통발생적으로 발달되지 않은 편도에 한정된다는 사실을 밝혀냈다. (뇌에서 계통발생적으로 발달되지 못한 부위는 진화 과정에서 별로 변화되지 않은 구역으로 모양은 인간이나 쥐가 거의 비슷하다.) 이런 이유 때문에 7세 소녀에게 슬프거나 괴로운 이유를 묻는 것은 적절하지 않다. 말하는 기능을 주로 관장하는 대뇌피질 부위는 뇌의 위쪽에 있으며 감정이 주로 발생하는 뇌 아래쪽의 편도 부위와 직접적인 연관이 거의 없기 때문이다.

하지만 사춘기 소녀들의 경우는 부정적인 감정과 연관된 뇌 활동이 대뇌피질로 이동한다. 대뇌피질은 사고, 추리, 언어 등과 같은 고등 인지기능을 담당하므로 17세 여학생은 자신이 슬퍼하는 이유를 별 어려움 없이 자세하게 설명할 수 있다.

하지만 이런 변화는 오직 '여자들에게서만' 나타난다. 소년들의 경우에는 사춘기가 되어도 부정적인 감정 활동의 중심이 여전히 편도에 고

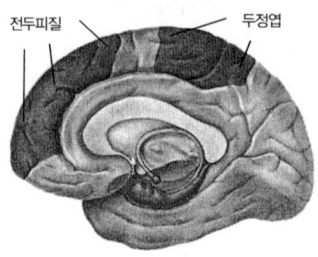
<14세 소녀의 뇌>

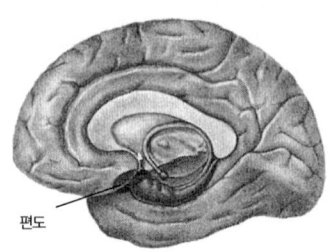
<14세 소년의 뇌>

소녀들은 나이가 들어 성숙해짐에 따라 감정과 연관된 뇌 활동이 편도에서 대뇌피질로 이동한다.

소년들은 나이가 들어 성숙해져도 감정과 연관된 뇌 활동이 계속해서 편도에서 이루어진다.

정되어 있어서 아무런 변화도 일어나지 않는다. 17세 소년에게 무엇때문에 시무룩한지 물어보았자 6세 소년에게 같은 질문을 던졌을 때와 거의 비슷한 반응이 나올 것이다. 최근에는 독일에서도 여자들의 경우는 부정적인 감정과 연관된 뇌 활동이 대뇌피질에서 이루어지는 반면에, 젊은 남자들의 경우는 편도에 고정되어 있다는 연구 결과가 발표되었다.

긍정적인 감정이건 부정적인 감정이건 모든 감정은 소년과 소녀의 뇌에서 다른 과정을 거치게 된다. 이런 차이가 어떤 의미를 함축하는지 생각해보자. 성인 남자들과 마찬가지로 남자아이들도 감정이 발생하는 뇌의 부위는 언어처리 과정이나 발화행위가 발생하는 뇌 부위와 제대로 연결되어 있지 않다. 최근 소년들의 '읽고 쓰는 능력'을 향상시키기 위해 많은 논의가 이루어졌는데 남자아이들이 감정 표현을 많이 한다면 그런 능력이 향상될 것이라는 주장이 많았다. 하지만 그것은 남녀의 뇌 구조에 기본적인 차이가 있다는 점을 전혀 인식하지 못한 주장이다. 십대 소년에게 자신이 '느끼는' 감정에 대해 이야기하라는 것은 대부분의 소년들을 불편하게 만드는 문제이다. 그것은 통상적으로 서로 관계가 없는 뇌의 두 부위를 연결시키라는 요청과 같기 때문이다. 이것은 소년에게 상당히 어려운 작업이다.

한 13세 소년은 이렇게 말했다.

"우리 선생님이 나보고 내 '감정'에 대해 써 오라고 하는데, 나는 내 '감정'이 어떤지 잘 모르겠어요. 게다가 그걸 어떻게 글로 써요. 도대체 내 감정이 자기네들하고 무슨 상관이 있다고 그러는지! 정말로 학교에 가기 싫어요!"

뇌의 크기와 IQ는 상관이 있을까

오랫동안 사람들은 성별 고정관념을 강화시키기 위하여 (일반적으로 소녀들과 여자들을 희생시켜가면서) 과학적인 조사를 잘못 해석하거나 오용하는 경우가 많았다. 100년 전 독일의 의사 뫼비우스는 『생리학적으로 유약한 여성의 기질에 관하여 Regarding the physiological Weak-Mindedness of Women』라는 책을 펴내 베스트셀러가 되었다. 뫼비우스는 키가 똑같은 남자와 여자의 두개골 용량을 비교했을 때 여자의 뇌가 남자보다 평균 8~10% 정도 작다고 지적하였다.

몸의 크기를 고려해도 여자의 뇌는 평균적으로 남자의 뇌보다 약간 작다. 뫼비우스는 이런 사실을 여자들이 '생리학적으로 열등하다'는 것을 보여주는 반박할 수 없는 증거로 해석했다. 뫼비우스는 단순히 지력은 뇌의 크기와 상관이 있으며 뇌가 클수록 지력이 더 높다고 추정했을 뿐 여자의 뇌와 남자의 뇌를 구별하는 다른 차이점들은 전혀 인식하지 못했다. 뫼비우스의 견해가 틀렸음을 밝히는 증거들이 그간의 연구를 통해 드러났다. 아래에 밝힌 차이점들은 모두 통계적으로 확실하게 밝혀진 것들이다.

- 뇌의 세포 조직 1g당 흐르는 혈액의 양은 남자보다 여자가 더 많다.
- 뇌에서 절대적으로 중요한 일부 부위에서 여자들의 뇌세포가 남자들의 뇌세포보다 더 크기 때문에 더 많은 것을 받아들인다.
- 뇌를 화상촬영한 결과, 작업을 할 때 여자들은 고도로 발달한 대뇌피질을 활용하는 반면에 남자들은 같은 작업을 하면서도 창백핵, 편도, 또는 해마와 같이 좀 더 '원시적인' 부위를 활용한다.

뇌의 크기가 IQ와 관련이 있다는 뫼비우스의 기본적인 가설조차도 여자와 남자에게 다르게 적용된다. 평균적으로 IQ가 높은 남자들의 뇌는 IQ가 낮은 남자들보다 약간 더 크다. 따라서 남자의 경우에는 그런 가설이 다소 타당성이 있다고 볼 수 있다. 그러나 여자의 경우에는 그런 공식이 적용되지 않는다. IQ가 높은 여자들의 뇌가 IQ가 낮은 여자들의 뇌보다 반드시 더 크지는 않기 때문이다.

최근 십대들을 대상으로 이루어진 하버드대학교 의과대학팀의 연구를 보면 십대 소년의 경우에는 뇌의 크기와 IQ 사이에 긍정적인 상관관계가 있었다. 그러나 십대 소녀들의 경우에는 뇌의 크기와 IQ에는 아무 상관관계가 없었다.

'뇌를 많이 사용하면 뇌는 점점 더 커질 것이다'라는 신념은 뇌의 특정 부위를 많이 사용하면 그 부위가 점점 더 커질 것이라는 것이다. 전체적인 뇌 크기가 전체적인 IQ와 상관관계가 있다는 뫼비우스의 가설은 이런 신념에서 비롯된 것이지만 사실이 아니다. 예를 들어 음악과 연관된 뇌의 부위를 생각해보자.

남자의 경우 음악가와 음악가가 아닌 남자를 비교하면 음악가의 뇌에서는 '음악'을 관장하는 부위가 음악가가 아닌 사람들보다 더 크다. 그러나 여자의 경우에는 그런 연관성이 거의 적용되지 않는다. 하버드대학교 의과대학의 연구 결과에 따르면, 여성 음악가의 뇌를 일반 여성들의 뇌와 비교할 때 유의미할 정도로 큰 차이점이 발견되지 않았다.

중요한 것은 여자와 남자의 뇌 구조는 단지 '서로 다르다'는 점이다. 어느 성이 더 총명한가? 또는 어느 성의 뇌가 '더 좋은가?' 같은 진부한 논쟁은 칼과 숟가락 중에서 어느 것이 '더 좋은' 도구인가를 놓고 싸우는 정도의 의미밖에 없다. 그런 물음에 대한 단 하나의 올바른 답변은 '무엇을 하는 데 더 좋은가'이다. 고기를 썰 때는 숟가락보다 칼이 더 나을 것이고 국을 떠먹을 때는 칼보다 숟가락이 더 편리할 것이다.

위의 유추를 조금 더 발전시켜보자. 똑같은 영양분이라도 다른 형태로 제공될 수 있다. 우리는 갈비구이나 갈비탕으로 유사한 영양학적 목적을 얻어낼 수 있다. 아이에게 숟가락은 있고 칼이 없다면 갈비탕을 먹이는 게 좋지만, 칼은 있고 숟가락이 없다면 구운 갈비를 건네는 게 현명할 것이다.

이와 마찬가지로 소년 소녀의 능력 차이는 그다지 큰 것이 아니다.

다만 그런 능력을 어떻게 활용하는가에 따라 차이는 정말로 크게 나타날 것이다. 나중에 다시 살펴보겠지만 예를 들어 똑같은 수학을 가르치더라도 남학생에게 가르치는 방식과 여학생에게 가르치는 방식은 다를 수 있다. 어떤 방식은 소녀들의 호기심을 자극하는 데 더 효과적이고, 또 어떤 방식은 소년들에게 더 매력적일 것이다. 따라서 성별 차이에 대한 이해가 분명하면 소년과 소녀들 모두가 똑같이 흥미를 가지고 수학을 학습하도록 도울 수 있다.

아이를 키울 때 기억해야 할 두 가지 원칙—성별과 나이

크리스마스 아침, 7살짜리 남자아이 젤린은 선물로 받은 말하는 미군 병사 GI 조를 보자마자 기뻐서 소리를 질러댄다. 그러나 이 GI 조는 다른 인형들과 약간 다르다. 전투복 차림에 기관총과 수류탄을 장착한 이 병사는 카랑카랑한 여자아이 목소리로 "수학은 어렵다!", "쇼핑하러 가실까요?", "언제쯤이면 우리가 입고 싶은 옷을 다 갖게 될까?"라고 외친다. GI 조가 여자 목소리로 말하다니 뭔가 좀 이상하다.

바비해방기구가 또다시 사람들에게 일격을 가한 것이다. 바비해방기구는 지배적인 성별 고정관념의 어리석음을 알리기 위해 온몸을 바치는 운동가들이다. 그들이 장난감 가게에 몰래 들어가 GI 조의 목소리 상자를 바비 인형의 목소리 상자와 바꾸어놓은 것이다. 그러므로 젤린의 마을 어디에선가는 분명 (굵고 거친 목소리로) "복수는 나의 것!", "죽은 사람은 말이 없다."고 외쳐대는 바비 인형을 크리스마스 선물로 받은 소녀가 있을 것이다.

나는 여자 목소리로 '수학은 어렵다!'고 말하는 GI 조를 상상하면서 우리들이 성별에 대해 가지고 있는 신념을 재고해보아야 할 때라고 생각한다. 미국 문화에는 수학은 남학생들보다 여학생들에게 훨씬 더 어렵다는 고정관념처럼 소년 소녀의 차이에 대한 가설들이 널리 퍼져 있다. 그리고 대다수의 그런 가설들은 잘못된 것들이다. 다음은 성별 차이에 대한 잘못된 신념을 보여주는 몇 가지 예다.

- '선천적으로' 남학생들은 수학과 과학에서 여학생들보다 뛰어나다.
- '선천적으로' 소녀들은 소년들보다 감정이 더 풍부하다.
- '선천적으로' 소녀들은 협조적이지만 소년들은 경쟁적이다.

위의 진술은 모두 다 거짓이다.

내 강연을 들은 한 엄마는 강연이 끝나자 나를 찾아와 자기 자녀들에 대해 이야기했다. 대강 이런 내용이었다. 자기 아들 노아는 바느질과 장식용 레이스 뜨기를 즐겨하며 외모에 신경을 많이 쓰고 옷이 더러워지는 것을 아주 싫어한다. 반면에 딸 스테파니는 진짜 말괄량이다. 스테파니는 축구를 좋아하고 나무 타기를 즐기며 진흙에서 뒹구는 것도 신경 쓰지 않는다. 내 주장과 다른 이 아이들의 행동을 어떻게 설명해야 할까?

물론 성별 전형성에 맞지 않는 행동이나 취향을 나타내는 소년 소녀들도 마땅히 특별한 고려 대상이 되어야 한다. 그러나 중요한 사실은 남녀의 근본적인 차이점들은 예외적인 아이들에게도 똑같이 적용된다는 것이다.

지금까지 살펴본 것처럼 소년 소녀들의 듣고 보는 방식에서 나타나는 차이점들은 아이의 개인적인 특성과 상관없이 모든 아이들에게 적용된다. 소녀들의 경우는 P조직체계가 지배적이어서 색의 조그만 차이에도 소년들보다 훨씬 더 민감하게 반응한다. 그래서 십대 소녀들은 라임그린색이니, 짙은 황록색이니, 에메랄드색이니, 옥색이니 하고 표현하는 반면에 십대 소년들은 그저 녹색이라고 말한다.

오번대학교의 연구원들은 여성성이 강한 소녀들이 여성성이 덜한 소녀들보다 더 민감하게 색을 구분할 수 있는지 알아보기 위한 실험을 했다. 먼저 각 소녀의 여성성 지수를 측정하고, 소녀의 여성성과 색 구분 능력에 상관관계가 있는지 살펴보았지만 아무런 상관관계도 찾아내지 못했다. 소녀들이 소년들보다 더 정교하고 섬세하게 색을 구분하기는 했지만 '소녀들의 여성성 정도와는 무관했다.' 사내아이 같은 말괄량이 소녀들도 '소년들'보다는 '매우 여성적인 소녀들'과의 공통점이 더 많았다. 적어도 이 세상을 보는 방식에서는 그랬다.

모든 아이들은 각자의 개성이 있다. 그러나 각 아이가 독특하고 복잡하다는 사실 때문에 성별이 아동발달에 가장 중요한 두 가지 원칙 중 하나(다른 한 가지 원칙은 나이이다.)라는 사실을 무시해서는 안 된다. 아동발달에서 아주 중요한 성별의 역할을 이해하지 못한 채 아이를 이해하려고 노력하는 것은 아이의 나이를 고려하지 않고 행동을 이해하려는 것과 마찬가지로 어리석은 짓이다.

『2세 아동에게서 기대되는 행동 What to Expect from Your Two-Year-Old』 같은 책을 펼쳐보라. 이 책은 『8세 아동에게서 기대되는 행동

What to Expect from Your Eight-Year-Old』과는 그 내용이 크게 다를 것이다. 물론 2세 아동들이 모두 다 똑같다거나, 8세 아동들이 모두 다 똑같다고 말하는 사람은 없다. 그러나 2세 아동들 사이에 나타나는 다양성을 인정한다 해도 우리는 여전히 2세 아동들과 8세 아동들 사이에는 분명 그들이 할 수 있는 것, 그들이 흥미를 나타내는 것, 그들이 부모들과 관계를 맺는 방식 등에서 어떤 차이가 있다는 것을 알 수 있다.

적어도 아이들이 듣고 말하는 방식과 관련된 학습을 할 때에는 연령보다 성별이 훨씬 더 중요한 요소가 될 것이다. 언어학자 데보라 탄넨 교수는 나이가 서로 다른 소년 소녀들의 언어 사용 방식을 비교 연구한 결과 "각 나이마다 여자와 남자 사이에 뚜렷한 차이가 나타나는 것을 보고 무척 놀랐다. 또한 상당한 나이 차이가 있는데도 여자들은 여자들끼리, 남자들은 남자들끼리 비슷한 점이 많다는 것도 무척 인상적이었다. 여러 면에서 초등학교 2학년 소녀들은 같은 또래의 소년들보다는 25세 여자들과 더 비슷했다."고 결론지었다.

탄넨 교수의 연구 결과는 뇌에 대한 연구로 입증되었다. 인간의 뇌 발달과 관련한 최근의 연구는 생물학적인 성, 즉 여성 대 남성과 연관된 뇌의 차이가 연령의 차이보다 근본적이고 훨씬 중요하다는 것을 밝혀냈다.

진흙에서 뒹굴거나 축구를 좋아하는 소녀 스테파니는 바비 인형을 가지고 노는 것을 제일 좋아하는 7세 소녀 조앤과는 매우 다르다. 조앤은 주니어 팜팜단(일종의 여자 응원단)에 가입하겠다고 고집을 부리고 5세 때에 립스틱을 사달라고 졸라대던 아이다. 표면상으로 스테파니는 조앤과 많이 다르다. 하지만 두 아이는 우리가 상상하는 것보다 훨씬 더 많은 공통점을 가지고 있다. 청력 면에서나 자진해서 어른들과 협력하려는 마음, 그리고 정서적인 발달 면에서 스테파니는 아마도 오빠나 다른 소년보다는 조앤과 공통점이 훨씬 더 많을 것이다.

타고난 성이 성적 취향보다 우선한다

나는 남자와 여자 사이의 성적 차이가 성적 취향으로 나타나는 차이점들보다 훨씬 더 중요하고 근본적이라고 생각한다. 예를 들어 소녀들의 우수한 청력은 동성애 소녀나 이성애 소녀에게나 상관없이 나타나는 현상이다.

여기서 주장하고자 하는 핵심은 여자 또는 남자로 구별되는 '생물학적인 성'이 동성애자 또는 이성애자로 구분되는 '성적 취향'보다 더 중요하다는 점이다. 동성애자건 이성애자건 상관없이 소녀들은 일반적으로 학습 방식이나 놀이 방식, 투쟁 방식, 친구나 부모, 전반적으로 이 세계와 관계를 맺는 방식을 볼 때 동성애자 소녀가 동성애자 소년과 가지는 공통점보다는 소녀들 상호 간에 공통점이 훨씬 더 많다.

최근 연구에 따르면 성적 매력이나 성적 태도에 있어서도 남자-여자의 차이점이 동성애자-이성애자의 차이보다 더 본질적이라고 한다. 동성애자와 이성애자를 모두 포함한 여성과 남성에게서 나타나는 섹슈얼리티를 연구한 미국 UCLA대학교 심리학과의 앤 페플로 교수는 다음과 같이 말했다.

여자의 섹슈얼리티에서는 친밀한 관계 맺기가 대단히 중요하다. 여자들의 경우 섹스의 중요한 목표는 친밀감을 얻는 것이다. 여자들에게 가장 기분 좋은 섹스는 서로 충실한 관계를 확인하는 것이다. 그러나 남자들은 반드시 그런 것은 아니다.

이는 동성애자이건 이성애자이건 마찬가지이다. 남자들은 성적 취향과 상관없이 종종 포르노를 구입한다. 그러나 여자들은 동성애자이건 그렇지 않건 간에 포르노를 구입하는 경우는 극히 드물다. 잡지에 실린 사진과는 충실하고 친밀한 관계를 맺을 수 없기 때문이다.

이와 함께 페플로 교수는 이성애자든 동성애자든 대부분의 남자들의 성적인 개념에는 공격적인 측면이 있다는 것을 발견하였다. 그러나 여자들의 성적인 개념에는 남자들 같은 공격적인 요소가 전혀 없다. 성폭행은 거의 전적으로 남자들(동성애 남자들이 다른 남자에게 혹은 이성애 남자들이 여자에게)이 저지르는 범죄이다. 어떤 성적 취향을 가졌건 간에 여자들은 거의 성폭행을 하지 않는다.

심리학자들이 국제적으로 컨소시엄을 구성해 유럽, 남북아메리카, 아프리카, 오스트레일리아, 아시아 등 52개 나라에서 16,000명을 대상으로 조사한 연구 결과가 최근 출간되었다. 그들은 동성애자인 남녀와 이성애자인 남녀에게 똑같이 혹시 다음 달이라도 한 명 이상의 성 파트너를 갖고 싶은지 물어보았다. 이성애 남자들 중에는 25%가 다음 달에 한 명 이상의 성 파트너를 원한다고 응답했다. 동성애 남자들 중에는 29%가 그렇다고 답했다. 이성애 여자들 중에는 단지 4%만이 그렇다고 응답했고 동성애 여자들 중에는 5%만이 긍정적인 답변을 했다. 이들이 내린 결론은 남자들은 '관계의 상태'나 '성적 취향'에 상관없이 여자들보다 더 많은 수의 성 파트너를 원한다는 것이다.

9장에서 좀 더 상세하게 다루겠지만 일반적으로 생물학적인 성의 차이는 성적 취향이나 성 정체성의 차이보다 일관되고 근본적이다.

3장 모험심

인생을 최고로 신명나게 살 수 있는 비결은
모험적인 삶을 사는 것이다.
활화산 베수비오 산 언덕에 도시를 건설하라!
미지의 바다를 향해 배를 띄워라!
살아가면서 동료들이나 너 자신을 용납하지 마라!
—프리드리히 니체, 1887

고리 던지기

대학에서 심리학개론 시간에 학생들을 대상으로 고리 던지기 실험을 하는 경우가 있다.

  실험실 마룻바닥에 30cm짜리 막대기를 세워놓고 피실험자가 고무 고리 6개를 막대기에 던져 거는 게임이다. 마룻바닥에는 목표물로부터 30cm, 60cm, 150cm, 300cm, 450cm, 600cm 떨어진 지점에 표시가 되어 있고 피실험자는 보는 사람 없이 아무 데서나 원하는 지점에 서서 자유롭게 고리를 던질 수 있다.

  이 경우 대부분의 젊은 여자들은 목표물에서 30cm 또는 60cm 떨어진 지점에서 고리를 던진다. 그러나 대부분의 청년들은 비록 실패할 가능성이 훨씬 더 높다 하더라도 목표물에서 150cm 또는 300cm 떨어진 지점으로 가서 고리를 던진다.

그리고 실험은 다음 단계로 넘어간다. 문이 열리고 같은 수업을 듣는 동료 학생 두 명이 들어온다. 그들은 피실험자와 같은 성(性)이다. 피실험자가 여자면 새로 들어온 학생도 여자다. 이제 누군가가 지켜보는 가운데 피실험자들은 다시 고리 던지기를 한다.

대부분의 젊은 여자들은 혼자 있을 때나 여자 친구들이 앉아서 보고 있을 때나 별 차이 없이 같은 지점에서 고리를 던질 것이다. 그러나 대부분의 젊은 남자들은 행동이 달라진다. 다른 남자들이 지켜보고 있으면 그들은 심리학자들이 말하는 '모험적인 전환'을 입증해줄 것이다.

혼자 있을 때 60cm 떨어진 지점에서 고리를 던진 남자는 다른 사람들이 보고 있으면 150cm 정도 떨어진 지점으로 물러날 것이다. 만일 혼자 있을 때 150cm 떨어진 지점에서 고리를 던졌다면 이번에는 (이전에 그 사람들을 만난 적이 없고 앞으로도 다시 볼 기약이 없다 하더라도) 300cm 정도 떨어진 지점으로 물러설 것이다. 남자들은 자신의 태도 변화에 대해 '그 사람들이 나를 나약한 겁쟁이로 생각하는 게 싫기 때문'이라고 설명한다.

소년은 자극 때문에 모험을 즐긴다

많은 소년들은 모험을 즐긴다. 그리고 대부분의 소년들은 위험을 무릅쓰는 다른 소년들에게서 감동을 받으며 특히 모험에 성공하는 경우에는 더욱 그렇다. 그러나 소녀들이 모험 자체를 위해 모험을 즐길 가능성은 소년들보다 낮다. 더군다나 다른 사람의 모험적인 행동에 감동을 받을 가능성은 훨씬 낮다. 소녀들도 '기꺼이' 모험을 감행하는 경우가 있지만 단지 즐거움을 느끼기 위해 모험적인 상황을 '추구'할 가능성은 크지 않다.

중학교에 다니는 한 소년이 자전거를 타고 3.5m 높이의 판자 꼭대기에서 모래 해변으로 뛰어내렸다. 그 소년은 단지 장난삼아서 그런 행동을 한 것이다. 위험을 각오하고 모험을 하는 소년은 친구들 사이에서 위상이 높아진다. 혹시 실패를 한다 해도 그런 시도를 했다는 것만으로도 다른 소년들에게서 부러움을 살 가능성이 높다.

그러나 어떤 소녀가 3.5m 높이의 판자 위에서 일부러 자전거를 타고 뛰어내렸다는 이야기를 듣는다면 소녀들은 그런 행동을 대단하다고 여기지 않을 뿐만 아니라 오히려 비판적일 가능성이 높다. "세상에 그런 행동을 하다니 걔 완전히 맛이 간 거 아냐? 정신병자나 할 짓이지."라고 말할 것이다.

또 다른 예로 12학년 남학생이 금요일 밤 파티에서 방금 만난 여학생과 무턱대고 성관계를 맺고 그 다음 날에는 또 다른 여자와 섹스를 했다고 가정해보자. 특히 이 두 여자가 예쁠 경우에 소년의 친구들은 더욱 감동할 것이다. 그들은 아마도 "넌 진짜 사나이야." 하면서 하이파이브를 해댈 것이다.

이번에는 여학생이 똑같은 일을 했다고 가정해보자. 소녀의 친구들이 그녀의 대담한 행동을 알게 된다면 상대의 외모와는 상관없이 그녀에 대하여 좋지 않은 인상을 가지게 되고 품행이 단정치 못한 헤픈 아이 아니면 제정신이 아닌 아이라고 생각할 것이다.

소년 소녀는 모험에 대한 생각, 모험적인 행동을 할 가능성이 판이하게 다르다. 아장아장 걸어다닐 정도의 나이가 되면 남자아기들은 전기 소켓에 손가락을 집어 넣는다든지 아니면 의자에서 마루로 뛰어내리려고 하는 등 위험한 짓을 할 가능성이 상당히 높다. 그리고 부모들이 위험한 행동을 막으려 해도 남자아이들은 쉽게 순종하지 않는다. 미국뿐 아니라 전 세계적으로 조사한 결과들을 보면 일반적으로 소년들이 신체적으로 위험에 빠질 만한 활동에 참여할 가능성이 훨씬 더 높다. 소년들은 물에 빠지거나 자전거를 타다가 사고를 당해 중상을 입거나 사망할 가능성이 소녀들보다 훨씬 높다.

심리학자 바버라 모론지엘로가 이전에 다친 경험이 있거나 아니면 '구사일생'으로 살아난 경험이 있는 6세에서 10세 사이의 아동들과 개인 면담을 한 결과 소년들에게선 다음과 같은 경향이 나타난다는 것을 발견했다.

- 소년들은 부상의 원인을 기술 부족이나 준비가 부족했기 때문이라고 생각하기보다는 엉뚱하게도 '불운'으로 돌리는 경향이 강하다.
- 소년들은 자신이 입은 부상에 대해 부모에게 이야기할 가능성이 소녀들보다 낮다.
- 소년들은 주위에 다른 소년들이 있을 때 부상을 입을 가능성이 더 높다.

소년들은 혼자 있을 때보다 다른 소년들과 집단으로 모여 있을 때 위험하거나 어리석은 행동을 할 가능성이 훨씬 더 높다. 왜 소년들은 모험적이고 위험한 활동에 참여할 가능성이 더 높은가? 한 가지 이유는 자율신경계의 성별 차이에서 찾을 수 있다. 모험적이고 위험한 활동은 많은 소년들에게 거부하기 힘든 흥분, 자극, 호기심을 불러일으키는 '도전 또는 도피fight or flight' 반응을 유발한다.

"인생을 최고로 신명나게 살 수 있는 비결은 모험적인 삶을 사는 것이다."라는 말은 19세기 독일의 철학자 니체의 충고였다. 이 말은 어떤 커다란 목표를 성취하기 위해서는 위험을 감수해야 한다거나 어떤 목표에 도달하기 위해서는 위험 부담이 필수적이라는 의미가 아니다. 니체는 인생은 위험 부담 '자체' 즉 모험을 감행할 때 느끼는 짜릿함으로 인해 신이 난다고 주장한 것이다. 그런 주장은 상당히 남자다운 발상이다. 다음 장에서 살펴보겠지만 모험이나 위험에 대한 소녀들의 반응은 소년들과 아주 다르다.

미주리대학교의 리젯 피터슨과 연구팀은 모험 상황에 대한 아동들의 반응에서 나타나는 성차를 조사하였다. 아이들이 쌍방향 비디오 화면을 보면서 페달 운동기를 타는 실험이었는데 시뮬레이션이 어찌나 생생하던지 몇몇 아이들은 나뭇가지 아래를 달리는 화면이 나타날 때는 실제로 고개를 숙이기도 했다. 장애물이 나타나 길을 가로막거나 자동차가 갑자기 반대 차선에서 달려와 아이를 정면으로 칠 것 같은 느낌이 들 때도 있었다. 피터슨 연구팀은 아이들이 충돌을 피하기 위해 얼마나 재빠르게 브레이크를 밟는지 측정했다.

실험 결과 소년들은 소녀들에 비해서 브레이크를 밟는 속도가 훨씬 더 느렸다. 만일 시뮬레이션이 실제 상황이었다면 많은 소년들이 생명이 위험할 정도의 부상을 입었을 것이다. 모의로 연출된 상황이지만 충돌을 하면서도 소년들은 어찌나 '신이 나던지' 춤이라도 추고 싶을 지경이었다고 대답한 반면에 소녀들은 '무서워서 죽을 뻔'했다고 대답한 비율이 훨씬 더 높았다.

결론적으로 많은 소년들이 신체적으로 위험한 활동에 참여하는 한 가지 이유는 아마도 위험 자체가 유쾌한 자극을 주기 때문일 것이다. 소년들은 그것이 위험하다는 것을 잘 알고 있다. 그리고 그것이 위험한 짓이기 '때문에' 모험을 하는 것이다.

소년들이 모험적인 활동에 참가하는 또 다른 근본적인 이유는 자신의 능력을 '과대평가'하기 때문이다. 반면에 소녀들은 자신들의 능력을 '과소평가'할 가능성이 더 높다.

보스턴대학교의 심리학자들은 '왜 물에 빠지는 희생자들은 대부분 남자인가?'라는 단순한 질문을 해보았다. 학자들은 남자들이 자신의 수영 능력을 과대평가하는 것이 주요 원인이라는 결론을 내렸다. 십대 소년이라면 대부분 '나한테는 저 파도를 타고 넘을 만큼 충분한 힘이 있다'고 생각한다.

또 피츠버그대학교의 연구팀은 폭풍우가 칠 때 여자보다 남자들이 사망할 가능성이 훨씬 더 높다는 것을 밝혀냈다. 폭풍우가 치는 길을 가다가 길이 물에 잠긴 것을 보면 대개의 여자 운전자는 자동차를 되돌려서 다른 길을 찾아갈 것이다. 그러나 남자 운전자는 곧바로 물속으로 돌진해 자동차를 몰고 갈 가능성이 더 높고, 그러다가 사망하게 된다.

이 부분에서 다시 성별 고정관념이 작동할 수 있다. 예를 들어 어린 아이들에게 "자전거를 타거나 나무에 기어오를 때 여자아이와 남자아이 중 어느 아이가 다칠 가능성이 더 높겠니?"라고 질문하면, 여자아이건 남자아이건 여자아이가 다칠 가능성이 더 높다고 대답한다. 그러나 현실은 정반대로 '남자아이들'이 다칠 가능성이 더 높다. 대부분의 텔레비전 프로그램이나 영화, 소설, 비디오 게임에서는 소년이 소녀를 또는 성인 남자가 성인 여자를 구해낸다. 소년들이 자신의 능력을 과대평가하는 것은 부분적으로 그런 고정관념에 기초한 문화적인 자극 때문일 수 있다.

그러나 우리는 남녀의 성차가 주로 문화적 영향에서 기인된다고 믿었던 1970년대 학자들과 똑같은 행로를 따라가서는 안 된다. 우선 남자들이 위험한 모험을 감수하는 것과 유사한 현상은 원숭이, 비비, 침팬지 같은 영장류 동물에게서도 관찰된다.

인류학자 린다 마리 페디건과 산드라 조하는 다 자란 일본 머카크원숭이들의 암컷이 수컷보다 개체 수가 압도적으로 많은 이유를 연구했다. 머카크원숭이들의 출산 시 성비는 대략 1:1인데 자란 후에 살아남은 원숭이의 성비는 암컷이 수컷보다 '5배'나 높았다. 수컷 원숭이들은 모두 다 어디로 갔단 말인가? 그리고 동물원에서는 왜 성비가 불균형하게 나타나지 않을까? 페디건과 조하는 그런 현상을 설명하기 위해 다양한 가설을 세웠다.

- 유약한 수컷 가설: 수컷이 질병이나 질환의 영향을 받을 가능성이 더 높다.
- 육식동물 가설: 육식동물을 만났을 때 수컷이 암컷만큼 잘 도망가지 못할 가능성이 더 높다.
- 모험심 가설: 수컷들이 위험한 행동에 참여할 가능성이 더 높다.

- 돌연변이 가설: 수컷들이 유해한 돌연변이체를 가지고 있을 가능성이 더 높다.(이것은 '유약한 수컷' 가설의 변형이다.)

페디건과 조하는 21년 동안 연구한 자료를 검토한 결과 단지 모험심 가설만을 입증할 수 있었다. 주로 위험을 무릅쓴 행동 때문에 수컷들이 더 빨리 더 많이 죽었다는 것이다. 수컷 원숭이들은 십대 소년들처럼 거칠고 무분별하게 행동한다. 예를 들어 수컷 원숭이들은 고속도로를 가로질러 질주하는 모험을 감행하다가 결국에는 트럭에 치여 죽기도 했다. 반대로 암컷 원숭이들은 그런 모험을 감행할 가능성이 훨씬 낮았다. 암컷들은 고속도로를 피하는 경향이 있었다.

모험에 관한 이 같은 차이는 타고난 것 같다. 수컷 원숭이들이 제임스 본드 영화를 너무 많이 봐서 자신들의 능력을 과대평가하게 되었다고 주장할 수는 없기 때문이다. (인간을 포함한) 수컷 영장류들이 제정신이 아닐 정도로 위험한 행동들을 감행하는 경향을 보이는 것이 문화적으로 학습된 것이라기보다는 선천적일 가능성에 대해 검토해보아야 한다.

소녀들의 무기력은 학습된다

만일 아들이 있는 부모라면 아들이 절벽에서 자전거를 타고 뛰어내리는 것을 막기 위해서라도 아이가 왜 그런 행동을 하는지 동기를 이해해야 한다. 딸을 가진 부모들 역시 또 다른 관점에서 이 문제를 진지하게 생각해볼 필요가 있다. 부모들은 특히 어린 딸들에게 어느 정도 올바른 모험을 감행하고 자신의 능력을 높게 평가하도록 격려해주어야 한다.

성별에 기초한 불평등은 여전히 심각하다. 남자들과 똑같이 제대로 교육받고 훈련받은 여성들이 즐비하게 있음에도 불구하고 사회에선 아직도 남자들이 주요 기업의 최고경영자로 일할 가능성이 훨씬 높다. 남자들은 자기 사업을 시작할 가능성도 여자들보다 높다. 여자들의 경우에도 성공한 사례가 많긴 하지만 남자들이 선도적인 정치가가 될 가능성이 여전히 훨씬 더 높다.

수입의 성별 격차를 생각해보라. 미국에서 전일제로 일하는 여자는 남자들 평균 수입의 73% 정도밖에 받지 못한다. 그런 차이는 일차적으로 직업의 차이에서 비롯된다고 할 수 있다. 전자공학 석사학위를 받은 소프트웨어 엔지니어는 초등교육학 석사학위가 있는 초등학교 교사보다 평균적으로 수입이 더 많다. 대부분의 소프트웨어 엔지니어는 남자이고 대부분의 초등학교 교사는 여자이다.

그러나 직업, 교육, 근무 시간을 고려한다 하더라도 여전히 수긍하기 힘든 성별 차이가 존재한다. 미국은 물론 전 세계적으로 봐도 똑같은 일을 했을 때 받는 봉급은 평균적으로 여자들보다 남자들이 많다. 경제학자 린다 밥콕이 특히 고민했던 문제는 임금의 성별 불균형을 해결하기 위한 노력이 이제 한계에 부딪혔다는 점이었다. 여자들은 1960년대에서 1980년대까지는 수익이 증대되었지만 1990년에서 2000년 사이에는 임금의 성별 격차 해소 면에서 주목할 만한 진전이 없었다.

밥콕 교수가 카네기 멜론대학교의 경영학 석사학위자들을 대상으로 조사한 결과 남자들의 초임이 여자들보다 평균 8%, 금액으로는 4,000달러 정도 더 많았다. 밥콕 교수는 구직 과정에서 누가 더 많은 봉급을 '요구'했는지 알아보았다. 그 결과 남자들은 57%가 더 많은 급여를 요구했지만 여자들은 단지 7% 정도만 봉급을 더 달라고 요구했다. 성별 문제를 고려하지 않는다 하더라도 밥콕은 더 많은 봉급을 요구한 사람들이 평균적으로 4,053달러나 더 많은 초임을 받는다는 사실을 발견했다. 다시 말해서 성별 임금 격차는 여자들이 더 많은 봉급을 달라고 '요구하지 않는다'는 데에서 비롯될 수 있다.

방금 직장을 제안받았는데 더 많은 봉급을 달라고 요구하는 것은 모험을 감행하는 일이다. 그런 행동은 장래의 고용주를 불쾌하게 만들 수 있고 그로 인해 직장을 얻지 못할 수도 있다. 그래서 대부분의 여자들은 더 많은 봉급을 요구하지 않는다. 그리고 요구하지 않는 사람은 얻지도 못한다.

사업이나 정치 분야에서 '진정한' 성공을 이루려면 기꺼이 모험을 감행해야만 한다. 부모라면 딸들이 그렇게 하기를 원할 것이다. 그러면 어떻게 해야 딸아이에게 자신감을 심어줄 수 있을까?

니는 대학원에 다닐 때 '학습된 무기력' 이론으로 유명한 마틴 셀리그먼 교수의 수업을 들었다. 여기서 잠시 '학습된 무기력'을 설명해주는 간단한 실험을 살펴보자.

우선 실험실에 있는 쥐에게 재미있게 탐험할 수 있는 환경을 제공한다. 쥐는 진흙과 모래를 파고들어 가기도 하고 좁은 터널을 따라서 비틀거리며 기어가다가 조그만 플라스틱 나뭇가지에서 뛰어내리기도 한다. 셀리그먼 박사는 그런 쥐는 환경의 지배자가 되었다는 의미에서

'지배자 쥐'라 불렀다.

다음으로 두 번째 쥐에게는 재미있는 환경에서 놀이를 하지 못하게 한다. 실험자가 쥐를 꼼짝 못하게 붙잡고 쥐가 몸부림을 치면서 빠져나가려고 애써도 놓아주지 않는다. 이런 행동을 하루에 몇 차례, 여러 날을 계속 되풀이한다. 그러면 이 쥐는 자기가 무슨 짓을 하더라도 인간의 손아귀에서 벗어날 수 없다는 것을 학습하게 된다. 셀리그먼 박사는 이런 쥐를 '무기력한 쥐'라고 이름 붙였다.

이제 다른 실험을 해볼 차례이다. 위의 두 마리 쥐를 각각 물이 가득한 욕조에 넣는다. '지배자 쥐'는 즉시 욕조의 한쪽 옆으로 헤엄쳐 가서는 (실제로 쥐들은 수영을 할 수 있다.) 욕조 한쪽에 매달아놓은 조그만 밧줄 사다리를 붙잡고 가까스로 욕조 밖으로 기어나와서 온몸을 흔들며 물을 털어낸다.

그러나 '무기력한 쥐'를 똑같은 욕조에 넣으면 전혀 다른 상황이 연출된다. 무기력한 쥐는 욕조 밖으로 헤엄쳐 나오려고 어정쩡하게 몇 차례 시도할 뿐이다. 그리고 얼마 동안 버둥거리다 욕조에 가라앉는다. 이 쥐는 사람이 끄집어내지 않으면 물에 빠져 죽을 것이다.

이 실험의 교훈은 두려움에 부딪혀보기도 하고, 두려움을 극복하고 새로운 환경을 탐험해본 경험이 풍부한 사람이 새로운 도전에 나설 수도 있고 성공할 수도 있다는 것이다. 만일 모험을 감행하거나 성공한 경험이 없다면 정말로 중요한 순간에 용기를 낼 수 없을 것이다. 학습된 무기력 이론은 쥐를 대상으로 한 실험에서 증명되었지만 인간의 경우에도 적용될 수 있다.

몇몇 학자들은 우리 사회에서 소녀들을 키우는 방식은 '학습된 무기력'을 조장할 수 있다고 주장한다. 딸들을 보호하려는 경향이 강한 부모들은 딸들이 나무에 오르거나 두 손을 놓고 자전거를 타는 모험적인 행동을 할 경우 야단을 칠 것이다. 나도 자녀들이 부상을 당했을 때 부모들이 나타내는 반응이 딸이냐 아들이냐에 따라 상당히 다르다는 것을 수도 없이 목격했다.

일례로 14살 된 남자아이 제이슨이 미식축구를 하다가 다쳐서 병원을 찾았다고 하자. 제이슨은 걷기도 힘들다. 아빠가 비틀거리며 걷는 다친 전사를 부축하고 진찰실로 들어온다. 아빠는 대단히 걱정스러워하지만 묘한 자부심도 느껴진다.

"골라인 위치에서 일어난 일이었어요. 공은 우리 쪽 2야드 라인에 있었고 마지막 터치다운이었죠. 그때 제이슨이 달려오는 후위 선수를 향해서 마구 돌진했어요. 완전히 죽기 살기로 자기 몸을 내던져서 상대 선수를 멋지게 차단시켰죠. 공은 우리 공이 되었고 경기에서 이겼습니다."

X레이 검사 결과 모든 것이 정상이다. 나는 제이슨이 부상으로 약간의 근육경련이 일어났던 것뿐이라고 아빠를 안심시킨다. 그 말을 들은 아빠의 첫 번째 질문은 "그럼 언제쯤 다시 경기에 나갈 수 있을까요?"였다.

지난해에 14세 소녀 트레이시가 필드하키를 하다가 제이슨과 비슷한 부상을 입었다. 트레이시는 엄마 아빠 '두 사람'의 부축을 받으며 진찰실로 들어왔다. X레이 결과는 정상이었다. 신경 검사 결과도 정상이었기 때문에 단지 근육경련이 일어났던 것뿐이라고 부모들을 안심시켜주었다. 설명을 듣고 난 트레이시 부모의 첫 번째 질문은 "선생님이 보시기에 트레이시가 필드하키를 포기하는 것이 좋지 않을까요? 그렇지 않다면 적어도 이번 시즌만이라도 운동을 중단하고 휴식을 취해야 하지 않을까요?"였다.

비슷한 상황에 처한 부모들의 반응이 이렇게 다르다는 것은 정말로 놀라운 일이다. 달라도 너무나 달라서 나는 부모들에게 상황이 다르다면 어떻게 행동했을지 생각해보라고 권한다.

"만약 트레이시가 아들이었다면 이만한 부상 정도로 운동을 그만두라고 하시겠습니까?"

그리고 부모들이 머뭇거리면 "아마도 그렇게 하시지 않을 겁니다. 아마도 남자아이였다면 '살살 걸어봐라. 어떻게든 극복하도록 노력해야 하지 않겠니? 너는 잘 할 수 있을 거야.'라고 아들을 격려하셨을 겁니다."라고 말한다.

소녀들이 좀 더 편안한 마음으로 모험을 감행하게 할 수 있는 방안들로는 어떤 것이 있을까? 아이슬랜드의 유치원 교사인 마그렛 팔라 올라프스도티에는 유치원 여자아이들을 위한 '담력강화훈련' 프로그램을 개발했다. 올라프스도티에는 여자아이들만 데리고 현장 학습을 갔을 때의 경험을 바탕으로 이 프로그램을 만들게 되었다고 한다.

올라프스도티에가 아이들을 데리고 소풍을 갔을 때였다. 날씨가 너무 더워서 아이들 몇이 신발과 양말을 벗었다. 그때 올라프스도티에는 다른 소녀들에게도 신발과 양말을 벗고 맨발로 공원에 널려 있는 돌과 자갈 위를 달려보라고 권했다. 그런 다음 어린 소녀들에게 춤을 춰보라고 했다. 돌 때문에 발이 아픈 한 아이가 신음 소리를 냈다.

"발이 아플 때 불평하는 대신 뭘 할 수 있을까?"

올라프스도티에가 아이들에게 물었다.

"노래요." 하고 한 아이가 대답했다.

그러자 모두들 노래를 불렀다.

"(유치원으로 돌아오는 길에) 우리는 내내 노래하고 춤을 췄지요. 맨발로 말입니다. 마치 슈퍼우먼이 된 것 같았어요."

소녀들은 기쁨에 넘쳤고 신세계라도 발견한 것처럼 자랑스러워했다. 이 일로 용기를 얻은 올라프스도티에는 유치원 마룻바닥에 매트리스를 깔고 그 옆에다 테이블을 놓고는 소녀들에게 테이블 위에 올라가 소리를 지르며 매트리스로 뛰어내리라고 용기를 북돋아주었다. 그러자 여자아이들의 방도 남자아이들의 방만큼이나 시끄러워졌다. 소녀들이 테이블에서 매트리스로 뛰어내리는 데 익숙해지자 이번에는 테이블 위에 테이블을 하나 더 올려놓더니 마침내 그 위에 의자까지 올려놓게 되었다.

일단 자신들이 '모험하기를 원하는' 선생님이 있다는 것을 알게 된 소녀들은 자신들만의 도전을 감행하기 시작했다. 아이들은 날달걀을 공중 높이 던졌다가 (때로는) 깨뜨리지 않고 받는 연습을 했고, 서로를 향해 물총을 쏘며 놀았다. 한 소녀는 스펀지로 된 블록으로 높게 벽을 쌓은 뒤 벽 위로 점프를 했다. 물론 벽은 너무 높았다. 그렇지만 몇 달에 걸쳐서 새로운 자아상을 만든 아이의 자신감은 무너지지 않았다.

(어린 소녀는) 벽으로 기어서 올라가더니 심호흡을 한 다음 곧바로 뛰어내렸고 벽은 무너져 내렸다. 우리의 작은 영웅이 어떻게 대응해야 할지 모르겠다는 얼굴로 나를 쳐다보며 도움을 청하자 아이들이 깔깔대고 웃었다.

갑자기 내 머릿속에서 '소녀들의 학습된 무기력'에 대한 이야기와 함께 아이들은 실패했다고 느낄 때 쉽게 포기한다는 말이 기억났다. 그리고 아무리 노력해도 잘했다는 기분이 들지 않아서 마침내 포기하고 자신감도 잃고 더 이상 모험을 하지 않게 된 나 자신의 경험을 생각해보았다. ……

그런 일이 반복되면 여자들은 계속해서 수동적인 역할을 맡게 되고 새로운 일을 시도하지 않게 된다. …… (이 어린 소녀는) 완벽한 방법을 찾아냈다. 우리는 우리를 사로잡고 있는 과거의 잘못들에 대한 두려움을 떨쳐내기 위해 훈련을 받아야 한다. …… 나는 표현은 달랐지만 이런 생각을 정확하게 소녀들에게 전달했다.

여자아이들은 모험을 감행하다가 실패하면 궁극적으로 모험을 '더욱더' 싫어하게 될 가능성이 높다. 올라프스도티에는 이런 위험성이 있음을 인정했다. 소녀들의 사고와 마음속에는 자신이 유약하고 무능력하다는 감정과 낮은 자존감이 깊숙이 파묻혀 있을 가능성이 높기 때문에 우리가 하고 있는 일에 대해 정확하게 이해하고 있지 못하면 (이런) 훈련이 역효과를 가져올 수도 있다.

이런 훈련은 우선 소녀들 자신이 할 수 있다고 분명히 알고 있는 것부터 시작해야 한다. 그런 다음 서서히 그들의 능력을 넓혀가도록 도와준다. 그리고 소녀들이 실패를 하고 넘어졌을 때 그들을 붙잡아 일으켜주고 다시 한 번 시도하도록 격려해주기 위해 반드시 그들 옆에 있어야 한다.

올라프스도티에는 이런 훈련에서는 다른 소녀들의 지지도 상당히 중요하다는 것을 발견했다. 이런 이유 때문에 올라프스도티에는 고집스럽게 담력강화훈련을 위한 '소녀들만의 교실'을 주장한다. 소년 소녀가 함께 공부하는 환경에서는 소년들이 비품이나 운동장뿐 아니라 행위, 동작, 소음(이 포함되는 모든 활동)을 선점하게 된다. 그러므로 소녀들만 있는 교실에서 '담력강화훈련'을 하면 소녀들이 소년들로부터 놀림을 당하거나 자신이 과소평가당하리라는 두려움에서 벗어나 좀 더 자유롭게 모험을 감행할 수 있다.

넘어져서 무릎이 까질 권리

이제 다시 리젯 피터슨의 연구로 되돌아가보자. 피터슨 교수는 고정된 페달 운동기를 설치해놓고 아이들이 위험한 환경 속으로 '페달을 밟아갈' 수 있게 했다. 그 결과 과거에 부상을 당한 경험이 있는 아이들이 시뮬레이션 상황에 대한 두려움이 '더 적다'는 것을 알게 되었다. 피터슨 교수는 이런 현상에 '난공불락의 효과 invulnerability effect'라는 이름을 붙였다. 넘어져서 무릎이 까지거나 상처를 입어도 시간이 지나면 낫는다는 걸 경험한 아이는 넘어지는 것을 별것 아니라고 생각하며 두려움을 갖지 않는다.

아동심리학자인 웬디 모겔은 『피부가 까진 무릎의 축복 The Blessing of a Skinned Knee』이라는 매력적인 책을 썼다. 여기서 모겔은 자녀들이 다치지 않도록 보호하면 아이들은 점점 더 모험을 혐오하게 된다고 지적했다. 반면 여기저기 베이고 상처가 좀 생기더라도 자녀들에게 자기 세계를 탐험하도록 허용하면 자녀들은 나름대로의 인격을 형성하게 되고 자신감, 유연성, 자립심을 갖게 된다. 니체는 "내 목숨을 빼앗아 가지 못하는 것은 나를 더욱 강하게 만들어줄 것이다."라고 말했다.

나도 까진 무릎이 축복일 수 있다는 견해에 전적으로 찬성한다. 올라프스도티에 교사에 따르면 소녀들은 '담력강화훈련'을 통해 아주 소중한 것을 얻게 된다. 높은 벽 위를 뛰어넘으려다가 실패하고 다리에 심하게 멍도 들겠지만 일단 그 상처가 '아문다'는 것을 경험하면 나도 할 수 있다는 자신감과 용기, 내적인 힘을 축적하는 좋은 계기가 되기 때문이다.

그렇지만 소년들의 경우에는 그렇지 않을 수도 있다. 소년들은 대부분 이미 구조적으로 모험을 감행하고 '즐겁게' 위험 부담을 감수하도록 태어났다. 그런 소년들은 오히려 모험을 '약간' 싫어하게 만들 필요가 있다.

부모들은 자기 자녀에 대해 잘 알아야만 한다. 위험 부담을 각오해야 하는 문제가 발생할 때 그에 대응하는 개인의 차이는 엄청나게 크다. 나는 길이 험하고 숲이 우거진 산길에서 4륜 산악오토바이를 타고 달려가는 소녀를 만난 적도 있고, 손가락에 묻은 페인트가 지워지지 않을까 봐 핑거페인팅도 하지 못하는 소년도 보았다. 이런 아이들은 예외적인 경우이다. 만일 여러분의 자녀가 전형적인 성별 역할에 들어맞지 않는다면 그에 맞게 부모 노릇을 수정해야 한다. 4륜 산악오토바이를 타고 달리는 소녀에게는 '위험에 대비한 사전 대책' 중 몇 가지를 마련해야 하고, 핑거페인팅을 싫어하는 소년이라면 '담력강화훈련'을 해야 할 것이다.

위험에 어떻게 대비할 것인가

스케이트보드를 타고 계단 난간을 내려오거나 수영장에서도 가장 높은 다이빙대에서 전속력으로 뛰어내리는 것만 좋아하는 소년이라면 적어도 한두 차례 응급실로 실려 간 경험이 있을 것이다. 그런데도 그 아이는 점점 더 위험한 행동을 하고 싶어 한다. 만약 내 아이가 모험에서 스릴을 맛보는 소년이라면 어떻게 하면 좋을까?

자녀가 크게 다치는 것을 막기 위해 적어도 다음의 세 가지 기본적인 원칙을 기억해야 한다.

첫 번째 원칙은 '모험의 전환'이다. 소년들은 여럿이 있을 때 어리석은 행동을 저지르기가 쉽다. 그러므로 가족이 다 함께 스키 여행을 떠나거나 스노보드를 타는 것도 한 방법이다. 만일 스키장에 갔다면 각자의 수준이 어떻든 먼저 가족 모두가 강습을 받아야 한다. 전문가로부터 강습을 받으면 아들은 자신의 실력을 좀 더 정확하게 평가할 수 있을 것이다. 기복이 심한 '상급자용' 코스에 도전할 만한 실력을 갖추었다고 생각하는 아이라면 스키 강사가 아이 수준에 맞는 슬로프에서 더 재미있게 기술을 발휘할 수 있는 방법을 알려줄 것이다. 십대 소년들끼리 스키 여행을 가는 것보다는 가족이 모두 스키 여행을 떠나는 것이 훨씬 더 안전하다.

두 번째 원칙은 감독이 없는 것보다는 있는 것이 훨씬 더 낫다는 점이다. 어떤 부모들은 미식축구는 너무나 위험하다고 생각한 나머지 절대로 미식축구를 허용하지 않는다. 그러면서도 자기 아들이 주차장에서 친구들과 함께 스케이트보드를 타는 것은 허용한다. 그런 부모들이 꼭 알아야 할 사실은, 감독하는 사람이 없는 환경에서 아들이 부상당할 위험성이 훨씬 더 높다는 것이다.

모험을 좋아하는 소년들은 어떻게 해서든 모험을 감행할 것이다. 그렇다. 아들이 축구나 필드하키를 하면 부상당할 가능성이 높다. 그 아이는 자기보다 더 크고 힘도 더 센 다른 선수들과 부딪힐 것이다. 그렇지만 능력 있는 코치의 감독을 받으며 축구를 하는 것이 주차장에서 노는 것보다 '중상'을 입을 위험성이 훨씬 더 낮다. 아들이 다른 소년들과 거리를 쏘다니는 것보다는 축구장에 있을 때가 훨씬 더 안전하다.

세 번째 원칙은 부모의 권위를 행사하라는 것이다. 몇 년 전 댈러스 카우보이 팀의 코너백 디언 샌더스가 워싱턴 레드스킨스 팀과 미식축구 경기를 하다가 뇌진탕을 일으켰다. 그 팀의 의사는 샌더스에게 남은 경기 동안 나가 있으라고 충고했다. 뇌진탕이 일어나면 뇌가 약간 부어오르다가 한 시간 정도 지나면 괜찮아지는 경우도 있다. 하지만 시합을 계속하다가 또다시 머리를 부딪치면 압력의 증가로 뇌수의 일부가 척추로 뿜어져 내려가는 뇌구탈출증이 일어나서 사망에 이를 수도 있기 때문에 적어도 24시간 동안은 모든 운동을 중단해야 한다.

샌더스는 의사의 권고를 받아들이지 않았다. 몸 상태가 조금 나아지자 다시 경기장 안으로 들어간 것이다. 샌더스가 사이드라인으로 돌아갔지만 의사는 소리를 지르지도 악을 쓰며 말리지도 않았다. 대신 샌더스의 헬멧을 집어들고 저쪽으로 걸어가버렸다. 그리고 시합이 계속되는 동안 샌더스의 헬멧을 자기 팔 밑에다 쑤셔 넣고 있었다.

의사의 그런 모습은 모험을 좋아하는 소년에게 어떤 식으로 권위를 행사해야 할지를 보여주는 좋은 본보기이다. 부모는 아이와 논쟁할 필요가 없다. 협상하려고 들지도 말라. 단지 반드시 해야 할 행동을 하면 된다. 아들에게 부모의 허락 없이 산악자전거를 타서는 안 된다고 말했는데도 아들이 그 규칙을 어겼다면 그 아이에게 두 번 다시 타지 말라고 말할 필요가 없다. 아들에게 '약속'하라고 요구하지도 말라. 그 대신 단단한 자물통을 하나 사서 자전거를 묶어놓으면 친구들이 자전거 타러 가자고 조를 때 "나는 못 가. 아빠가 저런 끔찍한 괴물로 자전거를 잠가놓았거든."이라고 말할 것이다. 아들이 다시 자전거를 탈 수 있다는 판단이 들면 그때 자물통을 풀어주면 된다.

4장 공격성

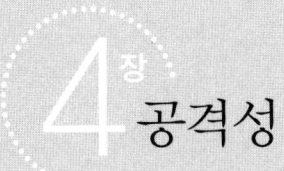

진짜 사나이는 전투를 좋아한다.
- 조지 S. 패튼 장군, 1944

나는 사람들을 때릴 때 신이 난다.
- 빌 로마노브스키, 오클랜드 레이더스 미식축구선수, 2003

소녀들의 싸움은 표면상으로는 대리석처럼 고요하고 매끄럽다.
- 레이철 시먼스, 2002

오지탐험으로 우울증에서 벗어난 제프리

14살 된 제프리는 침울하고 짜증을 잘 내며 의기소침한 소년으로 학교 가기를 아주 싫어했다. 운동에도 재미를 못 느끼고 친한 친구도 거의 없었다. 정신과 의사는 주의력결핍장애 치료제와 항우울제를 처방해 주었다. 제프리는 약물치료 중에도 여전히 내향적이고 기가 죽어 있었다. 부모가 학생 수도 적고 교사들이 학생에게 신경을 많이 써주는 사립학교에 보냈지만 제프리의 학교생활은 하루하루가 고역이었다.

그해 여름 제프리의 아버지는 아들을 두 달 동안 아프리카의 짐바브웨로 보냈다. 그곳에서 제프리는 미국인이나 유럽인에게 아프리카의 오지를 안내하는 전문 사냥꾼 클리프의 조수가 되었다. 아프리카로 떠나기 전 날, 부모는 제프리가 여름 동안 먹을 약을 짐 속에 넣어주었다.

두 사람이 함께 지낸 사흘 뒤, 클리프는 제프리에게 약을 먹지 말라고 했다. 클리프의 판단은 옳았다. 적어도 아프리카 오지에서 지내는 동안 제프리는 약을 먹을 필요가 없었다. 제프리는 약을 먹지 않고도 수풀 속에서 꼼짝하지 않고 몇 시간이나 사냥감이 나타나기를 기다릴 수 있었고, 그 지역 사람들과도 편하게 잘 지냈다. 제프리가 그곳 주민들의 사냥법을 배우고 싶어 하자 사람들은 투창 다루는 법을 가르쳐주었다. 제프리는 긴 나무창을 들고 한 시간 정도 연습한 뒤, 30m나 떨어져 있는 뇌조를 맞히는 데 성공했다. 모두들 깜짝 놀랐다.

제프리는 기쁨이 넘치는 얼굴로 한 손엔 죽은 새를, 또 한 손엔 창을 들고 두 팔을 하늘 높이 쳐든 채 사진을 찍었다. 제프리는 미국으로 돌아와서 나에게도 그 사진을 한 장 주었다.

훗날 제프리의 엄마는 그해 여름이 전환점이었다고 말했다. 제프리

뇌조를 잡고 기뻐하는 제프리. 주의력결핍장애와 우울증으로 고생하던 제프리는 아프리카로 오지탐험을 다녀와서 자신감을 얻었다. 소년들에게는 모험에 대한 욕구를 채우고 공격성을 발산할 기회가 필요하다.

는 학교에 돌아간 뒤 다시 약을 먹어야 했지만 그의 태도에는 분명 변화가 있었고 우울증 증세도 사라졌다. 제프리는 더 이상 자신이 실패자라고 생각하지 않았다. 그해 여름 제프리는 자신감을 얻은 것이다.

만약 제프리의 부모가 방학 동안에 아들을 주의력결핍장애 소년들에게 읽기와 글쓰기를 지도하는 'ADD 캠프'에 보냈다고 가정해보자. 캠프에 참가한 아이들은 6주 동안이나 7, 8월의 무더위를 실내에서 견뎌야 한다. 제프리가 그 캠프에서 여름을 보냈다면 지금처럼 외향적이고 온화한 성인으로 성장할 수 있었을지 의심스럽다.

니체는 "우리가 경험하는 최고의 순간은 마음속에 있는 '악'의 요소를 최선의 요소로 새롭게 인식할 수 있는 용기를 발견하는 때이다."라고 말했다. 학교에서는 제프리에게 불리하게 작용했던 바로 그 숨은 열정과 추진력이 짐바브웨에서 사냥을 할 때에는 장점으로 바뀌었다. 자신이 타고난 재능이 있는 유능한 사냥꾼이라고 느낄 수 있었던 그 경험은 제프리의 인생관을 송두리째 바꾸어놓았다. 제프리는 30m나 떨어진 뇌조를 명중시켰다는 자신감을 맛본 뒤 학교 공부도 그리 어렵지 않다고 생각하게 되었다.

만일에 제프리가 그저 벽에 붙은 과녁을 맞혔더라도 이런 결과가 나왔을까? 아마 그랬더라면 제프리의 삶이 이토록 바뀌지는 않았을 것이다. 제프리에게는 '살아 있는 물체를 죽였다'는 사실이 아주 중요했다.

그럼 여자들은 어떨까? 대부분의 여자들(그리고 일부 남자들)은 그런 생각을 혐오한다. 실제로 소녀들과 여자들의 경우 폭력에 대한 반응은 소년들이나 남자들과는 아주 다르다.

소년들의 공격성은 진화의 부산물이다

아이들이 운동장에서 노는 것을 지켜본 적이 있는가? 심리학자 자넷 레버는 1년 동안 초등학교 운동장에서 소년 소녀들이 노는 모습을 관찰했다. 그 결과 레버는 남자아이들이 여자아이들보다 20배 가까이 더 자주 싸운다는 것을 알게 되었다. 그런데 놀랍게도 소년들은 싸움을 하고 난 다음에 대체로 더 친밀한 관계가 되었다. 소년들은 싸우기 전보다 싸우고 난 다음에 함께 놀 가능성이 더 높았다.

반대로 소녀들은 거의 싸우지 않는다. 그렇지만 일단 말로라도 싸움을 하면 좋지 않은 감정이 계속된다. 한 소녀가 친구에게 "난 네가 싫어! 너랑 다시는 안 놀아!"라고 말했다면 소녀의 나이가 많으면 많을수록 자기가 내뱉은 말을 지킬 가능성이 더 높다.

레버의 보고는 과학자들이 침팬지를 대상으로 발견한 연구 결과와 아주 비슷하다. 침팬지의 경우도 수컷이 암컷보다 싸움을 할 가능성이 대략 20배 정도 높지만 싸움은 몇 분 이상 계속되지 않으며 큰 부상을 입는 경우도 아주 드물다. 수컷 침팬지 두 마리가 아침에 싸움을 했다면 아마도 오후쯤에는 언제 그랬냐는 듯 서로를 보살펴줄 것이다.

애틀랜타 여키스 영장류 연구센터의 동물학자 프랜스 드 왈에 따르면 수컷 침팬지의 경우 싸움을 건다는 것은 실제로는 우정으로 나아가기 위한 첫 단계일 수 있다. 반면 암컷 침팬지들은 거의 싸우지 않는다. 그러나 일단 싸웠다 하면 우정은 끝장나고 그로 인한 적개심도 몇 년간 계속될 수 있다. 또한 싸움으로 중상을 입을 가능성도 암컷들이 더 높다. 드 왈 박사에 따르면 서로 싸움을 벌인 암컷들끼리는 '보복을 반

복하며 화해할 가능성은 거의 없다.'

인간의 경우 이런 차이는 말을 하기 시작할 무렵부터 분명하게 나타난다. 아이들에게 동화책을 고르라고 하면 남자아이들은 2세만 되어도 대체로 폭력적인 이야기를 고르는 반면 2세짜리 여자아이들은 따스하고 포근한 이야기를 선택한다. 또 다른 연구에 따르면 폭력적인 이야기를 선호하는 5~7세 소녀들은 다른 사람을 따스하게 보살펴주는 이야기를 선호하는 소녀들보다 행동 면에서 중대한 문제를 일으킬 가능성이 더 높다. 그러나 소년들의 경우에는 폭력적인 이야기의 선호와 정신의학적인 문제는 상관관계가 '없다.' 다시 말해 5세에서 7세의 소년들이 폭력적인 이야기를 선호하는 것은 정상이다. 그러나 그 나이 또래의 소녀들이 폭력적인 이야기를 선호한다면 그것은 정신적인 장애를 암시하는 것일 수 있다.

심리학자 루이스 페리와 데이빗 페리 부부는 평균 10세인 소년 소녀들을 인터뷰하면서 "만약 친구들과 축구를 하는데 어떤 아이가 와서 공을 빼앗는다면 그 아이를 때리겠니? 그 아이를 때리면 공을 되돌려줄까? 그 아이를 때린 다음에는 어떤 기분이 들까?"라는 질문을 던졌다.

대부분의 소년들은 공을 빼앗으려고 했던 아이를 때릴 것이라고 답했다. 나이가 많은 소년일수록 그 아이를 때리고 나서 공을 다시 찾을 가능성에 대해 더 자신만만하게 생각했다. 그리고 공을 빼앗은 아이를 때리겠다고 말한 소년들은 그 아이를 때린다고 해서 죄책감 같은 것을 느끼지는 않을 것이라고 대답했다. 게다가 소년들은 다른 소년들도 자신의 행동을 적극적으로 지지할 것이라고 확신했다. 타당한 이유로 공격적인 행동을 하는 경우, 즉 그 행동이 남을 괴롭히기 위한 행동이 아니라면 대체로 공격적인 행동을 한 소년의 지위는 높아진다.

하지만 소녀들의 반응은 다르다. 소녀들은 축구공을 빼앗은 아이를 공격할 가능성이 훨씬 낮을 뿐 아니라 공격적인 대응에 대해서도 불안하게 느낄 가능성이 높다. 게다가 공격적인 대응을 하면 공을 되찾을 수 있다는 데 대해서도 확신이 더 적었다. 소녀들은 어떤 이유에서든 남을 때리는 데 대해 죄책감이나 정서적인 낭패감을 맛볼 가능성이 더 높았다. 그리고 소녀들은 다른 소녀들이 자신의 공격적인 행동을 지지하리라고 기대하지 않았다. 공격적인 행동을 하는 소녀들은 친구들 사이에서 지위가 '하락'할 수 있다.

적어도 이런 차이 중 일부는 생물학적으로 결정된 것이라는 좋은 증거가 있다. 그런 증거 중 일부는 선천성부신과형성증congenital adrenal hyperplasia, CAH이 있는 소녀들을 연구한 결과 드러났다. 선천성부신과형성증은 태아가 엄마의 자궁 속에 있을 때 남성호르몬이 과다하게 생성되어 소녀의 뇌가 부분적으로 남성화한 경우이다. 이 증세가 있는 어린 소녀들에게 비행기, 공, 전투 인형, 바비와 켄 인형(미국의 전형적인 커플 인형) 또는 매직펜 중에서 선택하라고 하면 비행기, 공, 전투 인형을 선택할 가능성이 인형이나 매직펜을 선택할 가능성보다 훨씬 높다.

또 같은 증상이 있는 4살짜리 여자아이들을 대상으로 이야기의 선호도를 조사했는데 정상적인 여자아이들보다는 폭력적인 이야기를 좋아했지만 정상적인 소년들보다는 그 선호도가 약해 중간에 해당했다. 사실 선천성부신과형성증을 가진 소녀가 장난감을 선택할 때 나타나는 남성성은 그 아이의 선천성부신과형성의 심각성과 정비례한다. 즉 소녀가 태어나기 전에 뇌에 노출된 남성호르몬이 많으면 많을수록, 소녀의 행동이나 장난감 선호가 남성적일 가능성이 크다. 부모들이 그 아이들에게 좀 더 '여성적인' 장난감을 가지고 놀도록 권유해도 별다른 영향을 미치지 못한다.

실험실 동물을 대상으로 한 연구에서도 똑같은 결과가 나왔다. 대부분의 고등 포유동물, 특히 인간과 가장 가까운 영장류는 나이 어린 수컷들이 난폭하고 무모한 놀이에 참여할 가능성이 더 높다. 예를 들어 긴꼬리머카크원숭이의 경우, '소년' 원숭이들이 '소녀' 원숭이들보다 난폭한 놀이에 참여할 가능성이 6배나 더 높았다.

반면 '소녀' 원숭이들은 영장류 동물학자들이 말하는 '대리 부모 노릇'에 참여할 가능성이 더 높았다. 소녀 원숭이들은 다른 아기 원숭이들을 돌봐주는 일을 한다. 소녀 원숭이들은 아기 원숭이의 엄마가 먹이를 모으러 돌아다닐 수 있도록 '아기를 돌봐주고' 엄마들은 아기에게 젖먹일 시간이 되면 '베이비시터'에게서 아기를 되찾는다.

거의 모든 영장류에서 어린 수컷들보다는 어린 암컷들이 아기를 돌보는 일에 훨씬 더 큰 관심을 나타낸다. 비비원숭이, 붉은털원숭이, 비단원숭이, 버빗원숭이들은 분명 그렇다. 인간도 마찬가지이다. 평균적으로 소녀들이 소년들보다 어린 아기들을 더 잘 껴안아주고 아기들에 대한 관심도 훨씬 많은데 그것은 남녀 성차에서 기인한 것으로 부모들의 영향과는 무관하다. 부모가 아이를 돌보도록 권유를 하건 안 하건 소년들이 아이를 보살피는 태도에는 별 차이가 없었다.

영장류의 어린 암컷들이 어린 아기들을 돌보는 것 역시 생물학적으로 유용한 목적 때문이다. 어린 암컷 원숭이들이 어린 아기를 돌보는 훈련을 더 많이 받으면 받을수록 그 일을 더 능숙하게 해낸다는 점은 공식적인 연구를 통해 증명되었다.

그렇다면 어린 수컷 원숭이의 난폭하고 무모한 놀이에는 어떤 진화적 목적이 있을까? 영장류 동물학자들은 어린 수컷들이 레슬링 같은 놀이를 하며 오랜 시간을 보내는 이유를 두 가지로 제시하였다. 하나는 (인간과 가장 가까운 침팬지를 포함하여) 수많은 영장류 동물의 수컷들은 훗날 사냥을 할 때 서로를 쫓아다니거나 레슬링을 하면서 얻은 어린 시절의 경험을 유용하게 활용하게 될 것이라는 점이다.

어린 수컷들에게 난폭한 놀이가 유용한 두 번째 이유는 다른 수컷들과 레슬링을 하거나 싸움을 하면서 '게임의 법칙'을 배우게 된다는 것이다. 만일 어린 수컷 영장류 동물들에게 다른 수컷들과 싸울 기회를 박탈하면 성장 후 공격성이나 폭력적인 성향이 훨씬 '더' 커진다고 한다. 자라면서 싸울 기회를 갖지 못한 수컷들은 장난을 통해 다른 수컷들과 어울려 지내는 방법을 습득하지 못하게 되고 그 분노는 억눌린 채 마음속 깊이 잠재하게 될 것이다. 그리고 만일 인간의 사촌인 침팬지가 그렇다면 우리 인간들도 마찬가지일 것이다. 학교에서는 '과격'하고 '공격적인' 활동이라는 이유로 피구나 눈싸움을 금지시키지만 역설적이게도 그런 조처들은 폭력적인 행동을 조금도 감소시키지 못한다.

소년에게는 공격성을 표출할 기회가 필요하다

공격성은 소년과 소녀에게 서로 다른 의미를 지닌다. 소년들의 경우 공격적인 스포츠는 단순히 재미를 제공할 뿐만 아니라 실질적으로 우정을 쌓는 기반이 된다. 그러나 소녀들에게는 '공격성 = 재미'라는 공식이 적용되지 않는다. 소녀들 사이의 공격성은 우정을 형성하지 못하는 정도가 아니라 오히려 우정을 파괴한다. 그러므로 소녀들이 공격적인 놀이에서 어떤 긍정적인 결과를 상상한다는 것은 쉽지 않다.

이런 차이점은 아동들이 서로에게 특히 같은 성의 또래끼리 이야기하는 방식에도 영향을 미친다. 소년들의 탈의실에 녹음기를 두고 그들이 하는 농담에 귀기울여보라.

- 너네 엄마는 너무 멍청해서 타코벨을 멕시코의 전화국이라고 생각하신다며?
- 너네 엄마는 어찌나 늙었는지 나이에 맞게 행동하시라고 말씀드렸더니 돌아가셨더라!
- 너네 엄마는 너무 우둔해서 가수 플리트우드 맥을 맥도날드에서 파는 햄버거인 줄 아신다며?

소년과 소녀들은 상호관계를 맺을 때 종종 행동 방식 때문에 충돌하게 된다. 전형적인 예를 동화 『빨간 머리 앤』에서 찾아볼 수 있다. 길버트는 머리카락이 붉은 앤 셜리를 '당근'이라고 부르며 짓궂게 군다. 만일 앤이 소년이었다면 그럴 때에는 길버트를 같이 놀리는 것이 적절한 대응법이라는 것을 알았을 것이다. 하지만 앤은 길버트의 농담을 적대적이라고 오해하고는 계속해서 무시하다가 마침내 참을 수 없게 되자 길버트의 머리를 흑판으로 내리친다. 그러고는 몇 해가 지나도록 두 번 다시 길버트에게 말을 하지 않는다.

위의 이야기에서 우리는 소녀들을 소년들과 함께 두면 위험 상황이 발생할 수 있다는 중요한 사실을 깨달을 수 있다. 소년들은 종종 친구를 만들기 위해 장난스럽게 공격적인 행동을 한다. 하지만 소녀들 특히 어린 소녀들은 결코 그런 짓을 하지 않는다. 만일 어떤 남자아이가 여자아이의 머리를 잡아당긴다면 그것은 그 여자아이와 친해지고 싶다는 뜻이다. 그렇지만 여자아이는 정반대로 받아들인다.

샐리는 누가 자기 머리를 잡아당기는 것이 싫다. 그래서 늘 자기에게 짓궂은 행동을 하는 데미언을 깡패 같다고 생각한다. 엄마 아빠가 데미언이 너를 좋아해서 그러는 거라고 아무리 설명을 해도 그 말을 곧이듣지 않는다. 샐리는 여전히 데미언을 적대적이고 못됐다고 생각한다. 만일 데미언이 자기를 좋아해서 그런 행동을 한다고 '정말로' 믿는다 해도 샐리는 데미언을 이상한 괴물이라고 결론지을 것이다.

'그런 행동을 하다니 어쩌면 그토록 멍청할 수가 있지! 아니, 누군가를 좋아한다면 왜 그 사람 머리를 잡아당기냐고!'

소년 소녀의 차이는 자연스러운 것이다. 우리는 그런 차이점을 인정하고 받아들여서 교육적으로 활용해야 한다. 그러나 오늘날의 많은 교육자들은 성별에서 비롯된 고유한 행동들을 뿌리 뽑으려 한다. 교육자들은 '공격적인' 놀이를 싫어한다. 미국에서는 지난 10년 동안 피구가 과격한 행동을 조장한다는 이유로 학교 운동장에서 피구를 하지 못하게 하는 학군들이 엄청나게 늘어났다. 어떤 학교들은 이런 금지 조치를 극단으로 몰아가 심지어 술래잡기도 못하게 한다. 메릴랜드 주에 있는 우들린초등학교의 도리스 제닝스 교장은 "신체 접촉은 쉬는 시간의 활동으로는 부적절하다."고 말한다. 또 다른 학군에서는 눈을 뭉쳐 던지는 아이는 퇴학시켜버리겠다고 위협한다.

피구나 눈을 뭉쳐 던지는 행위를 반대하는 사람들의 기본적인 전제는 아이들에게 공격적인 놀이를 못하게 하면 공격적인 성향이 줄어들 것이라는 것이다. 하지만 아이들의 공격성이 표출되지 못하도록 미리 막는다고 해서 공격적인 충동 자체가 감소되거나 제거될 것이라는 증거는 어디에도 없다. 오히려 그런 활동을 금지하면 실제로는 억압된 공격성이 건전하지 못한 방식으로 그 모습을 드러낼 가능성이 높아질 것이다.

로마에는 "쇠스랑으로 자연을 몰아내려고 안간힘을 써보아라. 그래도 자연은 항상 되돌아올 것이다."라는 속담이 있다. 심리학자이자 범죄학자인 에드윈 맥가지에 따르면 모든 살인 사건의 3/4은 공공연하게 공격성을 드러내는 사람들이 아니라, 자신들의 공격성을 표출할 안전하고 적절한 배출구를 찾지 못한 사람들이 저지른다고 한다. 그런 사람들은 대개 겉으로 보기에는 조용하고 행동도 바르다.

소년의 공격적인 충동을 길들이는 해결책은 그런 충동이 나타날 때마다 진압하는 것이 '아니다.' 학교 운동장에서 피구를 금지시키는 것은 금주령만큼이나 심각한 문제이다. 정말로 소년의 공격적인 충동이 '변형'되기를 원한다면 그런 충동을 건설적인 것으로 승화시킬 방법을 찾아야 한다. 내가 방문한 한 고등학교의 카운슬러는 그것을 이렇게 표현했다.

"깡패 짓을 일삼는 아이를 이상을 꿈꾸는 얌전한 아이로 바꿀 수는 없다. 그렇지만 그 아이를 기사로 바꿀 수는 있다."

줄리 콜린스의 좌우명은 '기사임을 확인시키라'는 것이다. 다음은 줄리 콜린스의 주장을 뒷받침해주는 실제 이야기이다.

십대 깡패들로 구성된 갱단이 일리노이 주의 한 시골 마을을 공포로 떨게 만든 적이 있었다. 그들은 술을 공짜로 주든지 아니면 뭔가를 바치지 않는 가게들을 고의적으로 공격했다. 그러던 어느 날 한 가게의 점원이 갱단의 우두머리와 싸워서 이길 수 있다고 큰소리를 치면서 내기를 걸었다. 우두머리는 도전을 받아들였다.

많은 마을 사람들이 싸움을 구경하러 나왔다. 상점 점원과 갱단 우두머리는 서로 치고받으며 오랜 시간을 싸웠다. 마침내 점원이 이제 그만 무승부로 끝내자고 제안했다. 싸움은 결국 우정으로 막을 내렸고 점원은 갱단의 존경심을 얻었을 뿐 아니라 비공식적인 우두머리가 되었다. 그 상점 점원이 바로 미국의 제16대 대통령인 에이브러햄 링컨이다.

1831년 블랙호크 전쟁이 일어났을 때 이 마을에서도 민병대를 조직했다. 주로 젊은 갱단으로 구성된 민병대는 링컨을 대장으로 선출했다. 그리고 링컨이 상점 점원에서 미국의 대통령이 되기까지 30년 동안 계속해서 링컨에게 충성을 바쳤다.

링컨의 실화는 조금 고전적이긴 하지만 남자들의 우정을 전형적으로 보여주는 좋은 예다. 한 작가는 "젊은 지도자는 종종 주변에서 가장 강한 젊은 깡패와 싸워 이김으로써 자신의 권위를 확립한다. 아서 왕은 불패의 랜슬럿을 이기고, 로빈 후드는 지팡이를 휘둘러 리틀 존을 다리에서 떨어뜨렸다."라고 썼다. 이런 전통은 아서 왕이나 로빈

후드 시대보다 훨씬 더 오래전부터 있어 왔으며 그 원형은 『길가메시 서사시』에서 찾을 수 있다. 이런 이야기들이 다 그렇듯 두 주인공은 싸움을 한 뒤에 친한 친구가 된다. 남자들 사이에서는 실제로 싸움을 통해 우정이 형성되고 그 우정은 평생 계속된다.

소년과 소녀는 고통을 느끼는 정도가 다르다

최근 독일의 대학생 둘이 페인스테이션PainStation이라는 게임기를 개발해 언론의 주목을 받았다. 페인스테이션으로 게임을 하면 기계가 게임에 참가한 사람에게 실제로 고통을 가한다. 기계가 게임을 하는 사람에게 전기 충격을 주거나, 작은 채찍으로 손을 때리거나, 손에 강력한 열기를 발사하는 것이다. 페인스테이션에서 손을 치우면 고통은 끝나지만, 게임에서 지게 된다.

이 게임기를 발명한 폴커 모라베는 내셔널 퍼블릭 라디오와의 인터뷰에서 그것이 아주 재미있다고 말했다.

"왜냐하면 적을 상대로 게임을 하는데 처음에는 상대방이 고통당하는 것을 보고 그 다음에는 자신이 고통을 당하게 되거든요."

또다른 개발자 틸만 라이프 역시 이 게임에서 고통을 빼버리면 흥미를 끌 수 없을 것이라고 했다.

그렇다면 누가 이 게임에 관심을 가질까? 혹시 가학피학성 변태성욕자들을 목표로 삼았을까? 그렇지 않다. 일부 예외가 있기는 하지만 많은 경우는, 일단 한 번 손을 댄 다음에는 게임을 그만두지 못한다. 이미 손을 다쳐서 정말로 보기 흉한데도 사람들은 여전히 게임을 한다. 위험 요소가 있기 때문에 게임이 더 재미있고 스릴을 느끼게 되는 것이다. 게다가 '고통까지 결합되면' 이겼을 때 훨씬 더 신이 날 것이다.

일부 소년들은 실제로 게임기가 전기를 쏘아대고 채찍으로 손을 때리고 열기를 발사하는 그런 게임에 돈을 쓸 것이다. 그렇지만 그런 게임을 하겠다고 나설 소녀는 극소수에 불과할 것이다. 이런 차이가 나타나는 이유 중 하나는 소년들과 소녀들은 고통을 느끼는 방식이 다르기 때문일 것으로 생각된다.

심리학자들은 이미 20년 전에 소녀와 여자들이 소년과 남자들보다 고통에 더 민감하다는 것을 알고 있었다. 그러나 당시의 심리학자들은 여자들이 고통에 더 민감한 것은 사회적인 기대감이 만들어낸 산물이라고 믿었다. 그들은 남자와 소년들은 강인해 보이고 싶어서 고통을 느끼지 않는다고 주장하는 것으로 생각했다.

부모들은 아들들에게 울지 말라고 가르친다. 소년들은 자라면서 고통을 표현하는 것이 남자답지 못하다는 말을 듣는다. 그렇기 때문에 여자들보다 남자들이 고통을 인정하려 들지 않는 것이다.

이 심리학자들은 남자들도 여자들과 똑같이 통증을 느끼지만 남자들은 그런 점을 기꺼이 인정하려고 하지 않을 뿐이라고 추정했던 것이다.

하지만 그 같은 추정은 잘못된 것이었다. 이후의 연구들에서 남자와 여자는 고통을 인식하는 데 근본적인 차이가 '있다'는 사실이 밝혀졌다. 그것은 인간에게만 해당되는 것이 아니라 실험실 동물에게도 마찬가지였다. 고통 인식의 암수 차이는 과학자들이 스트레스로 인한 통각 상실이라고 부르는 것에서 특히 크게 나타난다. 실험 동물을 움직이지 못하게 하여 스트레스를 준 다음 고통에 대한 민감성을 테스트한 결과 민감성이 상당히 감소한다는 사실을 발견하였다. 그러나 그런 현상은 '주로 수컷'에서만 발견된다. 지금까지 조사한 모든 포유류의 암컷들에서는 이런 현상이 훨씬 적게 나타났다. 어떤 경우에는 스트레스에 노출된 암컷들이 고통에 훨씬 '더' 민감해진 경우도 있었다.

하지만 '임신'을 하면 통각이 둔화된다. 이는 실험실 동물뿐만 아니라 인간의 경우에도 마찬가지였다. 임신 후기에 고통에 대한 민감도를 조사해보면 임신한 여성은 임신 전보다 통증에 대해 놀라울 만큼 둔감해진다. 예를 들어 임신 후기에 들어선 여성은 (특히 마지막 3개월 동안) 임신 전이라면 상당히 고통스럽다고 생각할 전기 충격을 전혀 감지하지 못한다. 이 같은 무감각은 여자들의 임신과 출산 과정을 좀 더 참기 쉬운 것으로 만들어주는 자연의 섭리이다.

고통 인식에서 나타나는 성차는 '여성 전용' 진통제인 알파살론 alphaxalone의 약효로도 설명할 수 있다. 알파살론은 여자의 황체호르몬에 기초한 진통제로 마약 성분이 전혀 들어 있지 않은데 남자보다 여자에게서 4배의 효과가 나타난다.

2003년 텍사스대학교와 캘리포니아대학교의 연구진이 각각 고통 인식에서 성차를 초래하는 또 다른 요소를 밝혀냈다. 여자와 남자는 통증을 전달하는 세포 작용에 구조적인 차이가 있다는 것이다. 연구에 참여한 이고르 미트로비치 박사는 이러한 남녀 성차를 이용해 여자만을 위한 진통제를 개발할 수 있을 것이라고 말했다. 이런 약들은 남자와 여자에게 똑같은 약효를 발휘하는 '약'보다 효과가 더 클 것이다.

똑같은 전기 충격, 똑같은 열기라도 소년과 소녀가 느끼는 감각은 다를 것이다. 소녀는 더 많은 통증을 느낄 것이다. 세포에서 전달되는 남녀의 근본적인 감각 인식의 차이는 추측컨대 소녀들보다 소년들이 자발적으로 고통을 각오하고 도전하는 성향에 상당한 영향을 미칠 것이다. 이런 이유 때문에 소년에게는 페인스테이션이 그다지 고통스럽지 않을 수도 있다.

스트레스에 도전하는 소년들, 스트레스를 피하는 소녀들

70년 전 생리학자 월터 캐논은 스트레스 상황에 대한 동물들의 호르몬 반응을 연구했다. 캐논의 실험은 수컷만을 대상으로 진행되었다. 캐논은 스트레스를 받았을 때 급격하게 발생하는 호르몬 반응을 설명하면서 자율신경계의 한 갈래인 '교감신경계'의 작용으로 나타나는 심장박동의 증가, 동공의 팽창, 혈중 아드레날린의 급증 등을 지적했다. 이런 반응이 일어날 때 동물은 도전을 하든지 아니면 도망갈 준비를 한다는데 착안한 캐논은 이러한 과정을 '도전 또는 도피' 반응이라고 불렀다.

캐논의 뒤를 이은 연구들 역시 단지 '수컷' 동물만을 실험 대상으로 삼았다. UCLA의 셸리 테일러 교수는 스트레스에 대한 호르몬 반응을 탐구한 연구의 약 90% 정도가 전적으로 (사람을 포함하여) 수컷 동물을 대상으로 이루어졌다고 평가했다. 그런데 과학자들은 남자와 수컷만을 연구하고도 암수의 반응이 똑같을 것이라고 추정했다. 그들은 여자들은 다를 수도 있다는 생각을 한 번도 하지 않았다.

그러나 이제는 암컷은 수컷과는 다른 방식으로 스트레스에 반응한다는 사실이 밝혀지고 있다. 지난 20여 년 동안의 연구들은 스트레스에 대한 '생물행동적인 반응biobehavioral response'에는 극적인 남녀 성차가 있다는 사실을 보여주었다. 암컷의 자율신경계는 '부교감신경계'의 영향을 더 많이 받는데 부교감신경계는 아세틸콜린을 활성화하기 때문에 교감신경계가 작용할 때 느껴지는 '스릴'보다는 불쾌하고 구역질 나는 혐오감을 일으키게 된다.

대부분의 어린 소년들은 위협이나 대결 상황에 놓이게 되면 감각이 예민해지고 좀이 쑤시고 흥분하게 된다. 그러나 대부분의 어린 소녀들은 같은 상황에서 현기증을 일으키거나 '구역질'이 날 정도로 불쾌감을 느낀다. 요컨대 대부분의 어린 소년들은 폭력적이거나 격렬한 대결 상황이 벌어지면 스릴을 느끼지만 대부분의 어린 소녀들은 그렇지 않다. 이는 소녀들이 결코 폭력적이지 않다는 것이 아니라 다만 소녀들은 소년들이 즐기는 신체적인 폭력을 '좋아하지 않는다'는 말이다. 여자아이들 역시 나름의 방식으로 폭력적이다.

소년들에게는 폭력의 배출구가 필요하다

격투클럽

최근 미국 언론에서는 미국 전역을 휩쓸고 있는 '뒷마당 레슬링'이라는 대중적인 현상을 집중 보도했다. 십대 소년들이 로프와 합판, 매트리스로 링을 만든 뒤 마음이 맞는 소년들끼리 모여서 녹초가 되도록 서로 두들겨 패는 것인데 그런 단체가 1,000개 이상 생겨났다고 한다.

"맞아요. 우리들은 의자로 머리를 얻어맞고 찢어지고 또 피도 흘리죠. 그래도 아주 즐겁거든요."

격투 클럽에 가입한 한 십대 소년이 말했다.

내셔널 퍼블릭 라디오의 앨릭스 스피겔 기자는 놀란 목소리로 "서로에게 가하는 고통이 그들을 하나로 묶어준다."고 전했다.

이런 즉흥적인 레슬링 시합은 실제로 소년들 사이에 우정을 형성한다.

"같이 레슬링을 하는 아이들은 거의 형제나 다름없어요. 나도 몇몇 아이들과 아주 친해졌어요. 이런 싸움을 한 번도 해보지 못한 사람과 무슨 말을 할 수 있겠어요?"

시합에 참가한 소년의 경험담이다.

물론 뒷마당 레슬링은 어른의 감독도 받지 않는 아주 위험한 짓이다. 그렇지만 이것은 공격적인 스포츠를 할 수 있는 출구가 모두 막힌 일부 소년들이 선택하리라 예상할 수 있는 행동이다. 현재 미국에서는 체육 시간에 전통적인 스포츠는 멀리하고 그 대신 헬스용 사이클을 타게 하거나 조깅이나 에어로빅을 시킨다. 이런 변화를 지지하는 사람들은 경쟁적인 스포츠는 공격성을 부추길 요소가 있기 때문이라고 말한다. 그렇지만 그런 주장을 하는 사람들은 농구나 축구 같은 스포츠의 공격적인 요소가 소년들에게 꼭 '필요하다'는 점을 간과한 것이다. 체육 시간의 활동이 경쟁적인 스포츠에서 에어로빅으로 바뀐 결과, 뒷마당 레슬링 같은 활동에 참여할 정도로 적극적이지 못한 소년들은 그들이 가진 공격성을 사회적으로 용인된 방식으로 방출할 만한 배출구가 '전혀' 없게 되었다.

그랜드 테프트 오토 Grand Theft Auto

만일 여러분의 아들이 난폭한 비디오 게임을 통해 흥분을 맛보고 교감신경계에 활기를 불어넣고 싶어 한다면 어떻게 할 것인가? 십대 소년들에게 인기가 많은 〈그랜드 테프트 오토GTA〉라는 게임이 있다. 상당히 과격하고 폭력적인 이 게임에서는 게임자가 반드시 전과자의 역할을 맡아야 한다. 게임자는 자동차를 훔치고 그 차로 길을 걸어가는 사람들을 치여 죽인다. 매춘부와 섹스도 하는데 섹스를 한 다음에는 총으로 여자의 머리를 쏘고, 피를 흘리며 고통스럽게 죽어가는 여자에게서 주었던 돈을 도로 빼앗는다. 경찰관은 적이다. 할 수만 있다면 경찰은 많이 죽일수록 좋다.

가장 인기 있는 GTA는 〈바이스시티〉로, 출시된 지 첫 주만에 140만 개가 팔려나갔고 (개당 50달러짜리가!) 첫해의 매출액은 4억 달러였다. 그 액수는 영화 〈타이타닉〉이 첫해에 벌어들인 금액과 비슷하다.

아들에게 이런 게임을 사주어서는 안 된다. 선이 악이 되고 악이 선이 되는 '도덕적 전도'가 아무렇지도 않게 이루어지는 비디오 게임은 절대로 사주면 안 된다. 만일 아들이 꼭 폭력적인 비디오 게임을 하고 싶어 한다면 이런 것 대신에 〈스파이헌터〉 같은 게임을 선택해야 한다. 〈스파이헌터〉의 게임자는 제임스 본드 같은 인물이 되어 경기장에 숨겨진 폭발 장치를 해체하고 관중들을 구한다. 적이 공격을 가하면 게임자도 마주 쏠 수 있지만 맹목적으로 무기를 발사해서 민간인에게 상처를 입히거나 죽이면 점수를 잃는다.

나도 〈스파이헌터〉와 〈바이스시티〉를 둘 다 해보았는데 게임이 끝난 다음 머릿속에 남겨진 잔영은 상당히 달랐다. 〈바이스시티〉를 하고 난 뒤에는 실제로 경찰차를 봤을 때 경찰차를 향해 총을 쏘거나 아니면 도망가야 한다는 충동이 일시적으로 일어났다.

아들이 폭력적인 게임을 즐긴다면 부모는 아들과 밀접한 관계를 맺고 있어야 한다. 아들은 부모가 자신이 갖고 노는 게임을 모두 다 꿰뚫고 있다는 걸 알아야 한다. 아들과 함께 앉아서 게임을 하라. 게임을 하다가 지나친 폭력에 속이 메스꺼워지면 아들에게 그 게임을 쓰레기통에 갖다 버리겠다고 말해야 한다.

그러나 그보다 더 좋은 방법은 아들이 게임을 멀리하고 미식축구나 하키처럼 실제로 몸을 움직이는 공격적인 운동을 하도록 만드는 것이다. 미식축구나 라크로스 등 과격한 운동을 하는 소년들은 무엇보다도 용기, 지구력, 동료 의식과 같은 덕목을 키울 수 있다. 비디오 게임은 절대로 그런 결과를 가져올 수 없다.

공격적인 소년들에게는 반드시 공격적인 배출구가 있어야 한다. 하지만 그런 사실을 부모들이나 교육자들이 제대로 인식하는 경우는 드물다. 부모들, 특히 엄마들은 아무리 컴퓨터 게임이라지만 아들이 어떻게 다른 사람의 머리에 총을 쏘아대면서 스릴을 맛볼 수 있는지 이해하지 못한다.

그렇지만 많은 소년들이 시뮬레이션으로 연출되는 폭력을 통해 스릴을 맛보고 있다. 아들에게 공격성을 배출할 통로가 있는가? 아들에게 미식축구나 아이스하키를 해보라고 권유한 적이 있는가? 만일 없었다면 왜 권유하지 않았는가? 그런 활동들이 너무 위험하거나 폭력적이라고 생각하는가?

일반적인 생각과는 반대로 오늘날 미국의 아이들이 직면한 건강상의 가장 큰 위험은 아마도 '무기력'일 것이다. 미국의 국립질병예방센터에 따르면 요새 남자아이들이 비만일 가능성은 30년 전에 비해 '4배'나 높다고 한다. 30년 전에는 인터넷도 없었고 비디오 게임도 없었으므로 즐거움을 얻을 수 있는 활동은 대부분 집 밖에서 이루어졌다. 신체적인 측면에서 생각할 때 아들의 공격적인 충동을 축구나 검도로 유도하는 것이 실내에서 하는 레크리에이션을 시키는 것보다 나은 선택이 될 것이다.

소녀들의 싸움은 고요하나 치명적이다

15세 된 줄리의 엄마가 딸 문제로 나를 찾아왔다.

어느 날 줄리가 승마 강습을 받고 돌아왔는데 아이의 표정이 너무 어두워 보였다. 걱정이 된 엄마는 저녁 식사를 하면서 그 이유를 물었다.

줄리는 처음엔 아무것도 아니라고 했으나 엄마가 끈질기게 묻자 금방이라도 울음을 터뜨릴 것 같은 표정으로 승마장에 오는 애들이 모두 자기를 미워하고 따돌린다고 했다.

엄마는 아이들 중에는 너하고 둘도 없이 친한 친구도 있는데 그 무슨 바보 같은 소리냐며 되물었다.

줄리는 아무 말도 하지 못하고 숟가락을 움켜쥔 채 국그릇을 빤히 들여다보고 있었다.

엄마는 줄리가 지난 토요일에 친구들과 함께 마술대회를 보러 가서 저녁 식사도 하고 즐거운 시간을 보냈다고 했던 이야기를 떠올리며 왜 갑자기 그 아이들이 너를 싫어한다고 생각하게 되었는지 물었다.

"오늘 승마장으로 들어갔을 때 아이들이 모여 내 얘기를 하고 있었어요. 그런데 내 얼굴을 보자마자 하나같이 입을 다물더라고요."

줄리가 대답했다.

"그 아이들이 네 이야기를 하고 있었는지 어떻게 알아?"

엄마가 조심스럽게 물었다.

"분명하다니까요! 지금 아이들이 '합세해서' 나를 미워해요. 내가 리사한테 '안녕'하고 인사를 했는데 그 아이도 나를 싹 무시했어요. 세상에, 다른 사람도 아닌 리사가 말예요! 엄마, 내가 하는 말 믿기 어려우시죠? 내가 아니었다면 리사는 승마장에서 친구 하나 없었을 거예요. 아마 승마를 시작하지도 않았을 걸요."

줄리의 눈에 물기가 어렸다.

"모두 다 카렌 때문이에요. 카렌이 나를 미워하거든요. 그 애는 '항상' 나를 미워했어요. 내가 자기보다 승마 실력도 좋고 말도 내 것이 더 멋있으니까 질투하는 거예요. 그래서 애들을 부추겨서 나한테 못되게 굴게 만들었단 말예요."

다음 날 아침 줄리는 더 이상 승마를 하지 않겠다고 말했다. 6살 때부터 줄곧 승마를 해왔는데 말이다.

"엄마, 제발 승마장에 가라고 하지 마세요."

줄리가 엄마에게 애원했다.

이런 상황에 놓이면 부모들은 딸이 잘못 생각하는 것이라고 추정할 수도 있다. 부모의 눈에는 다른 소녀들이 가하는 공격의 신호들이 보이지 않기 때문에 실제로는 아무 일도 일어나지 않는다고 생각하기 쉽다. 하지만 현실은 그렇지 않다. 이런 경우 아마도 딸의 판단이 옳을 것이다.

소녀들과 소년들은 싸움을 하는 방식이 아주 다르다. 소년들도 서로에게 못되게 굴지만 그런 비열한 행위는 그 자리에서 바로 표면에 나타난다. 라일이 식당에서 마이크의 자리에 껌을 붙여놓는다. 마이크는 자리에 앉자마자 엉덩이에 껌 조각이 붙은 것을 알게 된다. 그리고 누가 이런 짓을 했는지 알아내려고 주위를 두리번거린다. 그때 누군가가 라일을 손가락으로 가리킨다. 마이크는 라일에게 달려들어 멱살을 잡고 세게 때린다. 두 아이는 마룻바닥을 뒹굴면서 싸우다가 마침내 마이크가 라일을 꼼짝 못하게 타고 앉는다. 교사들이 달려와 두 아이를 뜯어 말리고 그 아이들을 교장실로 보낸다. 하지만 하루 정도 지나면 마이크와 라일은 전보다 더 친한 친구가 되어 점심 시간에 함께 앉아 식사를 할 것이다.

소년들 사이에서는 격렬한 대응으로 이어지는 도발이 있은 후에는 화해가 이루어진다. 그것이 소년들의 일반적인 공식이다. 그렇지만 그런 공식은 소녀들 사이에서는 거의 통하지 않는다.

소녀들의 싸움 방식에 관해 쓴 레이철 시먼스에 따르면 '소녀들의 싸움은 표면상으로는 대리석처럼 고요하고 매끄럽다.' 소녀들 사이의 긴장 상태는 아주 교묘하게 일어나기 때문에 심지어 당사자인 소녀도 그런 긴장 상태가 어떻게 시작되었는지 알지 못할 때가 있다. 소녀들의 싸움은 폭력적인 대응이 적절치 않고, 실제로 그런 반응을 하는 경우도 거의 없다. 왜냐하면 도발이라고 정의를 내리기조차 어려운 상황이 벌어지기 때문이다. 줄리의 이야기는 소녀들의 싸움의 특징을 단적으로 보여준다.

- 복도에서 마주쳤을 때 내가 '안녕' 하고 인사했는데도 그 아이가 못 본 척했다.
- 그 아이가 점심 시간에 나하고 앉지 않고 카렌하고 앉았다. 그 아이는 카렌이 나를 미워한다는 것을 잘 알고 있다.
- 내가 영어 시간에 발표를 하는데 마치 내가 엉뚱한 말이라도 한 것처럼 한숨을 쉬었다.

소녀들의 싸움은 긴장 상태가 여러 주 또는 여러 달에 걸쳐 조용히 형성되어 마침내 우정 관계가 완전히 끊어질 때까지 서서히 잠식해 들어간다.

시먼스는 사춘기 소녀들 사이에 지속적으로 진행되는 암투를 '대안적 공격alternative aggression'이라는 말로 설명한다. 소녀들 사이의 긴장 상태가 하나의 공격이라는 사실을 일깨워준다는 점에서 '대안적 공격'이라는 용어는 아주 적절하다. 때때로 부모들은 소녀들 사이에서 벌어지는 대안적인 공격이 남길 상처를 제대로 인식하지 못한다. 가해자는 흔히 어른들에게 공손하고 '예의 바른 소녀'이기 때문에 자신의 본 모습을 드러내지 않는다. 일반적으로 다른 소녀들을 피해자로 만드는 소녀는 남을 괴롭히는 전형적인 소년과는 정반대로 '상당히' 사교적이고 심지어는 인기도 가장 많은 아이일 가능성이 높다.

남을 괴롭히는 여자 깡패는 남자 깡패하고는 사뭇 다르다. 남을 못 살게 구는 소년들은 품성이 좋지 않은 아이일 가능성이 높다. 그런 소년들은 친구도 거의 없고 사회성도 부족하며 학교생활도 제대로 하지 못하는 경우가 많다. 그런 소년은 자신의 지위를 향상시키기 위한 방편으로 피해자에게 집적거린다. '만일 타일러가 나를 두려워하게 되면 친구들은 내가 이 학교에서 가장 한심한 애라고 생각하지 않을 거야.'라고 생각하는 것이다.

실제로 그 아이는 아마도 타일러에 대해 잘 모를 것이다. 그 아이가 그런 행동을 하는 까닭은 타일러가 무슨 짓을 했거나 무슨 말을 해서가 아니다. 그 아이는 단지 다른 사람을 비참하게 만들면 자기 '자신의 불안감'이 해소되고 기분이 조금이라도 좋아지지 않을까 하는 막연한 희망 때문에 남을 괴롭힌다. 그런 아이는 또한 희생자를 괴롭힘으로써 다른 아이들의 환심을 사려고 한다. 코넬대학교의 존 비숍 교수는 그런 아이들의 심리를 이렇게 말한다.

> 그룹에서 인기가 많은 어떤 아이가 나서서 인기 없는 아이를 귀찮게 괴롭히면, 인기 많은 아이의 추종자나 잘난 척을 하고 싶은 아이들은 그 사건을 인기 없는 아이를 못살게 굴면 자신의 지위도 향상될 수 있다는 신호로 받아들일 수 있다.

소녀들의 경우는 상황이 완전히 정반대이다. 소년들은 전형적으로 잘 알지 못하는 아이를 못살게 구는 반면에 소녀들은 거의 언제나 같은 그룹에 속한 아이를 괴롭힌다. 피해를 당하는 소녀들은 대부분 은밀한 경쟁 상대이다. 그들은 서로에 대해 잘 알고 있다. 그리고 상대방의 어느 부분을 건드리면 가장 크게 상처를 받을지도 잘 알고 있다.

그러므로 만일 딸아이가 학교에서 다른 소녀들에게서 무시나 따돌림을 당한다면 문제를 심각하게 받아들여야 한다. 딸에게 그건 단지 네 상상일 뿐이라고 문제를 축소하려 들면 안 된다. 어쩌면 딸이 과민하게 반응하는 것일 수도 있다. 하지만 그 문제가 언제 시작되었는가? 딸의 '적대자'는 누구인가? 어떤 아이들이 딸을 따돌리는 일에 합세하고 있는가? 소녀들이 그러는 동기는 무엇인가? 등의 문제를 반드시 확인해야 한다. 딸이 뭔가 '좋지 못한' 일을 해서라기보다 단지 다른 소녀들의 시기심을 유발했기 때문에 배척당할 수도 있다는 점을 항상 기억하고 있어야 한다.

시먼스의 연구에 따르면 다른 아이들에게 배척당하는 소녀들은 대체로 외모, 남자 친구, 돈, 멋있는 옷 등 대부분의 소녀들이 갖고 싶어 하는 요소들을 갖춘 아이들이다. 딸아이가 학교에서 왕따를 당한다면

〈소년 소녀의 차이점〉

전형적으로 남을 괴롭히는 소녀들	전형적으로 남을 괴롭히는 소년들
친구가 많다.	친구가 없다.
사교적으로 능란하다.	사교적으로 서툴다.
그룹이 한 아이를 왕따시킨다.	혼자 괴롭힌다.
학교에서는 모범적인 학생이다.	학교에서 행동이 불량하다.
아는 여자아이를 괴롭힌다.	모르는 남자, 여자아이를 괴롭힌다.

부모는 생활지도 선생님과 일대일로 얼굴을 맞대고 면담해야 한다. 대개 상담 선생님은 학교에서 벌어지는 일을 제대로 파악하고 있다. 간혹 상담 선생님이 아무것도 모를 때도 있지만 어떤 경우든 부모가 아이 문제에 깊은 관심을 갖고 있다는 것을 인식하도록 확실하게 행동해야 한다.

만약 딸아이가 따돌림을 당하고 있다면 딸이 다른 그룹의 소녀들과 어울릴 수 있도록 다른 활동에 참가시키는 문제도 고려해야 한다. 아이가 원한다면 팀 스포츠나 무용, 연극 같은 활동이 좋은 대안이 될 것이다. 물론 다른 그룹의 소녀들도 파벌을 만들고 경쟁 의식을 드러낼지 모른다. 그렇지만 어떤 경우든 소녀들은 다른 소녀들과 관계를 맺어야 한다.

그리고 무엇보다도 중요한 것은 단순히 딸을 설득해서 문제 상황에서 벗어나게 하려고 노력하기보다는 부모가 딸이 처한 상황을 제대로 이해하고 그 문제를 심각하게 받아들이고 있으며 최선을 다해 도와주려고 노력한다는 것을 인식시켜야 한다. 그러면 아이는 심적으로 안정감을 얻게 될 것이다.

상황이 극단적으로 심각한 경우라면 다른 학교로 전학을 가는 문제도 고려해야 한다. 이 경우 생활지도 선생님이 전학 문제를 쉽게 처리해줄 수 있다. 바로 이런 점 때문에라도 부모는 계속 상담 선생님과 관계를 유지하는 것이 좋다. 때때로 한 학기가 끝난 다음 방학 때 전학을 시키면 전학 문제가 원만하게 풀릴 수 있다.

부모는 또한 딸에게서 우울증의 징후들이 나타나는지도 유심히 살펴야 한다. 만일 딸이 통제하기 어려울 정도로 울어대거나 이전에 즐겨하던 것들에 흥미를 잃었다면, 또는 딸이 자살에 대해 이야기를 한다면 반드시 전문가의 도움을 받아야 한다. 다른 소녀들로부터 왕따당하는 경험을 하게 되면 딸은 임상적인 우울증으로 발전되어 자살로 연결될 위험성이 있다. 조금이라도 의심스러운 점이 발견되면 주저하지 말고 심리학자나 정신과 의사와 상담할 계획을 세워야 한다.

5장 학교생활

사실을 자세히 검토해보면 교육의 성별 간극에서
약자의 입장에 있는 것은 여학생들이 아니라 오히려 남학생들이라는 것을 알 수 있다.
평균적으로 남학생들은 읽기나 글쓰기에서 여학생들보다 1년 반 정도 뒤처진다.
남학생들은 여학생들보다 학업에 전념하지 않으며 대학에 진학할 가능성도 더 낮다.
- 크리스티나 호프 소머즈, 2000

남학생 여학생 모두가 부당한 대우를 받고 있다.
- 재키 우즈, 미국대학여교수협회 회장, 2002

남자 교사와의 불화로 인생이 바뀐 멜라니

멜라니는 고등학교를 다니는 동안 줄곧 학업 면에서 타의 추종을 불허했다. 11학년 때 삼각법은 물론이고 상급 영어, 상급 스페인어, 상급 미국사, 상급 생물을 수강하였다. 그해에 멜라니는 전 과목에서 A를 받았을 뿐만 아니라 정말로 모든 과목에 흥미가 있었다. 특히 생물 시간에는 환경과학 분야에 관심이 높았다. 생물 담당 여교사 그리피스는 멜라니의 재능을 알아보고 격려를 아끼지 않았다. 멜라니는 포토맥 강물의 오염도를 연구하는 프로젝트를 설계해 환경과학 박람회에서 2등상을 받았다. 박람회가 끝난 후 그리피스 선생은 모든 과학자들이 다 똑똑하지만, 정말로 위대한 과학자는 상상력이 풍부한 사람들이라고 멜라니를 아낌없이 칭찬해주었다.

그리피스 선생의 제안으로 멜라니는 고등학교 마지막 학년에 상급 물리를 신청했다. 멜라니가 분석적인 성격이라 물리가 맞을 거라며 그리피스 선생이 권했던 것이다.

첫 번째 물리 시간에 담당 교사인 월러스 선생이 제1장에 나오는 문제를 풀이 과정까지 깔끔하게 정리해서 다음 수업 시작할 때 제출하라는 숙제를 내주었다.

그날 저녁 멜라니는 물리 숙제를 했다. 처음 다섯 문제는 그다지 어렵지 않았는데 마지막 두 문제는 다소 어려웠다. 그 두 문제는 책에 나오는 공식에도 들어맞지 않는 것 같았다. 멜라니는 다른 과목 숙제도 있었기 때문에 물리 숙제 중 처음 다섯 문제를 푼 뒤 나머지 두 문제는 다음 날 아침에 물리 선생님을 찾아가 도움을 청해야겠다고 생각했다.

다음 날 아침에 멜라니는 물리 선생님을 찾아가 도움을 청했다.

"어제 내주신 숙제가 처음 다섯 문제는 쉬웠는데 나머지 두 문제가 힘들어서요."

멜라니는 교사가 문제 푸는 방식을 제시해주기를 은근히 기대하며 말했다.

월러스 선생은 한 마디도 하지 않았다. 그는 멜라니를 힐끗 쳐다보더니 창밖만 내다보았다. 그의 표정은 멜라니가 한 말을 한 마디도 듣지 않은 사람 같았다. 그러더니 마침내 입을 열어 "내 생각에는 학생이 반을 잘못 찾아온 것 같은데."라고 말했다.

"무슨 말씀이세요?"

멜라니가 물었다.

"물리 과목은 아무나 듣는 게 아니란다. 그리피스 선생님은 네가 공부를 아주 열심히 한다고 말씀하셨어. 생물 같은 과목에서는 열심히 노력하는 학생들이 두각을 나타낼 수 있지. 그렇지만 물리는 달라. 물리 과목을 공부할 수 있는 머리가 있든지 그렇지 않든지 둘 중 하나란다."

"그렇지만 선생님은 저를 아직 모르시잖아요. 제가 어떤 머리를 가졌는지 선생님이 어떻게 아세요?"

멜라니가 항의했다.

"나는 단지 너의 평균 학점이 떨어지지 않았으면 해서 하는 말이다. 그리피스 선생님은 네 학점이 전부 A이고 졸업생 대표로 고별사도 하게 될 거라고 말씀하시더구나. 공연히 이 수업을 듣다가 그런 자격을 잃으면 안 되잖니."

"그러니까 선생님은 제가 이 과목을 수강하면 안 된다고 말씀하시는 건가요?"

멜라니가 믿을 수 없다는 듯이 말했다.

"아직 하루밖에 안 지났는데요? 숙제도 한 번밖에 안 했고요? 그리고 숙제에 대해서는 아직 토론도 안 했잖아요?"

월러스 선생은 고개를 끄덕이더니 "유감스럽구나."라고 말했다.

멜라니는 책을 탁 덮은 다음 더 이상 한 마디도 하지 않고 방을 나왔다. 멜라니는 그리피스 선생한테 달려가 그 선생님은 어디가 잘못된 것 아니냐고 묻고 싶었다. 아니면 상담 교사를 찾아가 불평을 털어놓을 수도 있었다. 그렇지만 멜라니는 두 가지 다 하지 않았다. 그 대신 물리의 수강 신청을 취소했다.

"만일 그 선생님이 자기 수업 시간에 내가 들어가는 것을 원하지 않는다면 나도 그런 수업은 듣고 싶지 않았어요."

나중에 멜라니가 나에게 한 말이다.

"제 말은, 그러니까 혹시 그분이 제가 마음에 안 든다고 점수를 나쁘게 줄 수도 있지 않겠어요? 대학에 보낼 고등학교 마지막 학기 성적표에 B가 들어가는 게 싫었어요."

일각에서는 이 일에 대하여 남녀 차별적인 남자 교사들이 수업을 들을 만한 자격을 갖춘 여학생들을 어떤 식으로 내몰고 있는가를 분명하게 보여주는 사례라고 말할 것이다. 그리고 여학생들의 물리 수강에 대해 학교가 편견을 가지고 있다는 증거로 물리를 수강하는 학생 23명 가운데 여학생은 6명뿐이었다는 사실을 지적할 것이다.

그런 분석도 어느 정도 일리가 있다. 그러나 멜라니가 피해자였다는 말은 맞는 말이지만 본질적으로 남녀 차별주의의 피해자는 아니다. 그보다는 남학생과 여학생의 학습 방식에 차이가 있다는 사실을 이해하지 못하는 무지의 피해자였다는 편이 옳을 것이다.

첫째, '왜' 그런 일이 발생했는지 그 이유를 살펴보자. 남학생과 여학생들은 공부 방식도 다르고 교사-학생 관계에서 기대하는 바도 다르다. 교사들은 대부분 그런 차이점들을 인식하지 못한다. 특히 남자 교사들은 여학생들의 태도를 오해하고 잘못 해석할 가능성이 높다. 대부분의 여학생들은 교사와 친하게 지내려고 노력하며 그것은 여학생들에게 자연스런 일이다. 여학생들은 그런 친밀한 관계를 바탕으로 교사들이 자기 편이 되어 도와주리라고 기대하기 때문에 주저하지 않고 도움을 요청할 것이다. 교육 연구가들은 남학생들보다 여학생들이 교사의 기분을 맞추고자 더 많이 애쓰고 또 교사를 모범으로 삼는 경향도 강하다는 사실을 일관되게 발견하였다.

놀랍게도 최근에 침팬지를 대상으로 한 연구에서도 이와 유사한 결과가 나왔다. 2004년 아프리카 탄자니아에서 3년 동안 침팬지를 관찰한 인류학자들은 남녀 학생들에게서 발견되는 학습 방식의 성차가 침팬지에게서도 나타난다고 보고하였다. 소녀 침팬지들은 (흰개미를 찾으려고 땅을 파는 방법에서) 교사를 따라하는 반면에 소년 침팬지들은 교사를 완전히 무시하고 자기 마음대로 하든지, 아니면 교사가 무엇을 가르치든지 무시하고 근처 나무에서 그네를 타거나 다른 수컷하고 어울려 레슬링을 한다. 결과적으로 소년 침팬지는 소녀 침팬지들보다 그런 기술을 습득하는 데 훨씬 더 느리다.

학생이 교사와 관계를 맺는 방식에서 나타나는 남녀 성차로 인해 학업 동기나 교사의 의견을 받아들이는 정도에도 성차가 생긴다. 교육심리학자인 에바 포머런츠가 다음에 말한 것처럼 여학생들은 교사의 부정적인 평가로 상처를 입을 위험성이 남학생보다 훨씬 더 크다.

> 여학생들은 자신의 실패가 어른들을 실망시켰고 그것은 자신이 쓸모 없는 존재라는 증거라고 생각하며 실패를 일반화하는 경향이 있다. 이와는 대조적으로 남학생들은 자신의 실패를 해석할 때 자신의 잘못이 실패한 어느 특정 영역에만 국한된다고 간주하는 경향이 있다. 이것은 남학생들의 경우 어른들을 기쁘게 하겠다는 마음이 비교적 적기 때문일 수 있다.

여학생들은 비록 특정 숙제에 별 흥미가 없을지라도 교사가 자신을 좋게 생각하기를 원하기 때문에 숙제를 할 가능성이 남학생에 비해 훨씬 높다. 반면에 남학생들은 부과된 과제가 흥미롭지 않으면 공부할 동기를 불러일으키지 못한다. 마찬가지로 대부분의 남학생들은 다른 선택의 여지가 하나도 없을 때에야 마지막으로 교사의 도움을 요청할 것이다.

아마도 물리 교사인 월러스 역시 학창 시절에 전형적인 남학생의 방식대로 공부했을 것이다. 분명 그는 어떤 문제에 부딪히면 몇 시간이고 혼자서 골똘히 연구해본 다음에야 비로소 교사에게 도움을 청했거나 아니면 절대로 도움을 청하지 않았을 것이다. 따라서 멜라니가 수업을 시작하고 두 번째 날에 도움을 청했을 때 월러스 선생은 멜라니가 그 문제를 가지고 오랜 시간 씨름했을 것이라고 짐작했을 것이다. 그리고 그리피스 선생에게서 멜라니가 똑똑하고 학구적인 아이라는 말을 들었으므로 분명 이 영특한 학생이 이 문제를 붙잡고 몇 시간이나 씨름을 했는데도 문제를 풀지 못했다면 물리 수업을 들을 능력이 안 되는 것이라고 생각했을 것이다. 물리 과목을 취소하라는 제안도 멜라니를 최대한 배려한 진심 어린 말이었을 것이다.

만일 월러스 선생이 시간을 조금 할애해서 멜라니에게 그 문제들을 푸는 데 어느 정도의 노력을 기울였는지 물어보았다면 자신의 생각이 오해였음을 알았을 것이다. 멜라니는 그 문제들을 푸는 데 채 5분도 할애하지 않기 때문이다. 그러나 만일 멜라니가 문제를 풀기 위해 오래 노력하지도 않고 도움을 요청하는 것이라고 설명했더라면 월러스 선생은 깜짝 놀라 짜증을 내거나, 아니면 멜라니는 그다지 학구적인 학생이 아니라는 결론을 내릴 수도 있었을 것이다. 멜라니는 분명 월러스 선생의 짜증 섞인 표정을 감지했을 것이고 그런 반응에 당혹해 했을 것이다.

"왜 선생님에게 도움을 청하면 '안 된다'는 거죠? 선생님이 알려줄 수도 있는데 무엇 때문에 그 문제를 푸느라고 몇 시간씩 낭비해야 해요?"

비슷한 상황에서 다른 여학생들이 나에게 했던 말이다.

멜라니는 그 학기에 또다시 모든 과목에서 A를 받았고 그녀가 가장 가고 싶어 했던 메릴랜드대학교의 입학허가서를 받았다. 나는 멜라니의 엄마에게서 그녀가 마케팅을 전공한다는 이야기를 들었다. 마케팅을 전공한다고 해서 문제가 될 것은 없지만 멜라니는 고등학교 시절에 마케팅에 관심을 보인 적이 한 번도 없었다. 멜라니는 정말로 생물에 열중했었다. 멜라니의 물리 교사가 남학생과 여학생의 학습 방식에 대해 좀 더 깊은 이해가 있었더라면, 아니 멜라니를 문 밖으로 밀어내는 대신 격려를 해주었더라면 멜라니는 훌륭한 과학자가 되기 위한 길로 계속 나아가지 않았을까 하는 아쉬움을 떨쳐버릴 수 없다.

소년들의 우정, 소녀들의 우정

소녀들 사이의 우정은 소년들의 우정과는 다르다. 소녀들의 우정은 함께 있는 것, 함께 시간을 보내는 것, 함께 대화를 나누는 것, 함께 어디를 가는 것이다. 반면에 소년들의 우정은 대체로 어떤 게임이나 활동에 대한 관심을 공유할 때 발전한다. 이런 특징적인 차이점은 다음과 같이 요약할 수 있다. 즉 소녀들의 우정이 둘 또는 세 명의 소녀들이 서로 '얼굴을 마주'하고 대화를 나누는 것이라면, 소년들의 우정은 일단의 소년들이 공통의 관심사를 향하여 '어깨를 나란히' 하고 바라보는 것이다.

어느 연령대이건 소녀들의 우정에는 대화가 중요하다. 둘 사이의 대화에 문제가 생기기 시작했다면 그들의 우정도 어려움에 빠진 것이다. 소녀 또는 여자들이 친밀한 우정을 나타내는 표시는 다른 사람에게는 말하지 않는 비밀을 서로에게 털어놓는 것이다. '자신의 비밀을 말하는 것'이 여자들 사이에서는 가장 소중한 우정의 표시이다. 따라서 다른 사람에게 말하지 않았던 비밀을 말하는 것은 진정한 친구라고 생각한다는 뜻이다.

그러나 소년들은 다르다. 실제로 대부분의 소년들은 상대방의 마음 깊은 곳에 있는 비밀을 듣고 싶어 하지 않는다. 소년들의 초점은 대화가 아니라 활동에 맞추어져 있다. 소년들은 너댓 명이 모인 경우라도 몇 시간 동안 단 한 마디도 하지 않고 비디오 게임을 하면서 시간을 보

〈소녀들의 우정과 소년들의 우정〉

	소녀들의 우정	소년들의 우정
구성 인원	2~3명	2~12명
초점	서로에게 집중된다	게임이나 활동에 대한 공통의 관심
게임이나 스포츠	함께 지내기 위한 구실	우정에 가장 필요한 요소
대화	우정에 가장 필요한 요소	종종 불필요
상하 관계	우정을 망가뜨린다	동지애를 형성한다.
사적인 감정 표현	우정을 나타내는 소중한 표시	가능하면 피해야 할 요소

소녀들의 우정은 소년들의 우정과 비교할 때 별개의 가치 체계를 가지고 있어 서로 다른 역동성을 보여준다.

낼 수 있다. 이따금씩 비명 소리와 환희에 찬 고함 소리만 흘러나올 뿐 대화라고 할 수 있는 말은 거의 하지 않는다.

소녀들의 우정은 소년들의 우정보다 더 은밀하고, 더 개인적이기 때문에 그로 인한 장단점이 있다. 가장 큰 장점은 각각의 소녀가 친밀한 우정을 통해 힘을 얻는다는 것이다. 소녀들은 스트레스를 받을 때 다른 소녀에게 지지와 위로를 받고 싶어 한다. 그런 이유로 소녀들은 스트레스에 시달릴 때 친구들과 '더 많은' 시간을 함께 있고 싶어 하는 것이다.

그러나 소년들은 스트레스를 받을 때 대체로 홀로 있기를 원한다. 많은 엄마들이 이런 차이점을 알지 못하기 때문에 아들이 스트레스를 받으면 아들을 위로해주려고 애쓴다. 그러나 엄마는 거의 항상 아들한테 퇴짜를 맞을 것이다.

심리학자 셸리 테일러는 스트레스 반응에 따른 성별 차이를 연구한 결과 다음과 같은 결론을 내렸다.

> 여자들은 남자들보다 같은 성의 친구들과 좀 더 친밀한 관계를 유지하고 스트레스를 받을 때 남자들보다 더 많은 사회적 지지를 동원한다. 여자들은 여자 친구들에게 더 자주 도움을 요청하고 친구들이나 가족과의 관계에서 더 많은 도움을 받는다고 말한다.

이런 차이는 여러 가지 면에서 교육과 연관되는데 그중 가장 중요한 것은 남학생과 여학생이 교사들과 서로 다른 방식으로 관계를 맺는다는 점이다. 대부분의 소년들에게는 교사와 친하다는 것이 확실하게 촌

닭이라는 사실을 나타내는 표시가 된다. 다음은 코넬대학교의 비숍 교수의 말이다.

남학생들이 보기에 대표적인 멍청이들은 거의 모든 초등학교 교실에서 보이는 것처럼 '선생님이 공부하는 것을 도와줄 거야.'라며 교사에 대한 신뢰감을 드러낸다. 하지만 대다수의 남자 중학생들은 교사를 신뢰하는 것은 아기들이나 하는 짓이라고 생각한다. '우리들(소년)' 대 '그들(교사)'인 것이다. 소년들은 교사들과 친하게 지내면 또래들로부터 괴롭힘을 당한다. 소년들은 교사에게 잘 보이려고 하면 안 된다. 되도록이면 교사와 시선이 마주치는 것을 피하고 수업 시간에 너무 자주 손을 들지 않으며 수업 시간에 친구들과 말을 한다든지 아니면 쪽지를 건넨다든지 (이런 행위들은 교사의 평가보다 친구들과의 관계를 더 소중하게 여긴다는 것을 증명해준다.) 해서 다른 소년들이 보기에 아첨꾼으로 보이지 말아야 한다.

하지만 소녀들은 교사들과 친하게 지내는 것이 어리석은 짓이라고 생각하지 않는다. 그와는 반대로 여학생이 교사와 친하면 (특별히 교사가 젊거나 '멋지거나' 여교사인 경우) 실제로 친구들 사이에서 인기가 높아질 것이다. 내가 알고 있는 한 여자고등학교의 여교사는 이따금씩 자기 반 학생 두세 명을 초대해서 함께 영화를 본다. 교사에게 영화 초대를 받는다는 것은 여학생들에게는 인기가 올라가는 지름길이다. 그러나 남자 교사인 경우에는 교사와 친하다고 해서 여학생의 인기가 좋아지지 않는다. 왜냐하면 다른 여학생들이 그 아이가 더 좋은 점수를 받기 위해 자신의 여성적인 매력을 이용한다고 의심할 가능성이 있기 때문이다.

소년들의 경우는 다르다. 소년은 교사와 막역한 관계라고 해서 또래들 사이에서 인기가 올라가지 않을 뿐 아니라 오히려 교사와 친하게 지내는 소년은 지위가 '낮아질' 수 있다.

소녀들은 교사가 자신을 지원해주는 친구라고 믿는 경향이 강한 반면 소년들은 그렇게 생각할 가능성이 낮다. 그래서 소녀들은 어려운 상황에 닥치면 일찌감치 교사와 상담할 가능성이 크지만 소년들은 대체로 마지막 수단으로 교사와 상담한다. 또한 소녀들은 공부와 전혀 무관한 개인적인 문제에 대해서도 교사에게 조언을 구할 가능성이 높다.

우정에 관해 좀 더 말한다면, 소녀들의 우정은 동등한 관계일 때가 최상이다. 소녀건 성인 여자건 간에 친구가 자신보다 '더 나은' 사람처럼 행동한다고 느끼면 그 친구와의 우정은 오래 지속되지 않는다.

하지만 소년들은 대등하지 않은 관계에서도 아주 편안해한다. 소년들은 심지어 자신이 3류 미식축구 선수라 해도 스타급 공격 선수의 가장 친한 친구라는 사실을 아주 만족스러워하고 그 친구의 우월한 지위를 불쾌하게 여기지 않을 것이다. 더 나아가 다른 사람들 앞에서 친구의 위상을 높이려고 노력할 수도 있다.

남자들의 이런 특징은 그 뿌리가 아주 깊다. 그리스 신화의 아킬레우스와 파트로클로스(트로이 전쟁에서 헥토르에게 살해당했으나 친구 아킬레우스가 그 원수를 갚아준다.), 구약성경에 나오는 다윗과 사울 왕의 아들 요나단, 돈키호테와 산초 판사의 이야기를 알고 있을 것이다. 그런 우정은 두 사람의 상하 관계가 우정의 의미를 더욱 분명하고 한층 더 고귀하게 만들었다. 성경에는 요나단이 다윗을 자기 생명같이 사랑하여 더불어 언약을 맺었다고 기록되어 있다. 다윗이 요나단을 사랑한 것이 아니다. 요나단이 자진해서 자기가 입었던 겉옷을 벗어 다윗에게 주었고 그 군복과 칼과 활과 띠도 그렇게 하였던 것이다. 요나단은 다윗에게 "너는 이스라엘의 왕이 되고 '나는 네 다음'이 될 것"이라고 말한다. 요나단의 꿈은 그의 영웅인 다윗이 왕이 되고, 요나단 자신은 왕의 오른팔과 같은 심복이 되는 그런 세계였다.

이런 차이점을 알고 난 뒤 나는 교사들과의 대화를 통해 알게 된 유용한 정보들을 더 잘 이해할 수 있었다. 여학생에게 설명을 할 때에는 '미소를 지으며 학생의 눈을 쳐다보아야 한다.' 그렇게 하면 그 여학생은 교사가 자기를 좋아하고 또 자신의 친구라는 비언어적인 확신을 얻게 된다. 많은 교사들(특히 남자 교사들)은 여학생들과 시선을 마주치려 하지 않는다.

"선생님한테 질문을 했더니 답변은 해주셨어요. 그런데 마치 허공에 대고 말씀하시는 것 같았어요. 심지어 나를 쳐다보지도 않았어요. 선생님은 '나'에게 아무런 관심도 없었어요. 마치 내가 거기 있지도 않은 것처럼 행동하던 걸요."

남자 교사와 대화할 때 받는 여학생의 느낌이다.

만일 남학생을 가르치는 경우라면 학생의 '옆'에 앉은 다음 자료들을 앞에 펴놓고서 어깨를 나란히 하고 자료를 함께 들여다보아라. 야단을 친다거나 벌을 주는 것이 아니라면 남학생의 눈을 빤히 쳐다보지 않는 것이 좋다. 미소도 짓지 마라.

"그 할망구가 미소를 지을 때마다 소름이 끼친다니까요. 미소를 지을 때마다 마치 〈101마리 달마시안〉에 나오는 악녀처럼 보여요. 내가 마치 달마시안이라도 되는 것처럼 쳐다보거든요."

한 남학생이 나에게 한 말이다.

이런 차이가 적용되는 또 다른 경우는 '소그룹 학습'이다. 여학생들한테는 소그룹 지도가 좋은 교수 전략이지만 남학생들한테는 별로 효과가 없다. 이유가 무엇일까?

첫째, 여학생들은 도움이 필요할 때 교사에게 부탁하는 것을 편안하게 생각한다. 4명의 여학생들에게 그룹 과제를 내주었는데 어려움에 부딪히면 적어도 4명 중 한 여학생은 교사를 찾아와 도움을 요청할 것이다.

그러나 남학생의 경우는 그렇지 않다. 남학생들은 난관에 부딪히더라도 그룹에 돌연변이가 하나라도 섞여 있지 않는 한 교사에게 도움을 청하지 않을 것이다. 그리고 돌연변이 남학생이 있다 해도 그 남학생은 교사에게 도움을 청하면 다른 아이들이 자신을 무시하리라는 걸 잘 알고 있다. 남학생들은 어려운 상황에 처하면 그저 생각나는 대로 아무 말이나 지껄이든지 아니면 난폭해질 가능성이 높다.

바로 이런 차이를 고려하면 우리는 자기 결정적인 소그룹 학습법이 여학생들에게는 유익하지만 남학생들에게는 전혀 적합하지 않은 두 번째 이유를 납득하게 될 것이다. 남학생들은 교사의 프로그램을 방해하는 경우 아이들 사이에서 지위가 높아진다. 만일 교사가 학급을 소그룹으로 나누어놓았는데 한 조를 이룬 4명 중 2명이 방해하는 행동을 한다면 그 행동이 아무리 철이 없고 유치하다 해도 적어도 교실에 있는 다른 몇몇 학생들은 그 아이들을 영웅시할 것이다.(놀랍게도 유치한 puerile이라는 단어는 어린 소년을 뜻하는 라틴어 단어 puer에서 유래했다. 어린 소녀를 뜻하는 라틴어 단어 puella에 상응하는 경멸적인 단어는 없다.)

교육학자 엘리노어 버킷은 십대 문화에 대해 "교육과 권위에 대한 도전과 무시를 공공연하게 표현하는 것을 찬양한다."고 말한 바 있는데 바로 이런 점을 지적한 것이다. 그리고 남학생들의 그런 행동을 제지하지 않고 방치한다면 그 교실은 완전히 '통제불능의 상태'로 빠져들 것이다.

주의력결핍장애—청력이 떨어지는 소년들의 굴레

우리는 이미 2장에서 소녀들의 청력이 소년들보다 더 좋다는 점을 지적하였다. 자신과 성이 다른 학생들을 지도할 때는 단지 목소리의 크기 같은 사소한 점일지라도 부조화를 일으킬 가능성이 있다. 남자 교사가 자신에게는 정상적인 어조로 말을 한다 하더라도 맨 앞줄에 앉아 있는 소녀는 교사가 자기에게 소리를 지르고 있다고 느낄 수 있다.

내가 멜라니를 처음 만난 것은 그 아이가 고등학교 졸업반일 때였다. 당시 멜라니는 물리 교사가 자기에게 물리를 수강하지 말라고 권했다는 이야기를 했다. 그래서 멜라니에게 충분한 이유도 없이 수업을 듣지 말라는 교사에게 어떤 느낌을 받았니 물어보았다.

"아무 느낌도 없었어요. 여하튼 월러스 선생님을 오랫동안 견뎌내지는 못했을 테니까요."라고 멜라니는 말했다.

이유를 물었더니 멜라니는 "그 선생님은 마구 소리를 질러대요. 첫 수업 시간에도 내 얼굴에 대고 어찌나 소리를 질러대든지 귀가 따가웠어요. 귀를 막고 싶을 정도였다니까요."라고 대답했다.

1장에서 주의력결핍장애에 대한 오진을 놓고 논의했던 점을 기억해 보자. 주의력결핍장애 진단을 받은 몇몇 소년들에게 진정 필요한 것은 단지 그들을 가르치는 여교사가 조금 더 큰 소리로 말하는 것이다. 대부분의 교육대학에서는 이런 기본적인 사실을 가르치지 않는다. 내가 교사들을 대상으로 강연할 때 남자아이들과 여자아이들은 선천적으로 청력에 차이가 있다고 말하자 교사들은 무척 신기하게 생각했다.

한 노련한 여교사는 남자아이들을 교실 앞쪽에, 여자아이들을 뒤쪽에 앉힌다고 말했다. 그것은 소년 소녀들의 통상적인 자리 배치와는 반대이다. 대부분의 학급에서는 학업 능력이 탁월한 두세 명의 소년들이 앞줄에 앉을 뿐 나머지 소년들은 뒤쪽에 앉고, 소녀들은 중간에 자리를 잡는다. 그것이 '자연스러운' 착석 방식이다. 왜냐하면 대부분의 소녀들은 교사와 친해지고 싶어 하지만 소년들은 그렇지 않기 때문이다.

행복한 교실—성차를 간파한 선생님들

소년 소녀의 청력 차이를 고려하지 않는 성별 중립적인 교육이야말로 남녀 학생 모두가 부당한 대우를 받는 결정적인 이유 중 하나이다. 또 다른 이유는 남학생과 여학생은 위협이나 대결 상황에 대응하는 방식이 다르다는 것과 관계가 있다.

중학교 여교사인 티나는 어느 날 머리는 아주 좋은데 도대체 공부엔 관심도 없고 숙제도 해오지 않는 샘에게 무섭게 화를 내고 소리를 지르며 야단을 쳤다. 그 뒤로 티나는 샘이 두 번 다시 자기에게 말을 하지 않으면 어쩌나, 성난 부모가 전화를 하면 어쩌나 하고 걱정했다. 그런데 다음 날 샘은 처음으로 깔끔하게 숙제를 해서 정해진 시간에 제출했을 뿐 아니라 심지어 자기가 모아놓은 야구 카드를 보겠느냐고 묻기까지 했다.

그리고 3주 후 마침내 샘의 부모로부터 전화가 걸려왔다. 샘에게 화를 낸 데 대한 항의 전화일 거라는 예상과는 달리 샘의 부모는 고맙다는 인사를 했다. 그들은 그날 사건에 대해선 아무것도 모르는 눈치였고, 선생님에게 도대체 어떤 마법을 썼기에 샘이 학교 공부에 활력을 얻게 되었느냐며 고마워했다.

여교사 티나처럼 대결하듯 정면으로 접근하는 방식은 대부분의 여학생들에게는 사용하면 안 되는 '잘못된' 방식이다. 여학생에게 그런 식으로 했다가는 최소한 학기가 끝날 때까지 그 아이로부터 한마디도 듣지 못할 것이다. 교사들은 여학생들에게는 따뜻한 지지를 보내주고 친절하게 대해줄 때 더 큰 성공을 거둔다고 말한다.

실험실 동물들 역시 스트레스 상황에서 학습할 때 암수 성차를 드러낸다. 트레이시 쇼즈 교수는 럿거스대학교, 프린스턴대학교, 록펠러대학교의 동료들과 함께 스트레스가 암컷들의 학습에는 방해가 되는 반면 수컷들에게는 학습을 향상시키는 효과가 있다는 사실을 증명했다. 쇼즈 교수에 따르면 수컷과 비교할 때 암컷은 학습 과정에서 '스트레스를 받으면 수컷과는 정반대 효과가 나타난다.' 또한 쇼즈 교수는 수컷을 스트레스에 노출시키면 해마에서 일어나는 뇌신경 접속 활동이 촉진되는 반면에 암컷의 해마에서 발생하는 접속 활동은 방해를 받는다는 사실을 밝혀냈다. 그는 수컷의 학습에 스트레스가 미치는 유익한 영향은 '태아기'에 일어나는 뇌의 남성화에 달려 있다는 점을 입증했다.

이런 연구들을 통해 스트레스에 대한 남녀의 대응 방식에 타고난 차이가 있다는 것이 증명되었다. 교육자들은 여전히 아이들을 키울 때 여자아이에게는 트럭을 가지고 놀게 하고, 남자아이에게는 인형을 가지고 놀게 한다면 학습 방식에서 나타나는 소년과 소녀의 차이가 대부분 사라질 것이라고 주장한다. 실험실 동물들에게는 트럭이나 바비 인형을 가지고 놀게 하지 않는다. 그렇기 때문에 교육자들의 주장에 입각해 쇼즈 교수의 연구 결과를 설명하기란 무척 어렵다. 그리고 만일 실험실 동물들의 암컷과 수컷이 다른 방식으로 학습한다면 인간 아동들의 학습 방식에도 성차가 있지 않을까 고려해보는 것이 합리적이지 않을까?

쇼즈 교수의 연구는 스트레스 반응에 대한 성별 차이를 논한 이전의 연구 결과와도 일치한다. 대부분의 어린 소년들은 대결 상황이나 시간이 제한된 과제가 주어질 때 활기를 얻는다. 그러나 어린 소녀들은 '5초 내에 하지 못하면 진다'는 식으로 시간이 정해지면 중압감이 심해져 성공하기 어렵다. 학교 교실에서 이런 차이를 어떻게 적용시킬 수 있을까?

얼마 전 샌프란시스코에 있는 남학교 '스튜어트 홀'에서 트렌트 앤더슨 선생이 가르치는 7학년 영어 수업을 참관할 기회가 있었다. 앤더슨은 한 반을 여러 그룹으로 나눈 뒤 학생들에게 존 스타인벡의 『진주』라는 소설에 대해 질문했다.

"코요티토가 발작하기 시작했을 때 의사가 코요티토에게 준 것은? A팀!"

A팀에 속한 남학생들이 한 덩어리가 되어 열정적으로 속닥거렸다.

"약간의 흰색 가루약 아닌가요?"

마침내 한 학생이 말했다.

"아닙니다! B팀!"

B팀에 속한 남학생들이 서로 속닥거렸다.

"캡슐이요? 캡슐로 된 약 아닌가요?"

또 다른 학생이 용기 있게 말했다.

"틀렸어요! C팀!"

C팀에 속한 남학생들 역시 몇 초 동안 서로 의견을 나눈다.

"물에 희석시킨 암모니아수 몇 방울이요."

한 학생이 약간 자신없는 목소리로 대답한다.

"정답!"

교사가 말했다.

C팀에 속한 남학생들은 서로 하이파이브를 하고 환성을 지른다.

그 다음 앤더슨 선생이 각 팀에서 한 학생씩 지명했다. 이제 지명 받은 아이가 어떻게 대답하느냐에 따라서 팀의 점수가 올라가거나 내려간다. 학생들은 적어도 한 번씩은 대표로 호명된다. 그것은 팀의 어떤 학생만 소설 내용을 잘 알고 있어서는 안 되고 '모든' 학생이 다 잘 알고 있어야 한다는 뜻이다. 한 팀이 된 학생들은 경쟁에서 이기기 위해 서로 돕는다.

영어 교사 앤더슨은 때때로 이긴 팀에게 상으로 피자 한 판을 약속하거나 숙제를 면제해주거나 아니면 이긴 팀에 속한 학생들에게 전부 A를 주겠다고 말할 것이다. 남학생들은 자기 때문에 다른 학생들의 사기가 떨어지지 않도록 예습을 하게 될 것이다.

그러나 이런 접근 방식은 여학생들에게는 별로 도움이 되지 않는다. 여학생들은 그런 활동을 유치하다고 간주할 가능성이 높다. 고학년 여학생들은 자기들은 좀 더 심각한 주제를 논의하고 싶은데 선생님이 책의 사소한 내용에 초점을 맞추도록 강요한다고 불평할 것이다.

샌프란시스코의 한 여학교 교사 에이미 밴 드랙트는 시험을 보는 날 '학생들이 편안한 마음으로 시험에 임하게' 한다. 우선 학생들에게 신발을 벗게 하고 둥그렇게 둘러앉아서 잠시 동안 마음을 가라앉히도록 시간을 준 다음 시험지를 나눠준다. 드랙트 선생은 '한 번도' 시간을 정해놓고 시험을 본 적이 없다. 여학생들에게는 각자가 필요한 만큼 시간을 넉넉히 준다.

"다른 학생들은 모두 시험을 끝마쳤는데 누군가 아직 문제를 덜 풀었다면 어떻게 합니까?"

"그럼 그 여학생에게 시간을 더 줍니다."

에이미 선생의 행동은 이치에 맞는 것 같다. 사실 실생활에서 몇 분을 다투어야 하는 과제는 아주 드물다. 프로 선수나 군인, 조종사 같은 경우는 예외겠지만 대부분의 직업에서는 어떤 질문에 대답하기 위해 5분이나 10분, 15분이 더 필요할 경우 그 정도의 시간은 꾸물댈 여유가 있다. 에이미 선생은 시험을 볼 때 시간 제한을 없애고 여학생들이 신발을 벗게 해서 교실에 감도는 스트레스를 없앴다. 그런 행동은 시험을 앞둔 여학생들이 스트레스로 인해 수행 능력이 저하되지 않도록 긴장을 없애는 좋은 방법이다.

반면 적당한 스트레스는 남학생들의 수행 능력을 향상시켜준다. 남학생들은 기대했던 것보다 시험을 '더 잘' 본다. 반면에 똑같은 스트레스를 가하더라도 여학생들의 수행 능력은 '저하'된다. (성인 여성의 경우에는 학교에 다니는 연령대의 소녀들보다는 스트레스의 영향이 적을 것이다.) SAT와 같은 표준화 시험에서 여학생들은 보통 학교 성적만큼 결과가 잘 나오지 않는다. 학교에서 모든 과목에서 A를 받던 여학생이라고 해서 SAT에서 반드시 만점을 받거나 90% 이상의 점수를 받는 것은 아니다. 이와는 반대로 종종 남학생들은 SAT처럼 시간이 제한되고 스트레스가 많은 표준화 시험에서 예상보다 더 좋은 점수를 얻는다. 표준화 시험을 볼 때는 상당히 잘 하는데 수업 시간이나 숙제를 할 경우에는 온 힘을 다하지 않아서 간신히 B 정도의 성적을 받는 남학생은 드물지 않다.

조기 학습으로 망가지는 아이들

앞서 나는 10여 년 전부터 학교에서 누군가(교사, 생활지도 교사, 읽기 담당 교사)가 써준 쪽지를 들고 내 진찰실로 어린 남자아이들이 몰려오기 시작했다는 말을 했다. 진찰 결과 일부 아이들은 정말로 주의력결핍장애가 있었지만 많은 아이들은 그렇지 않았다. ADD라고 추정 진단을 받은 아이들 중에는 실제로 젊은 여교사가 작은 목소리로 가르치는 학급에서 뒷자리에 앉았던 정상적인 남자아이들도 있었다.

게다가 대부분의 학교는 소년 소녀들의 '발육 시간표'가 서로 다르다는 점을 무시한다. 아기가 아직 엄마의 자궁 속에 있는 동안에도 남자아이와 여자아이는 다른 순서, 다른 속도로 성숙한다. 그리고 그 차이는 우리가 예상하는 것보다 더 크고 더 복잡하다.

버지니아 테크대학교의 연구원들은 두 달된 아기부터 16세 사춘기 학생들에 이르기까지 정상 아동 508명(소녀 224명, 소년 284명)을 대상으로 뇌 활동을 검사했다. 그 결과 소년과 소녀는 뇌의 발달 '순서'가 서로 다르다는 것이 발견되었다. '남자아이의 뇌나 여자아이의 뇌나 발달 순서는 똑같지만 단지 남자아이의 발달 속도가 느릴 뿐이다'라는 말은 옳지 않다.

언어나 소근육 운동과 연관된 뇌의 부위는 여자아이가 약 6년 정도 빨리 발달하지만 목표 적중이나 공간 기억과 연관된 부위는 남자아이가 약 4년 정도 빨리 발달한다. 버지니아 테크대학교 연구팀은 언어, 공간 기억, 근육 운동의 협응, 그리고 다른 사람들과의 관계 유지와 연관된 뇌 부위는 '발달 순서, 시간, 속도' 면에서 소년과 소녀가 서로 다르다고 결론지었다.

뇌의 여러 부위가 성별에 따라 서로 다른 순서로 발달한다는 이론은 다른 연구에서도 확인되었다. 프랑스의 연구원들은 2세 아동들이 블록으로 다리를 만드는 과정을 관찰했다. 그렇게 나이가 어린데도 블록으로 다리를 세우는 능력은 남자아이가 여자아이보다 3배 정도 능숙했다.

그러나 웰즐리대학교 연구원들은 얼굴 표정을 읽는 능력에서는 세 살 반짜리 여자아이들이 5세 남자아이들 수준이거나 또는 그보다 더 능숙하다는 것을 발견했다. 그러므로 일방적으로 남자아이들이 여자아이들보다 발달 속도가 느리다고 말하는 것은 지나치게 단순한 판단이다. 남자아이들은 어느 영역에서는 여자아이보다 발달 속도가 더 빠르고, 다른 영역에서는 발달 속도가 느리다.

이 같은 연구를 통해 우리는 '유년기의 남녀 차이는 성인기의 남녀 차이보다 더 크고 더 중요하다'는 것을 알게 되었다. 30세가 되면 남녀 모두 뇌의 모든 영역에서 완전한 성숙기에 도달한다. 그러므로 30세가 넘는 어른들은 새로운 자료를 학습하거나 과제를 숙달할 때 남녀 사이에 차이가 존재하지 않는다. 이를 바탕으로 일부 학자들은 6세 남자아이와 여자아이의 학습 과정에서도 성차가 그다지 크지 않을 것이라고 추정한다. 그러나 그것은 잘못된 추정이다.

유치원 활동이 주로 핑거페인팅, 노래 부르기 정도에 국한되던 30년 전에는 뇌 발달의 남녀 차이가 그다지 문제될 게 없었다. 30년 전의 유치원생들은 하루 종일 의자에 앉아 연필과 종이를 가지고 읽고 쓰기를 연습하지 않았다. 그 시절 유치원생들은 주로 다른 아이들과 어울려 지내는 법을 학습하는 사회화 훈련을 받았다. 요컨대 30년 전의 유치

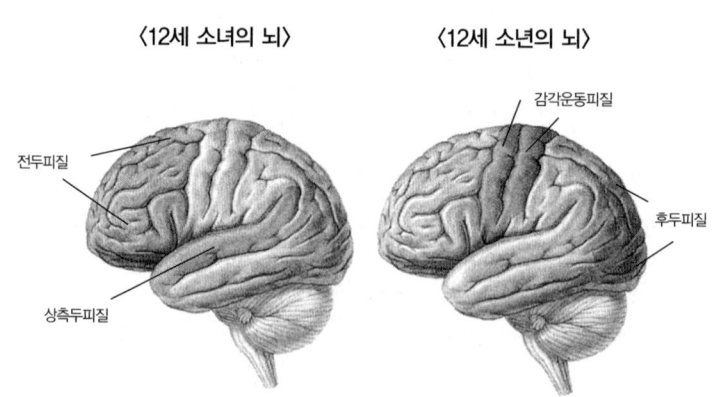

〈12세 소녀의 뇌〉　　〈12세 소년의 뇌〉

소녀들은 뇌의 상측두피질이나 전두피질이 공간·시각 과정이나 목표 적중과 연관된 부위보다 더 빨리 발달한다. 반면 소년들은 공간·시각 과정이나 목표 적중과 연관된 뇌 부위가 다른 부위보다 더 빨리 발달한다.

원은 아이가 학교생활에 잘 적응하도록 훈련하는 것이 주요 임무였다.

하지만 21세기의 유치원은 사정이 다르다. 오늘날의 유치원 교육은 이전과는 비교할 수 없을 만큼 학구적인 성격이 강해졌다. 오늘날 유치원의 교과 과정은 30년 전 초등학교 1학년에서 가르치던 내용을 다룬다. 이제 유치원의 목표는 사회화 훈련이 아니라 문자 해독력과 수리적 사고 능력을 성취하는 것이 되었다.

이런 변화는 듣기에는 그럴듯해 보이지만 사실은 큰 문제가 있다. 많은 5세 남자아이들은 글자를 쓰는 데 반드시 필요한 소근육이 아직 발달하지 않았다. 테크대학교의 연구에서 밝혀진 것처럼 남자아이들은 소근육 운동을 책임지는 뇌 부위의 발달이 여자아이들보다 '몇 년' 늦다는 사실을 기억해야 한다. 교육심리학에서 사용하는 용어를 빌리자면 오늘날 학문지향적인 유치원의 목표는 수많은 남자아이들에게 '발육상 적절치 않다.'

유치원에서 읽기와 쓰기를 가르치도록 추진한 것은 조기 교육이 수행 능력을 향상시킬 것이라는 가정 때문이다. 하지만 그런 가정은 교과 내용이 학생들의 발육상 적절한 경우에만 유효하다. 읽을 준비가 안 된 아이에게 억지로 읽기를 가르친다면 오히려 읽기에 대한 흥미를 '아예' 없애버릴 수도 있다.

유치원 교사들에게 이런 주제로 이야기를 하면 종종 "아, 이제 알겠어요! 5세 아동이라고 모두 다 책을 읽을 준비가 된 것이 아니니까 아이의 개인적인 수준에 맞게 가르쳐야 한다는 말이로군요."라는 반응을 보인다.

듣기에는 참 그럴싸한 말이다. 그렇지만 현실적으로 그 말이 의미하는 것은 무엇인가? 교실에서 가르치는 아이들이 잘하는 아이와 못하는 아이, 두 부류로 나뉘어 있다는 뜻이다.

한편에는 오늘날의 유치원 교과 과정을 잘 소화해낼 수 있는 아이들이 포진하고 있다. 이 아이들은 단어를 소리 내어 읽고 짧은 문장을 쓰며 문장 끝에는 마침표를 찍어야 한다는 것까지 안다. 이 그룹에는 조숙한 남자아이 몇 명이 끼어 있을 뿐 대부분 여자아이들이다.

다른 한편에는 학습에 치우친 교과 과정을 따라갈 수 없는 아이들이 자리하고 있다. 이 아이들은 블록을 가지고 놀거나 퍼즐 맞추기를 좋아한다. 이런 활동은 우리도 어렸을 때 경험했던 것이므로 우리들 대부분은 전통적인 유치원 활동이라고 인식하고 있다.

5세 남자아이들은 발육상 글자를 쓰는 것 같은 활동에 필요한 소근육이 덜 발달했고 자음과 모음을 배울 준비가 되어 있지 않다. 그러나 대부분의 5세 남자아이들이 매우 잘하는 것이 한 가지 있는데, 그것은 자신들이 '바보 그룹'에 속한다는 것을 알아차리는 일이다. 그리고 그들은 그 점을 아주 싫어한다.

바로 그런 일이 이 책의 첫 주인공인 매튜한테 발생한 것이다. 매튜는 유치원에 가기 전만 해도 항상 자기 인생의 주인공이었다.

"그 아이는 언제나 무슨 일이든 할 준비가 되어 있었죠. 지난 7월에는 나하고 둘이서 카누를 빌려 타고 아주 멋진 모험을 했어요."

매튜의 엄마가 한 말이다.

카누를 빌려준 상점에서 매튜에게 플라스틱으로 만든 작은 노를 선물로 주었는데 매튜가 얼마나 좋아했는지 그 후 며칠 동안 그 얘기만 할 정도였다. 그런데 이제는 상황이 크게 달라졌다. 매튜가 완전히 다른 아이로 변한 것이다.

전에는 한 번도 짜증을 부린 적이 없었는데 요즘은 거의 매일 아침, 별 이유도 없이 화를 내고 유치원에 가지 않겠다고 억지를 쓴다. 선생님과 여러 차례 면담도 했지만 선생님은 매튜가 아주 특이한 현상은 아니라고 엄마를 안심시켜주었고 염려할 필요가 없다고 했다. 그러나 이제 매튜는 유치원이라면 치를 떨기 시작했다.

매튜의 반응은 아주 극단적이었지만, 최근의 연구에 따르면 유치원에서 발육상 적절한 활동들을 간과한 채 읽기 학습에만 초점을 맞추고 그것만을 강조했기 때문에 흥미를 잃게 된 경우들이 많았다. 매튜 같은 남자아이들은 학과 공부에 부정적인 감정을 가지게 되는데, 이런 감정은 쉽게 없어지지 않고 아이가 학교생활을 마치는 날까지 영향을 미칠 가능성이 크다. 스탠포드대학교 사범대학 학장인 데보라 스타이펙은 유치원 생활을 제대로 하지 못한 남자아이들은 '자기 능력에 대해 부정적인 인식'을 갖게 되고 그런 부정적인 태도는 학년이 올라가도 바뀌기가 어렵다고 설명한다.

나는 매튜의 엄마에게 유치원에 그만 보내고 대신 유아원을 다시 다니게 하라고 권했다. 매튜의 상황은 의학적인 응급 상황과 똑같은 교육적인 비상 사태였기 때문이다. 지금 상태로 유치원을 조금이라도 더 다닌다면 학교에 대한 매튜의 태도가 회복할 수 없을 정도로 나빠질 수 있는 상황이었다.

그러나 매튜의 엄마는 그 권유를 거절하면서 자기 아이는 아주 총명하며 그런 아이가 유치원에서 낙제했다는 말을 들어본 적이 있느냐고 반문했다.

매튜가 낙제를 하는 게 아니라, 유치원이 매튜에게 발육상 적합하지 않은 것이라고 설명했지만 아무 소용이 없었다.

매튜의 엄마는 아들을 계속 유치원에 보냈고 한 달 후 문제가 해결되었다고 말했다. 매튜가 더 이상 심술을 부리지 않고 유치원 교사도 매튜의 수업 태도가 좋아졌다고 말했다는 것이다.

일 년 후 1학년이 된 매튜와 엄마가 다시 찾아왔다. 이번에는 학교에서 보낸 쪽지를 들고 있었다.

"매튜는 수업 시간에 태만하고 주의력이 산만합니다. …… 혹시 매튜가 ADHD(주의력결핍 과다행동장애)에 해당되는지 진단해주시기 바랍니다."

유감스럽게도 교사의 판단은 절대적으로 옳았다. '정말로' 매튜는 수업 중 태만했고 주의가 산만했다. 매튜에게 학교는 지루하고 재미없는 곳이며 집에 돌아와 재미난 일들을 할 수 있을 때까지 몇 시간씩 참아내야 하는 성가신 곳에 불과했다. 매튜에게 하루의 시작은 오로지 수업이 끝나는 바로 그 순간이었다. 매튜가 학교에서 좋아하는 시간은 공부를 안 해도 되는 쉬는 시간과 점심 시간뿐이었다.

이쯤 되면 부모가 선택할 여지는 거의 없다. 이 단계에서는 매튜가 1학년을 한 해 더 다니는 것으로는 문제가 해결되지 않는다. 이미 최상의 기회는 놓치고 만 것이다. 유치원 입학을 '늦추는 것'과 1학년을 '다시 다니는 것'은 커다란 차이가 있다.

매튜 같은 남자아이는 유치원 입학을 늦추는 것이 훨씬 더 낫다는 연구 결과도 있다. 준비가 안 된 아이를 유치원에 보냈다가 나중에 1학년을 두 번 다니는 것은 1학년을 반복하지 않는 것보다 '더 나쁠' 수 있다. 한 학년을 낙제했다는 오명을 쓰면 그것은 아이에게 오래도록 나쁜 영향을 미친다. 그런 소년은 자신을 '바보'라고 생각하고 또 그렇게 믿는다. 그렇게 되면 부모가 어떤 노력을 기울이든 어떤 말로 설득하든 아이의 마음은 바뀌지 않을 것이다.

이 시점에서도 나는 매튜의 엄마와 의견 일치를 보지 못했고 어쩔 수 없이 매튜를 아동정신과에 보냈다. 정신과 의사는 매튜에게 ADHD 뿐 아니라 우울 증세가 있다고 진단했고 ADHD 치료제인 리탈린과 우울증 치료제인 프로작을 처방해주었다. 그 약이 효과가 없자 의사는 약을 애더럴과 웰뷰트린으로 바꾸었다. 그 약들도 역시 효과가 없었다. 그 다음 달에 매튜는 교실에서 한 아이의 뺨을 때려 이틀간 정학 처분을 받았다. 정신과 의사는 그 이야기를 듣고 진정제인 클로니다인을 추가로 처방하면서 새로 준 약을 먹으면 그런 과격한 행동을 하지 않을 것이라고 엄마를 안심시켰다. 그리하여 6살짜리 매튜는 이제 '세 가지' 약을 복용하고 있다.

오늘날 매튜와 같은 이야기는 너무나 흔하다. 2003년 출간된 보고서에 의하면, 미국에서 항우울증제를 복용하는 어린 아동들의 비율이 지난 10년 사이에 3배 이상 늘어났다고 한다. 리탈린이나 애더럴 같은 과잉행동장애 치료제가 아니라 프로작, 졸로프트, 팩실, 셀렉사, 렉사프로, 웰뷰트린, 파멜로, 엘라빌 등과 같은 '우울증' 치료제 말이다. 수많은 어린 아동들, 특히 남자아이들이 자신들에게 맞지 않는 학교라는 덫에 걸려 우울증에 시달려야 한다는 사실이 놀라울 따름이다. 그리고 그런 아이들에게는 빠져나올 출구가 전혀 없다.

우리 딸은 왜 수학을 못 할까

지나치게 학구적인 유치원이 남자아이들에게 얼마나 해로운가를 강력하게 비판하는 나에게 사람들은 종종 '남자아이들의 대변자'라는 꼬리표를 붙이곤 했다. 그러나 양상은 다를지 모르지만 부당한 대우를 받는 것은 여학생들도 마찬가지다. 남학생과 여학생의 학습 방식에 근본적인 차이가 있다는 것을 간과한 결과, 아이들에게 나쁜 영향을 미치기는 마찬가지이지만 시기가 서로 다를 뿐이다.

남자아이들은 유치원과 초등학교 저학년 때에 가장 큰 상처를 입는다. 반면 여자아이들은 중학교와 고등학교 때에 그 영향이 두드러지게 나타난다. 성별을 의식하지 않는 교육은 역설적이게도 성별 고정관념의 강화로 연결된다. 그 결과 물리, 컴퓨터, 삼각법, 미적분 과목을 선택하는 여학생의 수가 점점 더 줄어들고 있다.

성별을 의식하지 않는 교육이 왜 여학생들에게 해로운가? 여기에 대한 답을 찾기 위해서는 소년과 소녀의 학습 방식의 차이에 대한 더 많은 정보가 필요하다. 학습상의 남녀 차이는 청력의 차이와 발육 시간표의 차이에만 국한되는 것이 아니다. 기하학을 배우는 방식이라든지 문학을 이해하는 방식에서 소년과 소녀의 뇌에는 확고한 성차가 있다. 우선 남학생과 여학생이 기하학이나 수 이론을 학습하는 방식에서 드러나는 성별 차이에 대해 좀 더 자세히 살펴보자.

이미 2장에서 방향 지시를 할 때에 여자들은 눈에 보이는 표지물을 이용하는 반면에 남자들은 동서남북이라는 나침반의 방위를 이용한다고 말했다. 심리학자 데보라 소시에를 비롯한 연구팀은 여자들이 남자

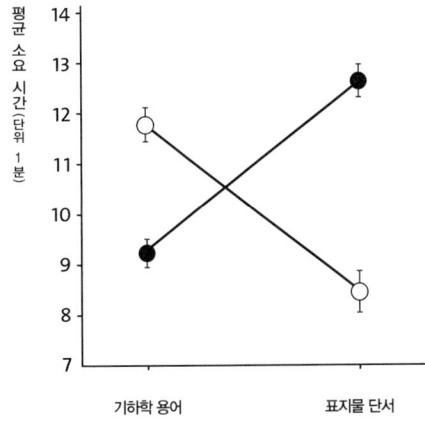
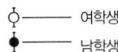

공간 과제를 유클리드 기하학적인 용어(동서남북)로 제시할 경우에는 남학생들의 기량이 여학생들보다 뛰어나다. 그러나 똑같은 내용을 표지물 중심으로 제시할 경우에는 여학생들의 기량이 뛰어나다. 남학생과 여학생의 차이는 큰 반면 남학생들 내부의 편차, 여학생들 내부의 편차는 크지 않다.

의 전략(나침반을 활용한 방향 지시)을 활용할 수 있는지 또 남자들이 여자의 전략(표지물 이용)을 활용할 수 있는지 조사했다. 그들은 학생들을 남녀가 섞인 임의의 두 그룹으로 나눈 뒤 잘 알려지지 않은 장소를 찾아가라는 과제를 주었다.

한 그룹에는 표지물 중심으로 방향을 지시했다.

"이 길을 따라서 녹색 문이 달린 작은 집까지 곧바로 내려가라. 그 다음 우회전해서 칼리지 애비뉴가 나올 때까지 인도를 따라 걸어가라. 그리고 좌회전을 해서 칼리지 애비뉴로 들어가라."

다른 그룹에게는 나침반을 사용하여 방향을 지시했다.

"북쪽으로 한 블록을 가라. 그 다음 동쪽으로 방향 전환한 후 두 블록을 걸어가라. 그런 다음 북쪽으로 방향을 틀어라."

결과는 엄청나게 달랐다. 나침반을 활용해야만 했던 경우, 여학생들은 남학생들보다 더 자주 실수를 했고 목표 지점에 도달하는 데 많은 시간이 걸렸다. 그러나 눈에 보이는 표지물을 이용하여 지시를 내린 경우에는 여학생들이 목표 지점을 더 잘 찾았다. 남학생들보다 실수도 적었고 목표 지점에 더 빨리 도착했다. 비디오 게임을 활용해서 이와 유사한 과제를 해결하도록 했을 때에는 그 차이가 한층 더 극명하게 나타났다. 여학생들은 나침반이 아니라 표지물을 활용할 때 길을 더 잘 찾는 반면에 남학생들은 표지물보다 나침반을 활용할 때 훨씬 더 잘 찾는다.

그렇다면 이런 과제를 수행할 때 뇌에서는 어떤 작용이 일어나는가? 독일 울름대학교의 게오르그 그뢴 연구팀은 이 질문의 답을 찾기 위해 가상현실 안경을 쓰고 미로찾기 게임을 하도록 한 뒤 MRI로 뇌를 촬영했다. 그뢴 교수팀의 연구에 의하면 공간 작업을 할 때 여학생들은 대뇌피질을 이용한다. 대뇌피질은 인간의 뇌에서 가장 진보된 영역으로 말하기, 이해하기 등 사실상 외부 세계와 상호작용을 하는 대부분의 기능이 여기서 일어난다.

반면에 남학생들은 공간 작업을 하는 동안 계통발생적으로 미발달한 뇌 부위인 해마를 활용한다. 해마의 독특한 기능은 1970년대에 존 오키프와 린 네이덜에 의해 처음으로 밝혀졌다. 이 신경학자들은 해마가 '인지 지도'와 같은 기능을 발휘한다는 사실을 알아냈다. 동물의 움직임은 곧바로 해마에 입력된다. 동물이 방을 가로질러 북에서 남으로 똑바로 이동하면 해마 조직에서도 활동 유전자의 자리가 '북에서 남으로' 이동한다. 오키프와 네이덜의 가설은 이후 이루어진 30여 년 간의 연구에서 확인되었다. 즉 해마는 적어도 수컷의 경우, 공간기하학을 위한 전용 마이크로프로세서의 기능을 발휘하도록 결정되어 있다.

놀랍게도 과학자들은 실험실의 동물들도 공간 과제를 수행할 때 인간과 아주 유사한 성차가 나타난다는 것을 밝혀냈다. 실험실 동물 중 암컷들은 표지물 단서를 활용하는 반면에 수컷들은 유클리드 식의 힌트(나침반 방향 지시)를 활용한다. 과학자들은 또한 수컷들은 공간 과제를 해결하기 위해 해마를 활용하는 반면에 암컷들은 대뇌피질을 활용한다는 사실도 증명해냈다. 이것은 그뢴 박사 연구팀이 인간을 대상으로 밝혀낸 결과와 똑같았다. 다시 말하지만 길을 찾을 때 나타나는 남녀의 성차는 문화적으로 구축된 것이 아니라 유전학적으로 프로그램된 것이다.

학생들에게 특히 수학이나 기하를 가르칠 때 나타나는 성차는 바로 이런 차이점에서 비롯되는 것이다. 이미 말한 것처럼 해마는 대뇌피질과 직접적인 연관이 전혀 없고 뇌의 깊은 곳에 묻혀 있는 아주 오래된 세포핵이다. 남학생들은 수학 문제를 풀 때 이 세포핵을 활용하고, 바로 그런 점 때문에 나이가 어릴 때에도 수학 '그 자체'를 편안해한다.

12세 남학생들에게는 Φ(발음은 '화이'다. π와 혼동하지 말아야 한다.)와 같은 초월수에 대해 생각해보라고 말하기만 해도 그들을 매료시킬 수 있다. 12세 남학생들에게 Φ를 소개하는 좋은 방법을 한 번 살펴보자.

나는 지금 1과 2 사이의 숫자를 생각하고 있다.
그 수의 역수는 그 수에서 1을 뺀 수와 같다.
지금 한 말을 방정식으로 적어보면 다음과 같다.
$1/x = x - 1$

내가 지금 생각하고 있는 숫자가 무언지 맞혀볼 사람?

몇몇 남학생들은 아주 쉬운 문제라고 생각한다. 그래서 큰 소리로 답을 불러댈 것이다. "1½이오."라고 한 학생이 말할 수도 있다. 그렇지만 그건 정답이 아니다. 1½의 역수는 ⅔이고 ⅔는 ½(즉 1½ -1)과 같지 않다.

몇 분이 흐른 후 한 남학생이 위 방정식의 양변에 x를 곱해 단순화 시키면 다음과 같은 공식이 나올 수 있다는 생각을 해낼 것이다.

$1 = x^2 - x$

두 변에서 1을 빼면 이런 공식이 성립된다.

$x^2 - x - 1 = 0$

그런 다음 x의 답을 얻기 위하여 2차방정식의 근의 공식을 활용할 수 있다.

$x = (1 \pm \sqrt{5})/2$

우리는 지금 1과 2 사이의 수를 찾는 중이다. 그러므로 양수의 답을 선택한다.

$= (1 + \sqrt{5})/2$
$= 0.5 + 1.11803398874989\cdots\cdots$
$= 1.61803398874989\cdots\cdots$

우리가 구하는 이 수를 수학자들은 Φ라고 한다고 학생들에게 알려준다. 분명히 Φ라는 수는 우리가 찾고 있던 성질을 가지고 있다. 이 수의 역수는 정확하게 이 수에서 1을 뺀 수와 값이 같다.

$1/1.61803398874989\cdots = 0.61803398874989\cdots$

이제 주제를 바꾸어보자. 남학생들에게 피보나치 수열에 대하여 이야기를 한다. 피보나치 수열이 만들어지는 방식은 우선 두 숫자를 더해 세 번째 숫자를 만들어내고 그런 다음 인접한 두 수를 다시 합해 그 다음 수가 되는 식으로 반복하는 것인데 그러면 수열이 만들어진다. 가장 간단한 피보나치 수열은 다음과 같은 것이다.

$1 + 1 = 2$
$1 + 2 = 3$
$2 + 3 = 5$
$3 + 5 = 8$
$5 + 8 = 13$
$8 + 13 = 21$
$13 + 21 = 34$

이렇게 해서 1, 1, 2, 3, 5, 8, 13, 21, 34, 55, 89, 144······와 같은 수열이 만들어진다.

이제는 소년들에게 피보나치 수열에서 각 수를 하나씩 취해 바로 앞에 있는 수로 나누어보라고 한다. 우선 3부터 시작한다면 다음과 같은 답이 나올 것이다.

$3/2 = 1.5$

$5/3 = 1.666\cdots$

$8/5 = 1.6$

$13/8 = 1.625$

$21/13 = 1.61538\cdots$

$34/21 = 1.61905\cdots$

$55/34 = 1.61764\cdots$

$89/55 = 1.61818\cdots$

$144/89 = 1.617977\cdots$

$233/144 = 1.61805\cdots$

이제는 (아직 학생들이 눈치 채지 못했다면) 학생들에게 이 과정을 거쳐 나오는 숫자는 모두 Φ로 집중하는 것 같다는 사실을 지적한 뒤 그 이유를 질문한다. 그리고 남학생들이 답을 곰곰이 궁리하는 동안 삼각형이 내접하는 오각형 그림을 보여준다. 학생들이 삼각형을 자세히 들여다

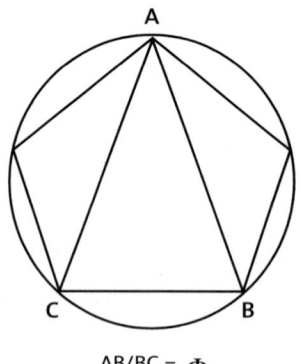

AB/BC = Φ

보면 삼각형의 한 변의 길이는 밑변의 길이에 Φ를 곱한 것과 같다는 점을 알려주라. 왜 그런가? 기대도 하지 않았는데 무엇 때문에 계속해서 Φ가 나타난단 말인가?

  남학생들이 이 질문에 대해 곰곰이 생각하는 동안 여학생들의 교실로 발걸음을 옮겨보자. 같은 나이의 여학생들에게 이런 '순수' 수학이나 기하학에 대한 흥미를 갖도록 만들려면 그 문제를 실생활과 연결시킬 필요가 있다. 여학생들의 경우 기하나 '순수' 수학은 언어나 고등 인지기능이 이루어지는 대뇌피질이 담당한다. 그러므로 여학생들에게 수학적 문제를 다루게 할 때는 다른 고등 인지기능들과 연계시킬 필요가 있다. 다음은 Φ와 피보나치 수열에 대한 내용을 여학생들에게 가르치는 방법의 한 예이다. 먼저 피보나치 수열이 형성되는 과정을 설명한다.

$$1 + 1 = 2$$
$$1 + 2 = 3$$
$$2 + 3 = 5$$
$$3 + 5 = 8$$
$$5 + 8 = 13$$
$$8 + 13 = 21$$
$$13 + 21 = 34$$

일련의 피보나치 수열에서 처음 12개의 숫자를 써보자.
1, 1, 2, 3, 5, 8, 13, 21, 34, 55, 89, 144······.

이 수업에 들어가기에 앞서 여학생들에게 국화과의 아티초크 꽃, 해바라기 꽃, 파인애플, 솔방울, 참제비고깔, 노랑데이지, 야생데이지, 아프리카데이지, 마이클마스데이지 등을 준비해오라고 지시한다.

우선 꽃부터 시작하자. 꽃부터 시작하는 이유는 꽃이 '여성적'이어서가 아니라 솔방울 포엽의 줄을 세는 것보다는 꽃잎의 수를 세는 것이 더 쉽기 때문이다. 꽃잎의 수를 세어보면 그 수가 거의 언제나 피보나치 수열의 숫자인 것을 발견할 것이다. 참제비고깔의 꽃잎은 8개, 겹참제비고깔은 13개, 노랑데이지는 21개, 야생데이지는 34개, 아프리카데이지와 마이클마스데이지는 꽃잎이 55개이다.

그 다음 아티초크, 해바라기, 파인애플, 솔방울로 옮겨간다. 이것들은 조금 더 복잡하다. 여기서는 꽃잎의 수보다 포엽이나 줄의 수를 살펴보아야 한다. 대각선으로 또는 비스듬히 가로지른 줄의 수를 세어보면 또다시 피보나치 수열의 숫자를 발견할 것이다. 트루디 햄멀 갈랜드의 『매혹적인 피보나치 *Fascinating Pibonaccis*』를 살펴보면 이런 예를 더 많이 찾을 수 있다.

나이가 좀 더 많은 여학생들이라면 마리오 리비오의 『황금비율: 화이 이야기, 세상에서 가장 매혹적인 수 *The Golden Ratio: The Story of PHI, the World's Most Astonishing Number*』를 재미있게 읽을 것이다. 아니면 댄 브라운의 공포 스릴러 『다빈치 코드』를 읽고서 그 책에 나오는 Φ나 피보나치 수열에 대한 주장들을 하나하나 검증해보든지 반박해보라고 도전하게 할 수도 있다. 여학생들에게는 죽어가는 잎사귀나 아니면 나선형의 성운과 같이 자연 현상에서 Φ의 증거를 찾게 하는 것이 좋을 것이다. 이 시점에서 $\Phi - 1 = 1/\Phi$ 의 방정식을 언급할 수도 있을 것이다.

그렇지만 여학생들이 그런 사실을 발견하고서 남학생들처럼 감탄사를 연발할 것이라고는 기대하지 마라. 12세 여학생들은 저 멀리 동떨어져 있는 추상적인 세계보다는 현실 세계에서 수 이론이 적용되는 것에 흥미를 느낄 가능성이 훨씬 더 높다. 또한 여학생들은 신비스러운 Φ의 속성에 대한 고대 피타고라스학파의 신념에 흥미를 느낄 가능성이 더 높다.

이제 여학생들이 질문을 던지기 시작할 것이다. 참제비고깔의 꽃잎이나 솔방울의 포엽을 세는데 왜 피보나치 수열의 숫자들이 계속 나타나는가? 왜 포인세티아 잎사귀와 나선형의 성운이 구조적으로 유사한 특징을 보이는가? 추상적인 수 이론이 어떻게 이 같은 유사성을 설명해줄 수 있는가? 이제 여러분은 우리가 프롤로그에서 논의한 것처럼 일부의 성별 전문가들이 해결불가능하다고 여기던 문제, 즉 12세 여학생들이 수 이론에 관심을 갖도록 만들기는 어렵다는 문제를 해결한 성취감을 맛보게 될 것이다.

이번 예는 내가 지적하고자 애쓰는 기본적인 요점을 보여주는 아주 흥미로운 예다. 남학생이나 여학생이나 배울 수 있는 학습 내용에는 전혀 차이가 없다. 하지만 그것들을 가르치는 가장 적절한 방법에는 큰 차이가 있다. 여러분은 남녀 학생 모두에게 피보나치 수열을 활용하여 Φ의 속성을 가르쳤을 것이다. 남학생이나 여학생이나 그런 내용을 학습할 능력은 똑같다.

그러나 만일 그 내용을 남학생들에게 가르쳤던 것과 똑같은 방식으로 여학생들을 가르친다면 많은 여학생들은 귀를 기울이지 않고 지루해할 것이다. 그와는 반대로 남학생들에게 솔방울을 가지고 들어가면 수많은 학생들이 킥킥대고 웃으면서 솔방울을 수류탄처럼 사방으로 마구 던져대기 시작할 것이다. "발사!"

우리 아들 왜 읽기를 싫어할까

우리는 앞서 2장에서 소년 소녀의 뇌에서 이루어지는 감정 처리 과정의 화상화에 대해 살펴보았다. 하버드대학교의 연구 결과에 따르면 부정적인 감정과 연관된 두뇌 활동은 십대 소녀들의 경우에는 대뇌피질에 국한되고, 십대 소년들은 계통발생적으로 미발달한 세포핵인 편도에 국한되었다.

두뇌 조직의 이러한 성별 차이는 분명 교육에도 영향을 미친다. 특히 대부분의 소년들은 "만일 ……라면 네 '기분'은 어떻겠니?" 같은 질문에 제대로 답하지 못한다. 그 질문에 답하려면 소년들은 반드시 편도에 있는 '정서적' 정보를 대뇌피질의 '언어' 정보와 연결시켜야 한다. 그것은 마치 시를 외우면서 동시에 볼링 핀들을 가지고 마술을 부리려고 애쓰는 것과 같다. 그 상황에서 소년들은 일반적으로는 함께 작용하지 않는 뇌의 두 부위를 연결시켜야 한다는 말이다. 대부분의 십대 소년들은 강렬한 느낌을 받을 때 말을 '더 적게' 한다는 점을 기억하자.

그렇다면 이런 차이는 학생들이 문학을 공부할 때 어떤 영향을 미칠까? 우선 남학생과 여학생은 읽고 싶어 하는 것부터가 다르다. 대부분의 여학생들은 단편소설이나 소설 같은 픽션을 선호하는 반면 남학생들은 전투나 모험 같은 실제 사건을 다룬 것이라든지 우주선, 핵폭탄, 화산처럼 사물이 작동하는 방식이나 현상을 사진과 함께 자세하게 설명해주는 논픽션을 좋아한다.

영어 교사인 빅토리아 에어하트의 말에 따르면 여학생들은 주인공의 동기나 행위를 분석한 책들을 선호하는 반면 남학생들은 액션을 선호한다. 남학생과 여학생은 관심 대상이 서로 다르다. 로욜라대학교 교육학과 교수인 주디 헤인 역시 그 말에 동의한다. 여학생들은 어느 여름날의 경험이라든지 어떤 인물이 겪는 감정적 고뇌에 대한 이야기들을 좋아한다. 남학생들은 흥미로운 남자 주인공들의 이야기를 원한다. 전쟁 이야기나 투쟁에 관한 책들은 정말로 남학생들의 마음에 공감을 불러일으킨다. 남학생들은 인생을 전투로 간주하며 전쟁 이야기는 남자들의 본성에 내재된 그런 측면에 호소한다.

훌륭한 교사들은 남녀 학생의 서로 다른 취향에 맞추기 위해 최선을 다한다. 그래서 『안녕하세요, 하느님? 저 마가렛이에요』(소녀용)와 『재키 로빈슨 이야기』(소년용)의 중간 정도 되는 책들을 찾는다. 남녀 학생 모두에게 똑같이 호소력을 발휘할 수 있는 책들을 찾으려고 노력하는 것이다. 그런데 문제는 초등학교 저학년용으로는 그런 책들이 아주 드물다는 점이다.

메릴랜드 주의 교과 과정 책임자인 윌리엄 맥도널드는 어린 아동을 대상으로 한 책들의 최소 80%는 '소녀용 픽션' 범주에 속한다고 말한다. 저학년 아동들의 읽기 과정에서 '소녀용 픽션'에 대한 선호도가 이처럼 높은 이유는 소녀용 픽션이 여교사들의 마음에 들기 때문이다. 미국의 경우 유치원생에서 초등학교 3학년까지의 아동들을 가르치는 교사는 95% 이상이 여성이다. 따라서 여교사의 독서 취향이 책 선택에 영향을 줄 가능성을 완전히 배제할 수 없다. 게다가 어린 아동 독자들, 특히 소년들을 대상으로 하는 논픽션은 '거의 구할 수가 없다.'

중요한 문제는 어떤 책을 가르칠 것인가에 국한된 것이 아니라 그 책들을 어떻게 가르치는가이다. 한 가지 예로 역할 놀이 훈련을 생각해보자. 이 훈련은 현재 미국의 중학교와 고등학교에서 인기가 있는데 특히 여학생들에게 효과가 크다.『안녕하세요, 하느님? 저 마가렛이에요』라는 책을 교재로 채택해 역할 놀이를 한다고 가정해보자.

교사는 여학생들에게 각각 마가렛과 마가렛의 엄마, 아버지, 할머니의 역할을 맡길 수 있다. 역할이 정해지면 학생들은 책의 내용에 대해 찬반토론을 벌이고, 서로의 입장을 이야기할 수도 있다. 그때 여학생들은 각각 자신이 맡은 인물의 입장에서 말을 한다. 11세 또는 12세 소녀들은 이 역할극을 상당히 진지하게 받아들일 것이고 실제로 책에 대한 이해뿐만 아니라 종교적 유산, 사이가 나쁘고 서로 잘 어울리지 못하는 친척들, 그리고 이와 비슷한 상황에 대한 자기들 나름의 느낌에 대해 깊게 이해하게 될 것이다.

"만일 여러분이 이 책의 주인공이라면 어떤 느낌을 갖게 될까요?"

이런 종류의 역할 훈련은 여학생들에게 큰 효과가 있다. 그렇지만 남학생들에게는 효과가 없다. 소년들은 이 같은 역할극을 바보짓이라고 말할 것이다.

"나는 할머니도 아니고 절대로 할머니가 될 수도 없으며, 억지로 할머니인 척하지도 않겠다."

그렇다면 소년들을 문학 작품에 몰입하게 만들려면 어떤 방법을 써야 할까?

3년 전 메릴랜드 주 베데스다에 있는 남자 학교인 조지타운 사립 고등학교에서 영어 수업을 참관할 기회가 있었다. 그 학교의 영어과 부장인 벤 윌리엄스 선생은 윌리엄 골딩의 소설 『파리대왕』으로 수업을 진행했다.

나도 30년 전 클리블랜드의 하이츠고등학교에서 영어 시간에 『파리대왕』을 읽었다. 당시에 받은 과제 중 하나는 "만일 네가 피기(열대 섬에 다른 소년들과 함께 난파된 왕따 소년)라면 어떤 느낌이 들겠는가?"라는 주제로 작문을 하는 것이었다. 나는 윌리엄스 선생도 학생들에게 비슷한 과제를 줄 것이라 생각했다. 이 책에 관한 수많은 수업 지침서들에 따르면 그것이 『파리대왕』을 가르치는 일반적인 방식이기 때문이다.

그런데 윌리엄스 선생은 그렇게 접근하지 않았다. 대신 "자, 여러분들이 만들어온 지도를 볼까?"라는 말로 수업을 시작했다. 윌리엄스 선생은 소년들에게 섬의 3차원 지도를 만들어오라는 아주 색다른 과제를 내주었던 것이다.

섬의 지도를 그리는 것은 쉬운 일이 아니다. 이 소설에는 지도가 하나도 없다. 섬을 묘사하는 독특한 특징이 많긴 하지만 그걸로 어떻게 지도를 만든단 말인가?

학생들이 정확한 지도를 만들기 위해서는 우선 책의 내용을 이해해야 한다. 그것도 책을 아주 꼼꼼하게 읽는 경우에만 가능하다. 예를 들어 마지막 장에 나오는 "햇빛은 거의 다 쓰러져가는 은신처 옆의 야자나무 사이로 기울고 있었다."라는 문장을 보자.

이 문장은 일차적으로 은신처가 해변에 세워져 있으며 때는 저녁 늦은 시간이라는 정보를 제공한다. 그러면 우리는 태양이 서쪽으로 기운다는 상식을 단서로 해변이 섬의 서쪽에 위치한다는 것을 유추해낼 수 있다. 해변이 섬의 동쪽에 있다면 저녁 늦은 시간에 햇빛이 야자나무로 기울 수는 없을 것이기 때문이다. 또한 해변은 섬의 남쪽이나 북쪽에 위치할 수도 없다. 남쪽에 있다면 산이 태양을 가릴 것이고, 북쪽에 있다면 숲이 햇빛을 가릴 것이기 때문이다.

일단 이런 점을 고려한 다음에는 산, 연못, 캐슬록 등의 위치를 결정하기 위해 책에 있는 다른 단서들을 찾아내야 한다. 학생들은 종이찰흙, 마분지, 물감을 사용해서 3차원 지도를 만들었다. 학생들의 지도는 대개 비슷했지만 몇 가지 차이가 있었다. 학생들은 책에서 다시 한 번 실마리를 찾아 그 차이점들을 해결해야 했다.

"23쪽에 랠프가 산을 올라갈 때 바위의 끄트머리를 따라갔다고 나와 있어. 그러니까 해변의 일부는 산 바로 옆에 있어야 해."

"맞아. 그렇지만 14쪽에서는 해변의 길이가 '몇 마일'이나 된다고 했잖아. 그러니까 사실 그 바위들이 정확하게 어디에 있는지는 알 수 없어."

이 시점에서 나는 수업에 끼어들어서 "『파리대왕』은 여행 안내서나 숨겨진 보물에 대한 단서가 아닙니다. 그 책은 영혼 깊숙이 숨어 있는 야만성을 그린 소설입니다! 기하라든지 지도 만들기 같은 것들이 도대체 그 책하고 무슨 연관성이 있다는 말입니까? 선생님은 그 책의 전체적인 요점을 이해하지 못하신 겁니다!"라고 말하고 싶었다.

그러나 학생들은 진정으로 과제에 몰입하고 있었다. 윌리엄스 선생은 "만일 ……라면 당신은 어떤 느낌이 들겠는가?"라는 질문 대신 텍

스트를 이용한 공간 관계, 지도 만들기를 통해 남학생들의 흥미와 의욕을 불러일으키고 있었다.

그리고 이 학생들이 습득하고 있는 기술은 유용한 것이다. 그들은 교재를 세심하게 해체 조합하고 수백 쪽에 흩어져 있는 실마리들을 찾아내서 일관성 있는 그림을 조합해내고 있었다. 어떤 텍스트를 분석적으로 해체 조합한다는 것은 적어도 어떤 상황에 대해 "당신은 어떤 느낌이 들겠는가?"라는 주제로 작문을 하는 것만큼이나 유용한 일이다.

게다가 학생들은 정말로 텍스트를 열심히 탐구하고 있었다. 주의를 기울여 자세하게 읽지 않으면 지도 만들기 숙제는 불가능하다. 나도 직접 지도를 만들어보려고 『파리대왕』을 다시 읽었다. 처음엔 재빨리 대충대충 읽어내려 가면서 실마리를 찾아내 지도를 그리려고 했다. 그러나 그렇게 할 수 없었다. 책에는 '동서남북'과 같은 단어는 한 번도 나오지 않았다. 지도를 그릴 수 있는 유일한 방법은 책을 꼼꼼하게 주의를 기울여 읽는 것이었다. 그래서 새벽 3시까지 한숨도 못 자고 『파리대왕』을 통독했다. 『파리대왕』은 예전에 읽었을 때보다 훨씬 감동적이었다. 아마도 당시에는 숙제에 대한 부담감 때문이거나 아니면 너무 어려서 제대로 이해하지 못했던 것 같다.

남학생들이 읽기에 흥미를 느끼도록 하는 다른 전략에는 어떤 것들이 있을까? 남학생들은 허구보다는 사실을 선호한다는 아주 오래된 견해를 상기해보라. 일부 교육자들은 일간지의 기사를 발췌해서 과제로 내주면 남학생들의 동기를 유발시킬 수 있다는 사실을 발견했다.

샌디에이고대학교의 품성교육을 위한 국제센터의 책임자 에드워드 드로쉬는 평균 이하의 독자들, 특히 남학생들의 동기를 유발하기 위한 신문의 유효성에 관한 논문을 수십 편 검토했다. 연구 결과에 따르면 신문을 활용한 학생들이 신문을 활용하지 않는 비교 집단의 학생들에 비해 철자, 어휘 발달, 독해력에서 상당히 높은 점수를 받았다. 드로쉬는 이를 "교사와 학생들은 함께 신문을 읽으면서 변화가 일어나는 것을 느꼈다. 교실의 네 벽이 현실 세계를 향해 열렸다. 교실에 생동감이 돌고, 관계가 변하고 대화가 풍성해졌다."고 시적으로 표현했다. 드로쉬는 또한 신문에 기초한 언어 기술 수업이 고등학교 수준에서만 효과가 있는 것이 아니라 초등학교 저학년에도 효과가 있다는 것을 알게 되었다.

그렇지만 '여학생들에게는 픽션, 남학생들에게는 논픽션'이라는 이분법을 적용하면 몇 가지 문제가 발생한다. 나는 중학교 읽기 시간에 여학생들에게는 존 스타인벡이나 스콧 피츠제럴드를 읽게 하는 반면에 남학생들에게는 《스포츠 종합》 같은 주간지를 읽게 한다는 이야기를 들었다. 아이들은 그처럼 눈에 띄는 차이를 놓치지 않는다. 그런 접근은 오히려 남학생들에게 위대한 문학 작품은 오로지 여학생들을 위한 것이라는 생각을 갖게 할 수도 있다.

사실 중학교나 고등학교에 다니는 남학생들의 마음에 와 닿는 위대한 문학 작품도 많다. 게다가 내용이 강인한 남자 주인공들이 예측할 수 없는 모험을 벌이는 픽션이라면 남학생들도 '사실상' 픽션을 좋아한다. 헤밍웨이, 도스토예프스키, 마크 트웨인이 그 예가 될 것이다.

지난여름 7학년 과정을 마친 대릴이라는 학생을 만났다. 대릴에게 올해 학교생활이 어땠느냐고 묻자 대릴은 아주 좋았으며 읽기를 제외하면 모두 다 A를 받았다고 했다.

"읽기에선 어째서 C를 받았지?"

"지루했어요."

"어떤 책들을 읽었는데?"

"글쎄요……."

대릴은 두 눈을 잔뜩 찌푸리며 말했다.

"존 스타인벡의 『생쥐와 인간』이란 소설이었는데, 팔푼이 같은 주인공이 슬픈 일들을 많이 겪다가 결국 죽는다는 그런 이야기였어요. 그 다음에는 『앨저넌에게 꽃을』이란 소설을 읽었는데 그 책도 저능아에 대한 이야기였어요. 주인공이 똑똑해졌다가 다시 바보가 되고 그런 다음 역시 죽는다는 이야기였거든요."

대릴이 언급한 책들은 두 권 다 나약하고 불구인 남자 주인공이 비참한 운명을 바꾸기에는 너무나 무기력한 사람으로 묘사되는 '칙칙하고 까다로운' 책들이다. 대부분의 남학생들은 그런 류의 이야기보다는 자신의 세계를 변화시킬 정도로 극적인 행동을 하는 강인한 남자 주인공에 대한 이야기를 선호한다. 그런 기대에 부응하는 훌륭한 작품으로는 마크 트웨인의 『허클베리 핀의 모험』이 좋은 출발점이 될 것이다. 『보물섬』이나 『로빈슨 크루소』는 어떤가? 남학생들을 위한 고전 문학은 '고전'으로 불릴 만한 합당한 이유가 있다.

비판자들은 이런 접근 방식이 성별 고정관념을 강화시킨다고 반대한다. 그들에게 한마디 한다면 남학생들에게 치명적인 성별 고정관념은 그들이 책 읽기를 싫어한다고 말하는 것이라는 사실이다. 무엇보다 시급한 일은 그런 고정관념을 깨고 모든 아이들이 학습에 흥미를 갖도록 만드는 일이다. 소년들이 독서가 재미있고 흥미진진하다는 사실을 발견하기만 하면 문학에 대한 취향을 넓히는 일은 그다지 어렵지 않을 것이다.

나는 지금까지 흥미진진한 책을 단 한 번도 읽어보지 못한 소년들을 많이 만났다. 그 아이들은 책을 읽으면서 눈물이 날 만큼 가슴을 울리는 책을 읽어보지 못했다. 그래서 책이 주는 감동이 무언지 알지 못한다.

학교의 첫 번째 목표는 교육이다. 사회공학은 두 번째이다.

소년은 자기를 과대평가하고, 소녀는 자기를 과소평가한다

고등학교에서 마지막 학기에 물리를 공부하고 싶어 했던 멜라니를 기억할 것이다. 멜라니가 나에게 좋은 인상으로 남아 있는 것은 언제나 뭔가 새로운 것을 시도해보려는 태도 때문이었다. 멜라니는 아주 자신감에 차 있었다. 그런 점에서 멜라니는 공교롭게도 전형적인 소녀 타입은 아니다.

내가 아는 또 다른 소녀, 베스는 모든 점에서 멜라니만큼 똑똑하다. 그렇지만 베스에게는 멜라니가 가진 자신감이 없다. 베스는 멜라니처럼 생물에서 'A'를 받았고 생물 교사 그리피스의 애제자였다. 그러나 그리피스가 물리 과목을 수강하라고 제안하자 베스는 주저했다.

"제 머리로 물리를 감당할 수 있을까요? 저는 그 정도로 똑똑하지 않아요. 전 그런 과목은 한 번도 들어본 적이 없거든요. 그리고 B나 그 이하의 성적이 나오면 어떻게 해요."

결국 베스는 고등학교 마지막 학년에 물리 대신 심리학을 수강했다.

평균적으로 여학생들은 모든 연령대에서 그리고 대부분의 과목에서 남학생들보다 (성적표에 기재된 점수를 볼 때) 우수한 능력을 발휘한다. 이처럼 여학생들의 학업 성적이 더 좋기 때문에 아마도 여학생들이 학업 능력 면에서 남학생들보다 자신감이 더 많고 그만큼 자부심도 더 높을 것이라고 생각할 것이다. 그러나 실제로는 그렇지 않다. 역설적이게도 여학생들은 자신들의 능력을 지나칠 정도로 낮게 평가한다. 그와는 반대로 남학생들은 비현실적으로 자신들의 학업 능력이나 결과에 대해 높게 평가한다.

다음의 예들은 교사들이 직면하는 몇 가지 역설적인 상황이다. 전 과목에서 A를 받으면서도 자신의 능력에 자신감이 없는 베스 같은 소녀와 늘 B와 C만 받는데도 자기가 아주 영특하다고 생각하는 소년이 있다. 이런 상황만 보아도 남학생과 여학생을 가르치는 방법이 근본적으로 달라야 한다는 것을 알 수 있을 것이다. 우선 여학생들은 자주 격려해주고 기분을 돋워주어야 한다. 반면에 남학생은 자주 객관적인 현실을 인식시켜줄 필요가 있다. 남학생들에게는 자신이 생각하는 만큼 그렇게 똑똑하지 않다는 점을 인식하게 해서 더 노력하도록 만들어야 한다.

교육의 사명은 모든 아이들이 자신의 잠재력을 충분히 발휘할 수 있게 해주고 아이들이 진정으로 좋아하는 지적 영역을 발견하도록 도와주는 것이다. 나는 거의 모든 아동에게 그들만의 독특한 재능이 있다고 생각한다. 문제는 아동의 재능이 무엇인지 발견하는 것이다.

하지만 현재의 교육 체계는 그 기능을 제대로 발휘하지 못하고 있다. 남학생과 여학생들은 그들의 개별적인 적성과 아무런 상관없이 강제로 푸른색 찬장이나 분홍색 찬장 속으로 들어가도록 재촉을 받는다. 그리고 현재 분홍색이니 푸른색이니 하는 이런 고정관념은 과거 20년 전보다 더 심각해졌다. 지난 20년에 걸쳐 이루어진 성별을 무시한 교육은 중요한 교육적 성과에서 성별 차이점들을 개선하기는커녕 오히려 악화시켰다. 현재는 남학생들이 고급 외국어, 미술, 음악 과목을 전공하는 비율이 이전에 비해 더 낮아졌고, 여학생들이 고급 수학, 컴퓨터 공학, 물리 과목을 전공하는 비율 역시 낮아졌다.

이 책의 마지막 장에서 성별 차이점을 '수용'함으로써 교육 분야에서의 성별 고정관념을 깨뜨릴 수 있는 전략들을 소개하겠다.

6장 성 문제

현대 사회는 아이들의 조숙한 성 활동을 부추긴다.
부모나 책임감 있는 성인들보다는 대중 문화나 또래 집단이
훨씬 강력하게 십대들의 삶의 리듬을 결정한다.

– 조안 제이콥스 브룸버그, 코넬대학교 교수

요즘 아이들의 성 문화

성 문제에서 소년 소녀들은 서로 다른 어려움에 맞닥뜨린다. 대부분의 여자들은 사랑하는 사람과 성관계를 가질 때에 신체적 접촉을 통한 친밀감을 즐긴다. 하지만 남자들이나 소년들의 섹스에 대한 생각은 여자들과 크게 다르다. 남자들은 정서적 친밀감보다는 육체관계 자체에 관심이 더 많다. 그리고 오늘날 미국의 십대들에게 가장 흔한 성관계인 '한탕하기'는 남자들의 섹슈얼리티를 만족시키는 최악의 형태이다. '한탕한다'라는 말은 남자와 여자 사이에 낭만적인 관계는 '완전히' 배제시키고 그에 대해 아무런 기대도 없다는 전제하에 육체관계를 맺는다는 뜻이다. 사랑도 없고 성가시게 관계를 맺는 '수고'도 할 필요 없이 육체적 접촉만을 즐기는 것이다.

뉴욕의 심리학자 마샤 레비-워렌에 따르면 너무 일찍 성관계를 맺었다는 사실을 힘들어하는 소녀들이 많이 찾아온다고 한다. 어떤 식이든 성적 접촉을 한 후에 정서적으로 혼란을 느끼는 십대 소녀들이나 그보다 더 어린 소녀들이 점점 더 많아지고 있다.

"한탕하기는 육체적인 만족만을 추구하는 섹스라고 할 수 있죠. 심지어 어떤 아이들은 상대방을 쳐다보지도 않아요. 그것은 그저 기계적이고 비인간적인 행위에 불과합니다. 그 결과 아이들이 어른이 되었을 때 관계 형성에 아주 애를 먹게 됩니다. 그 아이들은 보통 인생살이를 지겨워합니다."

레비-워렌 박사의 말이다.

교사들이나 카운슬러들 역시 '아무런 감정 개입 없이 이루어지는 그런' 성행위가 나이 어린 십대들 사이에서 점점 더 많아지고 있다고 입을 모은다.

"대개 파티에 갔다가 한탕을 하는데, 다른 아이들도 모두 그렇게 한다고 생각하기 때문에 하게 됩니다. 그런 다음 끔찍한 기분에 휩싸이지요."

노스캐롤라이나대학교의 피터 레온 교수에 따르면 요즈음은 오럴섹스가 십대들 사이의 전반적인 추세라고 한다.

"십대들은 그것을 그다지 대단한 일로 여기지도 않기 때문에 공공연하게 아무 데서나 합니다."

레온 교수의 증언이다.

내가 아는 한 16세 소녀는 이런 이야기를 했다.

"재커리라는 남자아이하고 한탕을 하게 되었어요. 내가 그 아이에게 키스하려고 했더니 못하게 막는 거예요. 기분이 상해서 왜 나하고 키스하기가 싫으냐고 물었죠. 그랬더니 그 아이는 '나는 여자아이들과 키스하지 않아. 특별한 관계도 아닌데 무엇 때문에 키스를 해야 하지?' 하고 대답하더군요."

몇 명의 남학생들에게 물어보았더니 그 아이들도 재커리처럼 한탕을 할 때 의도적으로 키스하는 것을 피한다고 말했다. 이 소년들은 자기들이 한탕을 하는 여자아이와 키스를 하지 '않기' 때문에 자신들은 순결하다고 굳게 믿고 있었다. 이 소년들은 여자의 입술에 키스를 하는 것은 "너와 낭만적인 관계를 맺고 싶다."는 메시지를 보내는 것이라고 믿는다. 그리고 소년들은 여자아이에게 그런 메시지를 보내고 싶어 하지 않는다. 이 소년들은 서로 얼굴을 맞대는 상호접촉 관계는 '배제'하고 구강성교나 성적 애무를 통한 육체관계만 하겠다는 자신들의 의도가 적어도 솔직한 것이라고 믿고 있다.

그러나 소녀들은 다르다. 나를 찾은 한 소녀는 이렇게 말했다.

"그저 가벼운 한탕이라는 것을 알아요. 그렇지만 얼마나 만족스런 기분이 들던지 분명 그 남자아이에게서 전화가 올 거라고 확신했어요. 그런데 그 아이는 끝내 전화하지 않았어요. 정말로 믿을 수가 없었죠. 그리고 나서 두 주쯤 지난 다음에 파티에서 그 아이를 만났는데 또다시 한탕을 하자는 거였어요. 정말 비참하고 기분이 나쁘더군요. 그러니까 그 아이는 순전히 나를, 내 몸을 '이용'하고 싶어 하는 거잖아요. 그 아이는 포르노 잡지 대신에 나를 이용해서 자위행위를 하는 것 같았어요."

관계 형성 능력을 망가뜨리는 성적 접촉

미국 국립질병관리센터Centers for Disease Control, CDC는 최근 고등학교 졸업반 학생들 중에서 성경험이 있는 학생들의 숫자가 1991년 54%에서 2001년 46%로 감소하였다는 보고서를 내놓았다. 그런 소식을 들으면 반가운 마음이 들 것이다. 비록 큰 변화는 아니라 할지라도 옳은 방향으로 변화되는 것 같다. 그렇지 않은가?

CDC의 보고서가 공개되고 얼마 후《뉴스위크》는 특집으로 '처녀성의 선택'이라는 제목의 커버스토리를 내놓았다.《뉴스위크》편집자들은 CDC의 보고서를 십대들이 전보다 성관계를 적게 갖는다는 뜻으로 해석했던 것이다. 그래서《뉴스위크》는 자신들의 해석에 딱 맞는 십대들, 즉 결혼 전까지 성관계를 하지 않기로 결심한 십대들을 인터뷰하기로 결정하고는 열심히 찾아 헤맨 끝에 마침내 콜로라도 주의 롱몬트라는 시골 마을에서 그런 십대 커플을 발견했다.

"처녀 한 명을 찾아내기 위해서 그 먼 길을 오셨군요."

한 떼의 기자들을 본 지역 주민의 말이었다.

사실상《뉴스위크》는 바보짓을 했다. 그들은 CDC의 보고서 내용을 오해했던 것이다. 실제로 성기 접촉으로 이루어지는 성행위(CDC가 기준으로 삼은 성행위)의 비율은 다소 감소했다. 그렇지만 그런 결과가 나온 것은 십대들이 성관계를 덜 하기 때문이 아니라 그 형태가 변했기 때문이다. 이제 미국 십대들의 지배적인 성관계 방식은 오럴 섹스이다.

보스턴 교외의 여러 고등학교에서 학생들과 인터뷰를 한 저널리스트 알렉산드라 홀은 이제 '오럴 섹스는 가벼운 키스 다음 단계'가 되었다고 말했다.

"고등학교의 상황이 과거와는 정말로 많이 달라졌어요. 불과 5년, 10년 전과 비교해도 엄청나게 다릅니다. 고등학생들의 데이트 문화나 성 문화가 엄청나게 변해서 이제는 데이트 대신 아무런 단서가 붙지 않는 '한탕하기'를 하고 있어요."

내과 의사이자 생명윤리학자인 레온 카스도 요즘 아이들에게는 데이트가 없다는 데 동의한다. 저널리스트이자 작가인 바버라 데포 화이트헤드는 이를 '전통적인 데이트는 사라지고 없다'고 표현했다.

"20년 전 십대들의 섹스는 그렇게 일반적이지도 않았을 뿐만 아니라 의미 또한 아주 달랐습니다. 섹스는 '데이트'의 연장이었어요."

저널리스트 홀은 십대들의 성 문화를 이렇게 표현했다.

"요즈음에는 뭔가 다른 것이 보편화되어 있습니다. 소년 소녀들이 집단으로 한 친구의 집에 몰려가서 술을 마시거나 마리화나를 피운 다음에 아무런 조건 없이 짝을 지어 '한탕들'을 하는 겁니다. 그리고 한 주가 지나면 또다시 다른 상대를 만나 한탕을 하는 식이죠."

매사추세츠대학교의 마이클 밀번 교수 역시 "소년이 데이트를 하려고 상대 소녀의 집 앞에서 소녀의 부모를 만나던 이야기는 먼 과거의 것이 되었다. 데이트는 이제 집에서 열리는 파티와 '한탕하기' 문화로 대체되었다."고 개탄했다.

'새로운 금욕 생활'이라는 말에 현혹되어서는 안 된다. 남자와 여자의 성행위가 성기 접촉에서 오럴 섹스로 바뀌었다는 것은 성관계가 인간적인 것에서 비인간적인 것으로 바뀌었다는 것을 의미한다.

미국의 경우 수많은 소년들 그리고 일부 성인 남자들에게 섹스는 이제 대상 그 자체가 되었다. 그러나 십대 소년들이 추구해야 할 섹스는 영혼과 정신적 갈망을 육체적 욕망과 통합시키고, 자신의 성적 충동을 우정과 동반자 의식에 대한 욕구와 결합시키는 것이어야 한다. 지금처럼 한탕하기를 즐기는 수많은 십대 소년들(그리고 일부 성인 남자들)의 경우 그런 성숙한 수준에 결코 이르지 못할 것이다. 그렇지만 아직도 부모들이 아이들을 도와줄 수 있는 방법은 '있다.' 그 방법을 살피기에 앞서 소년과 소녀의 기본적인 섹슈얼리티의 차이점에 대해 좀 더 살펴보도록 하자.

여자는 정서적 유대를 원하고, 남자는 신체적 접촉을 원한다

사랑과 성은 어떤 관계일까? 여자들의 경우 성과 사랑에 작용하는 신경 화학적 기초는 옥시토신이라는 호르몬과 관계가 있다. 옥시토신은 어머니가 아기에게 모유를 먹일 때 나오는 호르몬이다. 신경심리학자 리사 다이아몬드에 따르면 (낭만적인) 애착이나 성적 행동에 미치는 옥시토신의 영향은 여성호르몬인 에스트로겐과 관계가 있고 성별 제한적이며 남자보다 여자의 뇌에서 광범위하게 작용한다. 반면에 남자들의 성적 마력의 기저에 깔려 있는 호르몬은 공격적인 충동과 관계된 테스토스테론이다.

성적 자극이 일어날 때 남자와 여자의 뇌에서 활성화되는 부위를 비교한 연구(2002년)에 따르면 남자들은 뇌 아래쪽의 시상과 특히 해마에서 활발한 움직임이 일어나고, 여자들은 대뇌피질 전체에서 균형 있는 움직임이 발생한다.

2004년 에모리대학교의 연구원들이 보고한 결과도 성적으로 흥분한 남자들의 뇌는 여자들의 뇌에 비해 기저 부분에서 더 활발한 움직임을 나타낸다는 것이었다. 심지어 여자들이 성적으로 더 흥분한 상태에서도 같은 결과가 나타났다.

여자와 남자의 성적 욕구에서 나타나는 차이점에 대한 앤 페플로의 연구 결과는 이미 앞에서 언급한 바 있다. 페플로는 "여자들의 섹슈얼리티는 친밀한 관계 맺기와 밀접한 연관이 있으며 섹스의 중요한 목표는 친근감이다. 여자들이 즐거운 섹스를 할 수 있는 가장 좋은 토대는 서로 사랑을 맹세하고 헌신적인 관계를 맺는 것이다. 그러나 남자에게도 이런 규칙이 적용되는 것은 아니다."라는 결론을 내렸다.

일부 남자들과 많은 소년들의 경우 성적 충동은 공격성과 밀접하게 연관되어 있다. 남자들의 성적 충동이나 공격성이 모두 테스토스테론에 의해 중재된다는 사실을 고려한다면 그다지 놀라운 일은 아니다. 성적 욕구에 관한 한 연구에 따르면 35%의 '정상적인' 대학생들이 성폭행을 상상할 뿐만 아니라 붙잡힐 위험이 전혀 없다면 실제로 여자를 성폭행할 것이라고 말했다. 다른 연구에서도 '정상적인' 남자 대학생 중 절반 이상이 처벌을 받지 않는다면 여자를 성폭행할 것이라고 답변했다.

이 남자들은 동굴에서 살고 있는 네안데르탈인들이 아니다. 사실상 한 남자가 성역할에 대해 어느 정도로 진보적인 신념을 가지고 있는가와 성폭행을 성적으로 매력적인 행위로 생각할 가능성 사이의 연관성은 입증되지 않았다. 남녀 평등을 찬성하고 여자들이 지도자 역할을 하는 것에 호의적인 태도를 보이는 남자들 중에도 기회가 생기면 여자를 성폭행할 것이라고 말하는 사람들이 있다.

남자가 성폭행 장면을 묘사한 사진들을 보면서 성적 흥분을 느낄 가능성과 그 남자의 지능 사이에는 부정적이건 긍정적이건 연관성이 전혀 없다. 지능이 높은 남자나 평균 이하의 지능을 가진 남자나 여자를 성폭행하는 공상에 빠질 가능성에서는 차이가 없다는 것이다. 성 관련 잡지에서 볼 수 있는 가장 흔한 형태의 성적 환타지는 젊은 여자의 강간 그리고/또는 속박이다.

파트너에게 몹시 화가 난 경우 아직 화가 풀리지 않은 '상황'에서 성관계를 맺을 가능성은 어느 정도일까? 여자들의 경우 화가 났다는 것은 성관계를 맺을 마음이 사라졌다는 뜻이다. 대부분의 여자들은 남자 친구나 남편에게 화가 나 있다면 적어도 문제가 해결될 때까지는 그 사람과 섹스를 할 마음이 없다. 여자들은 우선 화해부터 해야 하고 키스도 해야 한다. 그러나 남자들은 그렇지 않다. 많은 남자들은 여자 친구나 아내에게 화가 나 있는 경우라 할지라도 그 여자와 성관계를 맺을 것이다.

한층 더 골치 아픈 문제는 수많은 십대 소년들이 여자에게 고통을 가한다는 생각만으로도 성적 흥분을 느낀다는 점이다. 심리학자 닐 맬러무스는 강간 환타지에 대한 '정상적인' 남자 대학생들의 반응을 연구했다. 맬러무스에 따르면 대부분의 젊은 남자들은 자신이 성폭행하고 있는 여자를 고의로 아프게 할 때 격렬한 성적 흥분을 경험한다. 피해자의 고통이 크면 클수록 젊은 남자들이 느끼는 성적 흥분도 더 커진다. 이 연구에 따르면 대부분의 젊은 남자들이 성적으로 가장 큰 자극을 받는 환타지는 성폭행을 당하는 여자가 고통과 동시에 오르가즘을 경험하는 장면이다.

물론 현실에서는 결코 그런 일이 일어나지 않는다. 성폭행당하는 것을 즐길 여자는 결코 없다. 그런데 이상한 일이기는 하지만 상당수의 여자들도 성폭행을 당하는 여자가 즐거움을 느낄까? 라는 질문에 대하여 '그렇다'고 답변한다.

맬러무스는 여자들이 녹음된 강간 환타지를 듣다가, 혹시라도 성폭행범이 여자 피해자를 괴롭히기라도 하면 그동안 일어났던 성적 흥분은 즉시 사라진다는 것을 발견하였다. 그럼에도 불구하고 일부 여자들이 성폭행당하기를 원한다는 거짓 신화가 얼마나 광범위하게 퍼져 있는지 '다른' 여자들이 성폭행당할 때 보이게 될 반응에 대한 여자들의 견해에 영향을 줄 정도가 되었다.

젊은 남자들의 경우 섹스와 폭력은 밀접하게 연관되어 있다. 정신과 의사 로버트 스톨러에 따르면 "공개적이건 숨겨진 것이건 적개심은 성적 흥분을 일으키고 고양시키는 요소이다. 그런 적개심이 없을 경우에는 성적 무관심이나 권태로 이어진다."

나는 개인적으로 스톨러 박사의 발언이 지나치게 극단적이라고 생각한다. 십대 소년들 중 10%는 공격성과 성적 흥분의 연관성이 거의 없다.

한 가지 분명한 사실은 대부분의 십대 소년들과 십대 소녀들은 섹스를 하는 동기가 근본적으로 다르다는 것이다. 십대 소년들은 성적 욕구를 만족시키기 위해 성관계를 맺고 싶어 한다. 그런 충동은 밥을 먹는 것과 크게 다르지 않은 본능적인 수준의 충동이다. 대부분의 소년들이 그런 욕구가 일어날 때에 도저히 저항할 수 없는 느낌이 든다고 말할 것이다.

그렇지만 소녀들은 그렇지 않다. 심리학자 로이 바우마이스터는 최근 남자들의 욕망은 성행위 자체를 목표로 하지만 여자들의 욕망은 성행위 자체보다는 다른 결과나 성과를 지향한다고 지적했다. 십대 소녀들의 성심리 발달을 연구하는 조안 제이콥스 브룸버그 교수 역시 십대 소녀들의 경우 일반적으로 성적 즐거움이 성관계의 동기가 되지는 않는다고 밝혔다.

특히 오럴 섹스의 경우는 그 말이 전적으로 사실이다. 오늘날의 소녀들은 이전 세대보다 남자 친구에게 오럴 섹스를 훨씬 많이 해준다. 그렇지만 소녀들은 그 과정에서 전혀 즐거움을 얻지 못한다. 소녀들이 오럴 섹스를 하는 이유는 대체로 남자 친구를 즐겁게 해주기 위해서이거나 임신을 피하기 위한 방편이다.

웰즐리대학교의 여성연구센터 소장인 데보라 톨먼은 21세기의 섹스가 소년들의 욕망이나 필요에 유리하도록 왜곡되어 있다는 점에 동의한다. 톨먼은 오럴 섹스와 관련해 소년들은 그것을 좋아하지만 소녀들은 그렇지 않다고 한다. 그것은 소년들에게 힘을 부여하고 소녀들은 무력화시키는 이성애의 각본일 뿐이라는 것이다.

십대 소년 소녀들에게 왜 성관계를 하느냐고 물어보면 대체로 소년들은 코웃음을 치면서 대답할 것이다.

"섹스를 안 할 이유가 전혀 없는걸요? 여자아이도 원하는데 말이죠. 왜 섹스를 하면 안 되나요?"

소년들은 성적으로 흥분하기 때문에 섹스를 하고 싶어 한다. 간단히 말해서 동기 부여가 두뇌 기저에서 이루어지는 것이다.

그러나 소녀들의 경우는 아주 다르다. 한 연구에 의하면 소녀들은 심지어 성적 흥분과 상관없이 성관계를 맺는다. 십대 소녀들이 섹스를 하는 이유는 친구들 사이에서 인기를 얻을 수 있기 때문이거나 단지 우연히 한탕을 하게 된 소년을 즐겁게 해주고 싶기 때문일 것이다. 그것도 아니면 현재 성관계를 '맺고 있는' 다른 소녀들이나 소년들로부터 압박을 느끼기 때문일 수도 있다.

인기 토크쇼 진행자 오프라 윈프리는 최근 자신의 토크쇼에 십대 소녀들을 몇 명 초대해 무엇 때문에 그토록 어린 나이에 섹스를 시작하게 되었는지 물었다. 샤나라는 16세 소녀는 13세에 처음으로 섹스를 시작했고 오프라 윈프리 쇼에 나왔을 때는 이미 7명의 남자아이들과 성관계를 맺은 경험이 있었다.

오프라: 샤나, 너는 열세 살에 섹스를 했는데 친구들과 어울리기 위해서였니 아니면 단지 섹스가 하고 싶어서였니?

샤　나: 물론 친구들과 어울리기 위해서였죠. 왜냐하면 다른 아이들도 모두 다 섹스를 하더라고요. 그래서 그걸 하면 나도 인기가 좋아지겠구나 생각했죠.

오프라: 그래서 인기가 올라갔니?

샤　나: 아니요. 오히려 대가를 톡톡히 치렀죠. 엄청난 대가였어요.

오프라: 어떤 대가였는데?

샤　나: 사회적으로 그랬어요. 나는 운이 좋아서 임신은 하지 않았어요.

그렇지만 감정적으로 이루 말할 수 없는 상처를 받았어요. 나와 섹스를 한 남자아이들이 떠나갔거든요. 나는 그 아이들이 원하는 것을 다 주었는데 말이죠. 그때 기분은 정말 말로 할 수 없을 만큼 끔찍했어요.

오프라: 두세 번 정도 그런 일을 당한 다음에는 무슨 일이 생길 것이고 네 기분이 어떨 거라는 걸 알게 되었을 텐데 왜 계속해서 그런 행동을 한 거지?

샤 나: 그 질문에는 대답하기가 어렵네요. 나중에 답을 찾게 되면 말해드릴게요.

윈프리 쇼에 함께 출연한 저널리스트 미셸 뷰포드가 어린 십대 소녀들을 인터뷰했을 때 뷰포드 자신도 30세에 불과했다. 하지만 뷰포드는 요즘 십대들의 모습이 자신의 학창 시절과는 너무나 다르다는 데 놀라움을 금치 못하며 다음과 같이 말했다.

그 아이들이 나에게 해준 이야기는 완전히 기사감이었다. 그들에게선 수치심이라고는 전혀 찾아볼 수가 없었다. 친밀한 관계를 맺을 필요 같은 것은 처음부터 아예 없었다. 남자 친구와 여자 친구의 관계 그런 것이 아니었다. 요즘 아이들은 내일 같은 건 생각지도 않는다. 온통 오늘이 전부다. 자습 시간 후 4시에 만나서 함께 잔다. 그 다음 날은 다른 파트너와 만난다. 순식간에 모든 것이 끝난다. 정말로 충격적이었다.

사회의 성별 역할도 역시 소녀들에게 불리하도록 왜곡되어 있다.

2003년 출간된 표본조사에 의하면 89%의 십대 소녀들이 남자아이들한테서 성관계를 맺자는 압박을 받는다고 응답했다. 그런데 조사에 응한 그 십대들(소년들과 소녀들) 중 90% 이상이 소녀의 경우 남자아이와 섹스를 하면 평판이 나빠질 수 있다고 말했다. 만일 여자아이가 섹스를 하자는 말을 거부를 하면 그 아이는 얌전 빼는 아이가 된다. 그렇지만 기꺼이 성관계를 맺게 되면 헤픈 '매춘부'로 낙인찍힌다.

남자 패러다임

수많은 십대 소년들에게 섹스는 다른 사람과 관계를 맺는 것과는 상관없이 나름대로의 행동 강령에 따라 움직이는 비인간적인 충동에 불과하다. 이것은 새로운 이야기가 아니다. 십대 소년들은 항상 그런 식이었다. 그러나 대부분의 십대 소녀들에게 충족감과 만족감을 주는 성적 경험은 서로 사랑하고 보살피는 관계 속에서 일어날 가능성이 크다. 이것 역시 새로운 내용이 아니다. 그렇다면 무엇이 변한 것일까?

지난 30년 동안 일어난 근본적인 변화는 성 문화가 여자의 패러다임에서 남자의 패러다임으로 바뀌었다는 것이다. 30년 전에는 일반적으로 남자아이가 여자아이와 성적으로 친밀한 관계를 맺고 싶다면 적어도 입에 발린 말이라도 '사랑한다'고 말해야만 했다. 이제 더 이상 그런 말은 필요 없다. 요즘 미국의 십대 문화에서는 남녀의 한탕하기가 예전의 낭만적인 관계를 대치하게 되었으며 바로 그런 점에 문제의 심각성이 있다.

바버라 데포 화이트헤드는 오늘날 섹스에 흠뻑 젖어 있는 십대 문화가 끼친 영향 때문에 젊은이들이 미래의 인생 파트너를 선택하는 방법을 학습하는 데 도움을 받지 못하고 있다는 결론을 내렸다. 기껏해야 '성생활을 영위하는' 방법을 배울 정도라는 것이다. 그러나 남녀 간에 정서적인 연대감을 전혀 느끼지 못하는 성생활이 무슨 소용이란 말인가?

드루 핀스키 박사는 요즘 십대들의 한탕하기에서 나타나는 성별 차이에 대해 중요한 사실을 발표했다. 핀스키 박사의 보고에 따르면 대개의 소년 소녀 모두가 술을 조금 마셨거나 또는 완전히 술에 취한 상태에서 한탕하기를 한다는 것이다.

그런데 한탕하기 전에 술에 취하는 이유는 소년과 소녀가 완전히 다르다. 소년은 술을 마시면 마음이 느긋해져서 성적 반응 속도가 느려지고 조루의 가능성도 감소하기 때문에 술을 마시고, 소녀들은 의식이 무감각해져서 정서적인 당혹감이나 고통을 덜 느끼기 때문에 술을 마신다.

또 한 가지 주목할 것은 요즘 아이들이 이전보다 섹스를 더 일찍 시작한다는 점이다. 미국에서는 각 도시, 교외, 시골, 빈곤층, 부유층, 아시아인, 백인, 흑인, 멕시코계 학생들을 대표하는 1만 명 이상의 십대들을 대상으로 흡연, 섹스, 자살 등 청소년기의 모든 문제를 정기적으로 조사하는데 2002년 연구에서는 '놀라울 정도로 섹스를 일찍 시작하는 경향'이 나타났다고 보고했다.

이 연구 조사는 또 대부분의 부모들이 자기 딸들이 섹스를 한다는 사실을 감지하지 '못하고 있다'는 점도 지적했다. 저널리스트 홀도 부모들이 자기 자녀들의 성경험이나 성지식에 대해 놀라울 정도로 아는 것이 없다는 점에 동의한다. 홀이 인터뷰한 대부분의 십대들은 부모들이 자신들의 실제 성생활에 대해서 전혀 모르고 있다고 말했다.

아이들의 현실에 무지한 부모들

소아과 의사인 토머스 영과 심리학자 릭 짐머만은 부모들이 자기 자녀들에 대해 어느 정도나 알고 있는지 알아보기 위해 140명의 중학생들과 그 부모들에게 흡연, 마약, 알코올, 성경험에 관련된 질문을 했다.

    부모에게: 당신의 자녀는 담배를 피웁니까?
              12%의 부모가 그렇다고 응답.
    자녀에게: 당신은 담배를 피웁니까?
              43%가 그렇다고 응답.

    부모에게: 당신의 자녀는 마리화나를 피웁니까?
              3%의 부모가 그렇다고 응답.
    자녀에게: 당신은 마리화나를 피웁니까?
              34%가 그렇다고 응답.

    부모에게: 당신의 자녀는 알코올 음료를 마십니까?
              5%의 부모가 그렇다고 응답.

자녀에게: 당신은 알코올 음료를 마십니까?

　　　　　49%가 그렇다고 응답.

부모에게: 당신의 자녀는 성관계를 경험한 적이 있습니까?

　　　　　2%의 부모가 그렇다고 응답.

자녀에게: 당신은 성관계를 맺은 적이 있습니까?

　　　　　52%가 그렇다고 응답.

　이들이 발표한 보고서의 제목은 「오리무중: 중학생 자녀들의 위험한 처신에 대한 부모들의 무지」였다. 부모들이 왜 그토록 아이들의 행동에 무지한지 그 이유를 알아내기란 그다지 어렵지 않다.

소년들은 인간인가

독자 여러분들이나 내가 중·고등학교를 다녔던 이후로 지금까지 크게 세 가지 변화가 일어났다.

- 요즈음 소년 소녀들은 과거보다 더 어린 나이에 성관계를 시작한다.
- 오늘날 특정한 이성과 지속적으로 교제하는 소년 소녀들이 성관계를 맺을 가능성은 단순히 일시적으로 한탕하면서 성관계를 맺는 소년 소녀들과 비교할 때 더 높지도 않고 더 낮지도 않다.
- 오럴 섹스가 가장 흔한 성관계의 양식이다.

십대들의 성 행태를 연구한 논문이나 책들은 주로 십대 소녀가 받는 상처에 초점을 맞추고 있다. 십대 소녀들이 가장 큰 피해자라는 점에는 이론의 여지가 없다. 21세기의 전형적인 육체관계를 경험한 소녀들은 성적으로 이용당하고 혹사당했다고 느낄 가능성이 크다. 일시적 만남에서 가장 흔한 성행위 방식인 오럴 섹스는 여자가 남자에게 일방적으로 서비스를 해줄 가능성이 높기 때문이다. 그리고 만일 일시적 관계가 오럴 섹스에서 성기 접촉으로 진행되는 경우 소녀들은 원하지 않는 임신을 할 위험에 처하게 된다.

이처럼 비인간적인 청소년들의 성은 소녀들을 희생시킨다. 그렇지만 그렇게만 받아들인다면 소년들이 입는 심각한 피해를 이해하지 못하는 것이다.

나는 소년들도 많은 해를 입는다고 생각한다. 젊은 이성애 남자의 경우 20대 초반에 정서적으로 의지할 수 있는 주된 상대자는 여자 친구이거나 아내가 될 것이다. 그리고 그가 성인이 되고 나이가 들어갈수록 그런 의존은 점점 더 커지게 될 것이다. 대다수의 이성애 성인 남자들은 아내나 여자 친구로부터 중요한 정서적 지지를 얻는다. 아내나 여자 친구가 없는 이성애 남자들은 심각한 우울증에 걸리거나 자살을 하거나 질병으로 죽게 될 가능성이 상당히 높다. 그러므로 이성애 남자의 행복 그리고 어쩌면 그의 예상 수명까지도 그가 사랑하고 또 그를 사랑하는 여자와 건전한 관계를 맺는 능력에 달려 있다고 결론을 내려도 그다지 터무니없는 말은 아니다.

그러나 여자들은 다르다. 일반적으로 여자들은 남자들보다 좀 더 다양한 지원 체계를 가지고 있다. 물론 남편이나 남자 친구도 중요하지만 여자들의 경우 여자 친구, 직장 동료, 그리고 (종종) 가족들 특히 여자 형제나 엄마가 중요한 역할을 담당한다. 그 한 가지 이유는 여자 대 여자의 우정과 남자 대 남자의 동료 의식 사이에 차이가 있다는 점과 연관이 있다. 소녀들의 밀접한 우정은 일반적으로 친밀하고 개인적이다. 그러나 소년들의 우정은 대체로 활동을 공유하면서 구축된다. 데이빗과 완은 비디오 게임을 하면서 아주 재미있게 시간을 보낼 수 있지만 그렇다고 해서 데이빗이 완에게 자기 부모가 이혼했을 때 느낀 감정을 털어놓는다는 뜻은 아니다.

비록 많은 사람들이 십대들의 로맨스가 소년들보다는 소녀들에게 더 커다란 관심거리라고 생각할지 모르지만 궁극적으로 말한다면 인생을 살아가면서 친밀하고 지속적이며 낭만적인 관계가 더 중요하고 필요한 쪽은 오히려 소년들이다.

다음은 미국 십대들의 성 문화에 대해 우리가 확실히 알고 있는 사실이다.

- 대부분의 아이들은 더 이상 데이트를 하지 않는다. 그 대신 한탕을 즐긴다.
- 현재 지속적인 애정 관계를 맺고 있는 아이들이나 그저 한탕을 즐기는 아이들이나 섹스를 할 가능성은 비슷하다.

그 결과 이제는 더 이상 십대들의 이성 관계를 성적으로나 정서적으로 밀접한 관계로 정의내릴 수 없다. 오늘날의 관계는 그룹에 대한 소속으로 규정된다. 이 말은 무슨 뜻인가?

십대들의 데이트를 연구하는 심리학자들의 표현을 빌린다면 십대들 사이에서 남녀 짝은 종종 개인적인 특성보다는 각자의 지위에 따라 맺어진다. 14세 소년 소녀들의 낭만적인 관계는 주로 자기가 속한 그룹 안에서 누리는 인기에 의해 결정된다. 다시 말해 그룹 내에서 인기가 가장 높은 남자아이는 가장 인기 있는 소녀와 '데이트'를 하게 되고 두 번째로 인기 많은 남자아이는 두 번째로 인기 높은 여자아이와 데이트를 하며 가장 인기가 없는 소년은 인기가 가장 낮은 소녀와 짝을 짓게 된다.

여기서 말하는 '데이트'는 실제로 함께 어디를 간다는 뜻이 아니다. 단지 그룹 내의 집합적인 의식 속에 저 소녀는 저 소년과 연관되어 있다는 것을 의미할 뿐이다. 이 나이대의 그룹에서는 이성 관계라는 것이 개인적으로 친밀한 육체적 접촉을 한다는 것이 아니라 대체로 역할 연기의 훈련이라고 말할 수 있다.

저널리스트 린다 펄스타인은 다이언 포시가 고릴라들과 함께 생활하며 그들의 삶을 총체적으로 관찰한 것처럼 일 년 동안 중학생들과 함께 지내며 그들의 삶을 관찰했다. 펄스타인의 설명에 따르면 소녀들이 '데이트'할 소년을 고르는 가장 중요한 기준은 그 남자아이가 친구들의 승인을 받을 만한 아이인가 하는 점이다.

그러므로 소녀들은 대체로 소년들의 피상적인 부분을 보게 된다. 생김새는 괜찮은지 옷은 제대로 입는지……. 데이트를 신청하거나 차버리는 일은 흔히 중개자를 통해 이루어진다. 재키와 앤톤은 데이트를 즐기지만 함께 어디를 가지는 않는다. 두 사람은 전화로든 학교에서든 이야기도 많이 나누지 않는다. 그들이 맺은 관계라는 것은 주로 재키가 운동장에 나가 앤톤의 주위를 맴도는 것이다.

펄스타인은 이 나이대의 그룹에서는 '함께 데이트를 한다'는 말이 그다지 심각한 의미가 있는 것이 아니며 일반적으로 소년 소녀들은 단지 자신들이 해야 하는 역할을 깨닫고 그렇게 하는 것처럼 흉내 낼 뿐이라고 했다.

고등학교 시절에 낭만적인 관계를 지속하는 기간은 대략 11주 정도이다. 중학교에서는 그보다도 짧다. 전형적인 고등학생의 이성 관계는 2주간의 열중, 4주간의 상대적인 행복감, 5주간의 점진적인 관계 붕괴로 이어진다. 이런 관계 방식은 평생 동안 서로에게 충실하기로 약속하는 지속적이고 충성스러운 관계를 위한 준비 훈련으로는 최악의 것일 수도 있다.

부모들은 자녀들이 자라서 사랑하는 사람과 '지속적'인 관계 속에서 행복하게 살아가기를 원한다. 그리고 청소년기의 낭만적인 관계가 자녀들이 성인이 되었을 때 진지한 관계를 맺는 좋은 '훈련'이 되기를 기대한다.

그러나 청소년기의 낭만적인 관계를 연구한 심리학자들은 부모들의 생각과는 다른 결론에 도달했다. 심리학자 윈델 퍼먼과 엘리자베스 웨너는 여러 해 동안 청소년들의 낭만적 관계를 연구한 뒤 다음과 같이 보고했다.

청소년들은 애정의 성취라든지 보호 욕구 같은 것에는 별로 관심이 없다.

그 대신 자신들의 정체성, 자신들의 매력 정도…… 그리고 '또래 집단 내에서 친구들이 자신에게 내릴 평가'에 모든 초점이 맞추어져 있다.

남자아이들은 여자 친구를 단지 성적 만족의 대상으로 간주하며, 여자아이들은 남자 친구를 그저 '트로피나 귀중품 같은 하나의 자랑거리'로 간주하는 습관에 빠져든다. 그리고 소년이든 소녀든 더 잘생기고 더 인기 많은 상대자가 나타나면 지금 사귀는 파트너를 차버린다.

퍼먼과 웨너는 청소년기에 이성 관계를 이런 식으로 맺는 아이들은 시간이 흐름에 따라 자기들 방식대로, 자신들이 기대하는 관계를 발전시키는 일에만 점점 더 능숙해질 것이라 지적했다. 이런 아이들은 자라서 평생을 지속할 결혼생활을 이룰 시기에 이르면 반드시 방해가 될 온갖 좋지 못한 습관들을 축적하게 될 것이다. 차라리 십대에 그런 관계를 맺은 경험이 없었더라면 어른이 되었을 때 한결 나은 생활을 영위할지도 모른다.

현재 나타나는 소년 소녀의 관계 방식이 회의적이고 걱정스런 이유는 또 있다. 2003년에 출간된 조사에 의하면 15세 이전에 성관계를 맺기 시작한 아이들은 그렇지 않은 아이들에 비해 상습적인 흡연자가 될 가능성이 3배, 마리화나를 시작할 가능성은 4배, 한 주에 한 번 이상 술을 마실 가능성은 6배 이상 높다고 한다.

어쩌면 성관계도 알코올 음료처럼 성인들만 즐길 수 있는 성인 전용 오락으로 분류해야 하는 것이 아닐까. 알코올 음료처럼 낭만적인 관계 역시 책임감 있는 성인들이 함께 할 때 멋진 일이 될 것이다. 그렇지만 아직 준비가 되지 않은 십대들이 그런 관계를 맺게 되면 서로에게 매우 치명적인 결과를 초래할 수 있다.

술을 마시고 운전하면 사람을 죽인다. AIDS도 마찬가지이다. 그리고 여자 친구의 정서적인 욕구는 완전히 무시한 채 성적으로 악용하는 습관을 갖게 된 소년은 평생 동안 좌절감, 고독감, 실패감에 빠져 살게 될 것이다.

그렇다면 부모가 할 수 있는 일은?

지금까지의 설명을 통해 십대들이 일찍부터 성관계를 맺는 것은 이로움보다는 해가 더 많다는 사실을 기억하기 바란다. 그럼 부모들은 어떻게 해야 할까? 자녀들은 여전히 토요일 밤에 벌어지는 파티에서 한탕하는 것에 대해 부모의 허락을 구하려고 들지 않을 것이다.

십대 자녀들은 대부분 부모를 무시하고 부모의 견해는 고리타분하다고 말하지만 그들은 여전히 부모를 자신의 인생에서 가장 중요하고 영향력이 큰 사람으로 간주한다는 사실이 밝혀졌다. 그렇지만 부모들이 십대 자녀에게 한탕하기가 좋지 않다고 말한다고 해서 자녀들의 행동이 바뀔 거라고 기대하지는 말라. 그보다는 부모들이 자식들에게 영향력을 발휘할 방법을 찾는 것이 급선무이다.

십대 자녀가 '언제' 그리고 '어떻게' 성적인 활동을 하게 될지 곰곰이 생각해보라. 학자들은 연구를 통해 십대들은 자기들에게 편한 환경에서 성관계를 맺게 된다는 것을 알아냈다. 십대들이 흔히 성관계를 맺는 장소는 수업이 끝난 직후 부모들이 집에 돌아오기 전, 자기 집이나 파트너의 집이다. 따라서 아이들을 지키려면 부모들은 다음 사항을 실천해야 한다.

규칙 1: 십대 자녀가 지금 '어디에' 있는지 항상 확인하라.

방과 후에는 습관적으로 자녀에게 전화를 해야 한다. 시간은 정하지 말고 수시로 전화하라. 만일 십대 자녀가 방과후활동을 한다면 아이가 정말로 참석했는지 확인하라.

규칙 2: 자녀가 '누구'와 함께 있는지 확인하라.

자녀가 집에 있는 경우라도 누구와 함께 있는지 알아야 한다. 자녀에게 물어라. 집에 누구와 함께 있니? 오늘 집에 누구를 데려올 거니? '왜' 그 아이들이 집에 올 거지?

규칙 3: 부모는 자녀가 참석하는 파티에 대해 알아야 한다.

아이가 파티에 간다고 하면 어디서 열릴 예정이며, 누구와 함께 파티에 참석할 것인지를 물어라. 그리고 누구의 집에서 파티가 열리는지 확인해서 미리 전화를 걸어 그 부모와 이야기를 해보라. 문을 꼭 닫고 위층에서 벌이는 파티인지 부모들이 감독하는 파티인지 확인해야 한다. 또 부모가 파티 장소에 잠시 들를 수도 있다는 사실을 미리 말해두어야 한다. 부모가 실제로 나타나면 십대 자녀는 창피해하겠지만 부모가 나타날 '수도 있다'는 가능성만으로도 어느 정도 예방이 된다. 그리고 부모들은 십대들의 파티 순례를 잊지 말아야 한다. 십대 아이들은 종종 저녁 늦게 다른 장소로 이동한다. 십대 자녀가 또 다른 파티 장소로 이동하기 전에 '반드시' 부모에게 알려야 한다는 규칙을 세워라. 만일 자녀가 딸인 경우에는 규칙 4를 적용한다.

규칙 4: 딸아이가 속한 그룹에서 가장 나이 많은 남자아이와 딸의 나이 차이가 '3년 이상' 되어서는 안 된다.

자기보다 나이가 많은 남자와 데이트를 하는 소녀들은 성관계를 강요당할 가능성이 훨씬 더 높고 원하지 않는 임신을 할 가능성도 높아진다.

소녀들에게 이른 성관계나 임신의 위험을 감소시킬 수 있는 또 다른 방법이 있다. 그것은 소녀들만의 활동을 장려하는 것이다. 구성원 대다수가 여자인 활동, 즉 여자들만으로 구성된 축구팀, 발레, 승마 같은 활동에 참여하는 소녀들은 성관계를 맺을 가능성과 원하지 않는 임신을 할 가능성이 훨씬 낮다. 경쟁적인 스포츠는 소녀들의 관심을 짝 맞추기 게임이 아닌 다른 것에 집중하게 만드는 데 효과가 있는 것으로 나타났다. 여자아이들이 경쟁적인 스포츠를 많이 하면 할수록 성관계나 임신 가능성이 훨씬 줄어들었다.

그러나 소년들에게는 그런 방법이 통하지 않는다. 경쟁적인 스포츠를 하는 소년들은 운동을 전혀 하지 않는 소년들보다 실제로 성적으로 왕성할 가능성이 '더' 높다. 어째서 그럴까? 왜 스포츠가 성과 관련해서는 소년과 소녀에게 정반대의 결과를 가져오는가?

그것은 자존감과 관련이 있다. 운동선수들은 여자건 남자건 운동을 하지 않는 아이들보다 자부심이 더 강하다. 자부심이 강한 소년은 성관계를 가질 가능성이 높은 반면에 소녀의 경우에는 성관계의 가능성을 감소시킨다. 왜 이런 차이가 나타날까? 운동을 하는 소년들은 대체로 운동을 하지 않는 소년들보다 소녀들에게 인기가 높아서 성관계를 맺을 기회가 더 많기 때문일 것이다.

소녀들은 섹스가 하고 싶어서라기보다는 좀 더 복잡하고 다른 이유로 섹스를 하기로 마음먹는다. 자존감이 낮은 소녀라면 아마도 섹스를 통해 자신의 여성성을 확인받고 싶어 할 것이다. 그런 소녀는 자신이 못생기고 인기가 없다고 생각하기 때문에 자기에게 아름답다고 말해주고 자기의 말에 관심을 가져주는 소년이 있다면 그를 받아들일 것이다.

그렇다면 딸아이에게 스포츠를 권하면 모든 일이 해결될까? 아마 그럴 수도 있을 것이다. 그러나 십대 딸이 스포츠를 시작하도록 이끈다든지 딸이 하고 있는 스포츠를 계속하도록 하기란 쉽지 않다. 최근에 십대 미국 소녀들을 대상으로 한 연구에 의하면 고등학교에 들어간 여학생들은 중학교 때부터 해오던 운동을 단체로 그만둔다고 한다. 소녀들은 종종 스포츠를 비 여성적인 활동으로 인식하기 때문에 스포츠에 특별히 재능이 있는 스포츠광인 경우를 제외하고는 경쟁적인 스포츠를 멋있다고 생각하지 않는다. 소녀들은 성별이 좀 더 중요한 문제로 부각될 때 종종 여성성에 대해 더 많은 관심을 갖게 된다.

종종 무시되긴 하지만 소녀들이 스포츠를 피하는 중요한 요소 중 하나는 남자아이들이 자기들을 쳐다보는 것을 싫어한다는 점이다. 소녀들은 남자아이들, 심지어는 성인 남자들까지 단지 여자 선수들을 쳐다보기 위해 연습 광경이나 시합을 지켜보는 소름 끼치는 느낌이 싫어서 스포츠를 그만둔다. 한 소녀는 빤히 쳐다보는 사람들의 시선이 느껴지는데 그게 너무 싫다고 말했다.

그렇다면 그런 문제를 어떻게 해결할 수 있을까? 우선 딸이 다니는 학교에 소녀들만 참가하는 스포츠나 체육 수업이 있는지 확인해야 한다. 심리학자 안나 엥겔은 체육 수업을 남녀가 함께 하지 않고 소녀들끼리 할 때 소녀들이 스포츠에 참가할 가능성이 더 높다는 것을 밝혀냈다.

좀 더 일반적인 이야기지만 부모는 딸이 '겉모습'보다는 '행위'에 초점이 맞춰지는 활동에 참가하도록 권유해야 한다. 예를 들어 응원단, 아이스스케이팅, 발레보다는 축구, 필드하키, 농구처럼 '행위'가 중심인 스포츠에 참여하도록 권해야 한다. 축구 코치는 딸의 양말색이 조화를 이루는지, 운동복이 깨끗한지에 신경을 쓰지 않으며 써서도 안 된다. 그리고 부모들도 그런 일에 신경 써서는 안 된다.

자녀들의 행동을 통제하는 기본적인 두 가지 규칙은 다음과 같다.

첫째, 금지 사항을 명확히 하고 반드시 지켜야 한다.
둘째, 대안을 제시해야 한다.

폭력적인 비디오 게임을 설명할 때는 이렇게 충고했었다.

첫째, 〈그랜드 테프트 오토〉처럼 폭력적이고 반사회적인 비디오 게임을 금지하라.
둘째, 축구나 농구 등 건전하고 실생활에서 이루어지는 대안들을 제시하라.

성 문제에서는 다음과 같은 전략을 세울 수 있다.

첫째, 부모가 성적 접촉이나 그와 유사한 어떤 행위도 허용하지 않는다는 점을 확실히 주지시켜라. 오럴 섹스도 절대로 허용하지 않는다. 남자와 여자의 성기 접촉은 절대 금지이다. 그리고 부모는 그런 금지 조항이 지켜지도록 최선을 다할 것임을 알게 해야 한다.

둘째, 대안을 제시하라. 앞에서 이미 말했듯이 소녀들에게 제시할 수 있는 대안이란 발레, 재즈 댄스 등 여자들만의 활동을 의미한다. 이런 활동에 참여하는 소녀들의 경우 성관계에 연루될 가능성이 훨씬 낮다는 것을 보여주는 자료들이 많다.

소년들의 경우는 성행위를 금지하기가 훨씬 더 힘들다. 소년의 성적 활동을 감소시킨다고 확실하게 증명된 대안은 전혀 없다. 그러나 소년들과 성인 남자들이 함께하는 공동체 활동을 하도록 장려한다면 효과가 있을 것이다.

우리 집 근처에 있는 학교에서는 '우리는 친구'라는 뜻의 '소모스 아미고스'란 하계 프로그램을 후원하고 있다. 여름 방학 동안 16명의 십대 소년들이 3, 4명의 성인 남자들의 지도하에 도미니카 공화국으로 여행을 떠난다. 그들의 임무는 지역 주민들에게 조그만 집을 지어주는 것이다.

소년들은 지역 주민들이 주로 먹는 콩과 쌀로 만든 음식을 먹는다. 기후 조건은 가혹해서 낮이나 밤이나 무덥고 습기가 많지만 에어컨도 없다. 소년들은 성인 남자들과 어깨를 서로 맞대고 '진짜 일'을 한다.

합판에 못질을 하고 석고보드를 벽에 붙이고 화장실을 설치한다. 힘든 상황인데도 불구하고 해마다 40~50명의 소년들이 이런 식으로 여름을 보낼 수 있는 특전을 얻겠다고 신청한다. 프로그램에 참여했던 소년들은 이 프로그램이 지금까지 살아오는 동안 가장 의미 있는 경험이었다고 말한다.

그리고 정말로 흥미로운 사실은 이 프로그램에 참여했던 소년들이 '그 후에' 여자들을 좀 더 존중하게 되었다는 것이다. 그런 소년들이 헤프게 행동하는 소녀들과 함부로 잠자리를 같이한다는 이야기는 들리지 않는다. 과학적인 증거를 댈 수는 없지만 이 소년들은 아주 감동적인 행동들을 하고 있다.

만일 소녀들이 자신들의 성 문제를 책임질 수 있을 만큼 의식을 가져 남자들이 요구하더라도 오럴 섹스를 하지 않는다면, 진정으로 그런 변화가 이루어질 수만 있다면 현재 십대들의 섹슈얼리티를 왜곡시키는 비인간적인 관계에서 벗어나 좀 더 개인 중심적이고 관계 지향적인 방향으로 나아갈 수 있을 것이다. 이제는 소녀들에게 '싫다'라고 말하도록 교육해야 한다.

7장 중독

이 소녀도 남들처럼 태어났어요.
선물로 쉬를 하는 인형도 받았지요.
인형은 모형 난로와 다리미도 갖고 있었어요.
인형의 입술은 체리사탕처럼 예쁜 색깔이었어요.
그러던 어느 날 마법처럼 사춘기가 찾아왔고, 친구는 말했어요.
너는 코도 너무 크고 다리도 굵구나…….
소녀는 수줍은 체하라는 충고도 받았어요.
활기차게 행동하라는 권유도 받았어요.
운동하고 다이어트하고 미소 짓고 애교도 떨라고 했어요.
소녀는 공단이 깔린 관 속에 누워 있었어요.
장의사는 화장품을 발라주었답니다.
참 예쁘지 않아요? 사람들이 모두들 말했답니다.

- 〈바비 인형〉, 마지 피어시

why
Gender
Matters

약물중독에 빠진 케이틀린

케이틀린은 어렸을 때부터 평범한 아이였다. 세 아이 중 막내로 태어난 케이틀린은 오빠들이 사람들의 주목을 받는 동안 그저 조용히 지냈다. 큰오빠 알렉스는 똑똑해서 공부를 특별히 하는 것 같지도 않은데 모든 과목에서 A를 받았고 가고 싶어 하던 펜실베이니아대학교의 입학허가서도 일찌감치 받았다.

작은 오빠 애론은 운동선수다. 가을에는 미식축구, 겨울에는 농구, 봄에는 라크로스를 했다. 애론은 10학년 학생으로는 최초로 학교의 미식축구 대표팀에서 선발선수로 지명을 받았다. 11학년 12월에는 사우스캐롤라이나의 클렘슨대학교와 버지니아 테크대학교를 비롯해 대학 체육협회에 속한 몇몇 미식축구팀을 방문해달라는 초청장을 받았다.

자녀들에게 충실한 엄마는 애론의 시합에 빠짐없이 참석했다. 케이틀린은 즐겁게 엄마를 쫓아다니며 오빠를 응원했다.

케이틀린이 내성적이고 수줍음을 잘 탔기 때문에 부모는 딸이 중학교에 들어가면 무슨 문제라도 생기지 않을까 무척 염려했다. 케이틀린의 엄마 질은 『내 딸이 여자가 될 때 Reviving Ophelia』와 『소녀들의 전쟁 Odd Girl Out』을 비롯해서 딸을 둔 엄마들이 읽어야 한다고 여겨지는 책을 대부분 읽었다. 그리고 남편에게도 부모의 역할에 관한 부분을 뽑아서 읽어주곤 했다.

중학교는 소녀들에게 가장 힘든 시기라고들 했지만 케이틀린은 그 시기를 순탄하게 보냈고 8학년이 되자 꽃이 만발하듯 활달해졌다. 열 달 만에 볼에 붙어 있던 젖살이 모두 빠진 케이틀린은 늘씬하고 매력적인 소녀가 되었다.

케이틀린은 고등학교에 들어가자 주말마다 쇼핑이며 파티에 초대를 받았다. 그런데도 성적은 날로 좋아졌다. 케이틀린은 숙제에 강박적으로 매달렸고, 11학년이 되면서는 매일 3시간씩 숙제를 했다. 케이틀린의 부모, 특히 엄마는 딸의 체력과 자기 통제력에 놀라움을 금치 못했다.

"우리 딸은 대기만성형이에요."

엄마가 남편에게 말했다.

케이틀린은 주중에는 숙제하느라 바빴고, 금요일과 토요일 밤에는 친구들과 파티에 가거나 영화를 보러 다녔다. 부모에게는 유행하는 옷을 산다며 늘 많은 돈을 달라고 졸라댔다. 아빠는 두 아들의 옷값보다 케이틀린의 옷값이 더 많이 든다고 불만을 터뜨렸지만 엄마는 여자애니까 옷에 신경을 더 쓰는 게 당연하다고 케이틀린을 두둔했다.

그렇지만 엄마도 속으로는 딸아이가 돈을 지나치게 많이 쓴다고 생각하곤 했다. 케이틀린은 돈에 대한 판단력이 없는 것 같았다. 그러나 엄마는 딸아이가 마침내 숨겨진 역량을 충분히 발휘하게 된 것이 기뻤기 때문에 차마 그런 말을 할 수가 없었다.

대학입시 상담교사는 케이틀린에게 메릴랜드대학교의 입학은 따놓은 당상이라고 말했다. 케이틀린이 고등학교 졸업반이 되자 부모는 아이비리그의 등록금을 걱정했다.

뒤돌아 생각하면 여기저기서 경고음이 들리고 있었다. 그렇지만 11월 어느 일요일 새벽에 전화벨이 울리기 전까지 엄마는 딸에게 무서운 비밀이 숨겨져 있으리라고는 전혀 상상하지 못했다. 그날 새벽에 전화벨 소리가 울렸을 때 엄마는 잘못 걸린 전화거나 장난 전화일 거라고 생각했다.

전화를 건 사람은 병원 응급실에 근무하는 간호사였다. 그녀는 케이틀린이 자살을 기도해 의식불명에 빠졌다고 전했다. 검사 결과 재낵스와 바이코딘이 양성으로 나왔으며 유서도 발견되었다는 것이었다.

유서라는 말에 엄마는 숨을 쉴 수가 없었고 눈물이 흐르기 시작했다. 엄마는 딸이 무사하기만을 기도하며 병원으로 달려갔다. 케이틀린은 벌써 중환자실로 옮겨져 면회를 할 수 없었다. 아이의 엄마라고 애원했지만 소용없었다. 대신 간호사를 만날 수 있었다.

간호사는 케이틀린이 아직은 의식불명 상태이지만 아침이 되면 의식을 되찾을 거라며 깨어나면 바로 부르겠다고 약속했다. 그리고 조급해하는 엄마에게 "케이틀린은 의학적으로는 아무 문제가 없을 테니 어머니는 다른 문제에 신경을 쓰셔야 할 겁니다."라고 말했다.

"무슨 문제 말인가요?"

엄마가 애처롭게 물었다.

"예를 들면, 케이틀린을 만나서 무슨 말을 하실 건지 그런 것 말입니다."

"그저 사랑한다고 말할 거예요."

이 말을 하는 엄마의 목소리가 점점 작아졌다. 엄마는 딸이 도대체 무엇 때문에 이런 짓을 저질렀는지 짚이는 것이 하나도 없다는 사실을 깨달았다.

간호사가 케이틀린의 지갑에서 발견한 유서라며 접힌 종이쪽지를 내밀었다.

엄마는 간호사가 사라지기를 기다렸다가 딸이 남겨놓은 쪽지를 읽기 시작했다. 처음 두 문단을 읽자 울음이 터져나오기 시작했다. 엄마는 비틀비틀 여자화장실로 들어가 딸아이의 고백을 읽어 내려갔다.

엄마, 아빠 보세요.

이런 짓을 저질러서 정말로 죄송해요. 저의 이런 행동으로 두 분이 얼마나 상심하실지 잘 알아요. 그렇지만 저도 달리 어떻게 해볼 도리가 없었어요.

 엄마 아빠는 아직도 모르실 거예요. 지금까지 제가 얼마나 오랫동안 약을 먹었는지 말예요. 8학년 때부터 시작했어요. 처음에는 그저 체중을 줄이려고 덱세드린을 먹었어요. 효과가 있었어요. 그래서 정말로 괜찮을 줄 알았어요. 다른 사람들이나 엄마 아빠 모르게 약을 먹기는 생각보다 쉬웠어요.

사람들은 모두 다 겉으로 드러나는 것만 보았어요. 제가 날씬해진 것만 보고는 정말로 멋있다고들 했어요. 모두들 저를 부러워했지요. 뚱뚱하던 아이가 어떻게 저렇게 날씬해졌는지……. 하지만 사람들은 아무것도 의심하지 않았어요.

덱세드린은 정말 놀라웠어요. 가슴이 두근거리고 메스껍고 두통이 찾아오긴 했지만 그런 증상은 제가 지불해야 할 작은 대가라는 생각이 들었어요. 그런데 공황 상태가 찾아오기 시작했어요. 그래서 재낵스를 먹기 시작했어요. 그렇지만 재낵스를 먹어도 심리적인 안정을 찾을 수가 없었어요. 그러다가 바이코딘을 알게 되었고요.

한동안은 잘 감당할 수 있을 거라고 생각했어요. 다른 여자애들도 그런 짓을 하고 있다는 걸 알고 있었거든요. 저는 공 열 개를 동시에 공중에 던지는 묘기를 하고 있다는 느낌이 들었어요. 어쩌면 영원히 계속해서 묘기를 부릴 수 있었을지도 몰라요. 날마다 되풀이해서 약을 먹었으니까요. 아침에는 덱세드린, 점심때는 덱세드린과 재낵스, 방과 후에는 재낵스, 잠자기 전에는 재낵스와 바이코딘을 먹었어요. 처음엔 아무 문제도 없었어요.

그런데 어느 날부터 약이 말을 듣지 않았어요. 갑자기 효과가 전혀 없는 거예요. 그래서 약을 더 많이 먹었어요. 바이코딘을 하루에 2알로 늘렸다가 다시 4알, 그 다음은 6알, 그 다음은 10알로 늘렸어요. 부작용이 아주 끔찍했어요. 이런 약을 한꺼번에 모두 다 중단하는 것, 그러니까 즉시 마약을 끊는 문제도 생각해보았어요. 그런데 그러면 다시 뚱뚱하고 바보 같던 시절로 되돌아가는 거잖아요. 약이 주는 활력이 없었다면 저는 절대로 그런 성적을 받을 수가 없었을 거예요. 게다가 또다시 뚱뚱하고 못생기고 바보 같던 시절로 되돌아가야 한다는 건 견딜 수가 없었어요. 모든 사람이 좋아하는 인기녀의 영광을 누렸는데 어떻게 그런 것을 포기할 수 있겠어요?

사실 제 진짜 모습은 못생기고 뚱뚱하고 바보 같은 여자아이에요. 그런데 이제는 더 이상 마약을 먹으면서 그렇지 않은 척 사람들을 속일 수가 없는 거예요. 엄마 아빠를 속여야 하는 것도 정말로 싫었어요. 돈을 어디에 쓰는지, 어떻게 밤새도록 잠도 자지 않고 공부할 수 있는지, 어떻게 그렇게 체중을 줄일 수 있었는지 말예요.

저는 제 진짜 모습을 되찾고 싶지 않아요. 저는 그런 모습이 정말로 싫어요. 못생기고 멍청하고 뚱뚱한 모습이요.

엄마 아빠, 제발 용서해 주세요.

엄마 아빠를 항상 사랑하는 딸
케이틀린

아이들이 약물에 손을 대는 이유

소년 소녀들은 여러 가지 이유로 마약에 손을 대게 된다. 소녀들은 주로 체중을 줄이려고 덱세드린 같은 흥분제를 복용한다. 그리고 스트레스를 줄이고 안정을 찾기 위해, 또는 다른 친구들도 그런다는 걸 알기 때문에 재낵스나 바이코딘 같은 약을 먹는다. 그러나 소년들이 마약을 남용하는 것은 대부분 스릴을 찾기 위해서이다. 뭔가 위험한 짓을 할 때 느끼는 흥분 때문에 약을 먹는다는 것이다.

소녀들은 대체로 잘 알고 있는 사람들로부터 마약을 구입하는 반면에 소년들은 낯선 사람들로부터 불법으로 마약을 구입할 가능성이 훨씬 높다.

십대들 자신은 이런 문제를 어떻게 생각하고 있을까? 미국 전 지역에서 사춘기 청소년 6,748명을 선정해 조사한 결과 마약, 알코올, 담배에 손을 대는 이유는 남녀가 서로 다르다는 점을 밝혀냈다. 소녀들은 체중을 줄이기 위해 담배를 피우는 경우가 소년들보다 16배나 많았으며, 멋있게 보이려고 담배를 피운다는 소년들이 소녀들보다 3배나 많았다.

소년 소녀들이 서로 다른 이유로, 서로 다른 맥락에서 담배를 피우고 마약을 하는데도 대부분의 마약 예방이나 치료 프로그램들은 여전히 소년과 소녀를 구분하지 않는다. 마약중독 및 약물남용센터Center on Addiction and Substance Abuse, CASA는 2003년 보고서에서 "소년 소녀들은 각기 다른 이유로 마약을 하고, 다른 공급자에게서 마약을 구하고, 다른 방식으로 매체의 표적이 되고 있다. 이제는 (마약남용 예방이나 치료에서) 일률적인 방법이 아니라 소년 소녀들의 필요와 상황에 맞는 광범위한 접근 방식을 택할 때이다."라고 지적했다.

우선 소년 소녀들이 왜 마약이나 알코올을 남용하는지 실제 사례를 통해 살펴보자. 그런 다음 우리 아이들이 마약이나 알코올을 하지 않도록 지켜주고, 또 이미 시작했다면 그것을 중단시키기 위해 부모들이 할 수 있는 일을 찾아보도록 하자.

케이틀린의 경우를 보면 '소녀들'이 마약을 하게 되는 첫 번째 위험 요소는 자존감이 낮기 때문이라는 것을 분명하게 알 수 있다. 케이틀린은 자신이 멍청하고 뚱뚱하다고 생각했다. 자신은 머리가 좋은 알렉스 오빠나 운동선수인 애론 오빠에 비해 내세울 점이 하나도 없는 존재라고 인식했던 것이다. 그러나 덱세드린은 케이틀린이 체중을 줄이고 매일 밤마다 몇 시간씩이나 숙제를 할 수 있는 활력을 주었다.

앞에서 살펴보았듯이 소녀들이 자존감을 표출하는 방식은 소년들과는 완전히 다르다. 자존감이 높은 소녀들은 16세 이전에 섹스를 할 가능성이 '낮지만' 자존감이 높은 소년들은 16세 이전에 섹스를 할 가능성이 '더 높다.' 자존감이 낮거나 의기소침한 소녀들은 마약이나 알코올을 사용할 위험성이 훨씬 더 높다. 하지만 소년들의 경우는 자존감이나 의기소침함이 마약이나 알코올 의존과 연관될 가능성이 별로 크지 않다. 잠시 후에 그 차이점에 대한 몇 가지 이유를 알아보자.

케이틀린의 경우를 보면 우리는 학업 스트레스가 마약을 그만두지 못하게 한다는 것을 알 수 있다. 심리학자 수니야 루타와 브론윈 베커는 부유한 동네에서 살고 있는 6학년, 7학년 여학생들을 대상으로 연구한 결과 이 지역의 중학생들에게는 학업 스트레스가 약물로 가는 공통의 길이라는 사실을 밝혀냈다. 그러므로 12세 딸이 말하는 스트레스를 과소평가해서는 안 된다. 부모의 관점에서 보면 스페인어에서 A나 B를 받는 것이 중대한 문제가 아니지만 딸의 세계에서는 세상의 전부일 수가 있다.

케이틀린 같은 소녀를 마약의 함정에 빠지지 않게 보호할 수 있는 최상의 방법은 아이의 자존감을 높여주고 아이가 스트레스를 풀 수 있는 방법을 찾는 것이다. 케이틀린이 유서의 끝부분에 썼던 가슴 아픈 구절을 상기해보자.

사실 제 진짜 모습은 못생기고 뚱뚱하고 바보 같은 여자아이에요. …… 저는 제 진짜 모습을 되찾고 싶지 않아요. 저는 그런 모습이 정말로 싫어요. 못생기고 멍청하고 뚱뚱한 모습이요.

이제 우리 부모들이 해야 할 일은 케이틀린이 자기 자신을 평가하는 방식을 바꿔주는 것이다. 그래서 딸들이 자신의 '외모'가 아니라 자신이 진정 '누구'인가 하는 자기정체성에 관심을 갖도록 도와줘야 한다.

부모 노릇을 제대로 하기 위해서는 지식은 물론 통찰력과 이해심이 필요하다. 부모는 자녀에 대해 잘 알고 있어야 한다. 현재 딸아이가 어떤 아이인가 하는 것뿐 아니라 아이의 강점과 장차 어떤 사람이 될 수 있을지도 감지해낼 수 있어야 한다. 딸이 자신을 알고 있는 것보다 부모가 딸아이를 더 잘 알아야 한다. 그리고 부모 자신이나 다른 자녀에게 효과가 있었다고 생각하는 방향으로 아이를 몰아붙이지 않아야 한다.

케이틀린의 부모들은 두 아들 알렉스와 애론에게 '길들어' 있었다. 그래서 아이들은 누구나 운동을 잘하든지 머리가 좋을 거라고 생각했다. 하지만 케이틀린은 운동을 잘하지도 머리가 좋지도 않았다. 그 때문에 부모들은 케이틀린에게는 특별한 재능이 하나도 없다고 생각했다.

과연 두 사람의 생각이 옳았는가?

케이틀린은 간호사가 예측했던 대로 다음 날 아침에 의식을 회복했다. 케이틀린은 깨어나서 침대 맡을 지키고 있는 엄마에게 "내가 죽지 않았어요?"라고 첫마디를 던졌다. 엄마는 이 말이 죽지 않고 살아난 것에 대한 안도감의 표현인지 실망의 표현인지 정확히 알 수가 없었다.

이틀 후 케이틀린은 포토맥 리지라는 정신과 치료시설로 옮겨 입원

치료를 받았다. 그리고 2주 동안 항우울제를 복용하고 그룹 치료를 받은 후 퇴원했다.

"우리 딸이 지금은 얼마나 편안해하는지 몰라요."

케이틀린의 엄마가 말했다.

"그런데 그토록 편안해 보이는 것이 약을 복용하기 때문인지 실제 모습인지는 잘 모르겠어요. 앞으로 약을 먹을 필요가 없다면 얼마나 좋을까요."

정신과 의사는 케이틀린이 적어도 6개월이나 그 이상 약을 먹어야 한다고 주장했다. 그리고 바로 그 6개월 동안에 케이틀린은 어느 대학에 갈지 결정해야 했다. 그해 가을 학기에 케이틀린은 두 과목에서 '성적 미달' 점수를 받았다. 케이틀린은 성적 때문에 대학에 못가면 어쩌나 하고 노심초사했다. 나는 케이틀린이 지난 3주 동안 (구체적으로 명시하지 않은) 질병 때문에 병원에 입원했었다는 편지를 대학에 보내주었고 그 결과 신청서를 낸 대부분의 대학에서 입학허가서를 받았다.

다행스럽게도 그동안 케이틀린은 자기가 좋아하는 것, 자기가 정말로 잘하는 것을 발견했다. 케이틀린은 포토맥 리지에서 보조원으로 자원봉사를 시작했다. 케이틀린 자신도 그 병원의 입원 환자였고 또 십대 소녀였기 때문에 십대 환자들에게 특별한 신뢰를 얻었다.

어느 날 저녁 포토맥 리지에 입원한 14세 소녀 말리아가 보조간호사를 때린 후 격리실에 갇히게 되었다. 말리아는 포토맥 리지에 온 지 5일밖에 안 되었지만 벌써 세 번째로 격리 조치를 받았다. 보조간호사들은 말리아가 사람을 잡아먹을 것 같은 표정으로 쳐다보는 못되고 심술궂은 아이라고 말했다. 그 말을 들은 케이틀린은 자기가 말리아와 이야기를 해보겠다고 자원했다.

　모두들 반대했지만 케이틀린은 말리아를 만나러 들어갔다. 케이틀린이 방에 들어간 뒤에도 말리아는 마룻바닥 한쪽 구석에 아기처럼 몸을 잔뜩 웅크리고 앉아 있었다. 그런데 케이틀린이 한 1분 정도 이야기를 하자 말리아가 고개를 들고 쳐다보았다. 창밖에서 지켜보던 보조간호사들은 말리아의 얼굴에 매혹적인 미소가 떠오르는 것을 보고 깜짝 놀랐다.

　케이틀린은 말리아와 2시간 정도 시간을 보냈다. 케이틀린이 나오겠다고 문을 두드렸을 때 말리아도 함께 나오겠다고 했다. 그리고 다시는 사람들을 때리지 않겠다고 말했다. 케이틀린이 방문하는 날 함께 이야기를 나눈다는 조건으로.

　케이틀린은 다음 두 주 동안 저녁마다 포토맥 리지에 가서 1시간 이상 말리아와 함께 지내며 이야기를 들어주었다. 두 사람이 무슨 이야기를 나누는지 아무도 알지 못했다. 그렇지만 말리아가 변했다는 것은 누가 봐도 알 수 있었다. 말리아는 더 이상 난폭하게 행동하지 않았다. 소리도 지르지 않았고 악을 쓰지도 않았다. 그리고 밤에는 잠을 자기 시작했다.

　얼마 뒤 말리아가 퇴원하게 되었을 때 말리아의 주치의가 케이틀린에게 물었다.

　"도대체 둘이서 무슨 얘기를 한 거지?"

　"별 얘기 안 해요. 말리아에게 내 얘기를 조금 해줘요. 과거에 내가 얼마나 안 좋은 생각을 했는지, 얼마나 내 몸을 미워하고 내 삶을 증오했는지 말이에요."

케이틀린이 말했다.

"그런데 말이지. 만일 네가 전문 치료사가 된다면 제일 먼저 배우는 게 뭔지 아니? 환자한테 네 이야기를 너무 많이 해서는 안 된다는 거야. 치료의 초점은 치료사가 아니라 환자한테 맞춰야 하는 거니까."

오쎄닉 박사가 말했다.

"그렇다면 저는 전문 치료사가 되지 못할 것 같네요."

케이틀린은 부드럽게 말했다.

그 무렵, 케이틀린은 코넬대학교의 입학허가서를 받았지만 거절하고 메릴랜드 주의 타우슨대학교에 들어가기로 결정했다.

"집에서 가까운 곳에 있어야 할 것 같아요. 그리고 적어도 한 달에 며칠만이라도 포토맥 리지에 가서 봉사하고 싶어요. 언젠가 치료사가 되고 싶어요."

케이틀린의 능력은 사람들을 돌보는 데 있었다. 만일 케이틀린의 부모가 아들 애론의 축구 경기나 라크로스 경기를 응원하러 쫓아다닐 때마다 딸아이를 데리고 다니기보다 딸이 장점을 발휘할 수 있는 영역이 무엇인지 발견하기 위해 좀 더 일찍 노력했더라면 아마도 케이틀린은 마약을 시작하지 않았을지도 모른다.

케이틀린은 아주 어렸을 때부터 동물들을 돌보고 함께 노는 것을 아주 좋아했다. 케이틀린처럼 감정이입이 잘 되는 아이들은 동물을 돌보는 일을 아주 좋아한다. 만일 부모들이 케이틀린을 동물원이나 동물보호소에 데리고 가서 자원봉사자로 등록시켰다고 가정해보자. 그랬다면 오빠가 하는 경기마다 쫓아가서 응원을 하지는 못했겠지만 그녀 자신의 흥미도 애론이 받아 오는 트로피만큼이나 중요하다는 것을 깨달

앉을 것이다.

앞에서 이미, 소녀들이 학업 스트레스 때문에 마약을 시작한다는 이야기를 했다. 그런 문제를 막기 위해서는 우선 아이들에게 재낵스나 술, 마리화나가 아니라도 마음을 편안하게 하는 다른 방법이 있다는 것을 깨닫게 해야 한다. 딸과 함께 공원을 산책하거나 기도나 명상하는 방법을 알려줄 수 있다. 또 부모가 딸과 깊은 유대감을 형성함으로써 약에 의존할 위험성을 감소시킬 수도 있다. 한 엄마는 아이들이 스트레스를 느낄 때마다 케이크를 만들게 했다. 케이크 만들기는 최저의 칼로리를 유지하면서 스트레스에서 벗어나는 방법은 아닐지 모르지만 마약을 하는 것보다는 훨씬 안전하다. 그래서 그 엄마는 케이크 만들기를 '편안함을 제공하는 요리'라고 불렀다.

그러나 이런 방법은 소년들한테는 절대 통하지 않는다. 소년들은 다르다.

부모의 욕심으로 마약에 빠진 이던

마이크와 유타 부부는 이던이 두 살 무렵에 그 아이를 입양했다. 그때까지 입양되지 못하는 많은 아프리카계 미국인 아이들과 마찬가지로 이던도 태어나면서부터 여러 입양 기관을 전전했다.

마이크는 미국 국립표준기술 연구소에 근무하는 실험 물리학자로 약간 괴짜였다. 아내 유타와는 독일의 막스플랭크 연구소에서 박사후 과정을 하는 동안에 만났다. 두 사람 다 토마스 만의 소설, 구스타프 말러의 음악, 독일산 모젤 와인을 좋아했으므로 자신들을 3M(만, 말러, 모젤) 클럽의 회원이라고 말하곤 했다. 특히 가정 교육의 중요성을 열렬히 신봉했던 마이크는 이던을 자신들과 취미나 취향이 비슷한 아이로 키울 수 있다고 확신했다.

그러나 그것은 잘못된 확신이었다. 유타와 마이크 부부는 이던을 입양한 뒤 바로 유아의 남성성을 경험하게 되었다. 이던은 물건을 깨뜨리고 음식을 내던지고 전속력으로 달려가 머리를 가구에 부딪치곤 했다. 이던을 집에 데려온 후 유타는 깨질 만한 물건은 모두 다 상자에 넣어 지하실에 쌓아놓았다. 하지만 이던은 지하실에까지 내려가 유타가 포장해놓은 도자기들을 발로 짓밟았다. 그런 일이 있은 후 부부는 이던을 '작은 범죄자'라고 불렀고 또 그렇게 취급했다. 그들은 집의 일부를 이던이 출입할 수 없는 금지 구역으로 막아놓았고 쇼핑하러 갈 때는 가죽 끈으로 묶어놓았다.

내가 이던을 처음으로 만난 것은 그 아이가 15살 때였다. 이던은 키가 175cm, 몸무게는 70kg 정도인 9학년 학생이었다. 이던은 벌써 농구와 미식축구에서 스타였다. 남부의 한 고등학교에서 이던이 자기 팀에서 뛸 수 있게 그 아이를 데려가려고 한다는 소문이 돌 정도였다.

이던의 학업 성적은 중학교 내내 중간 정도였다. 체육을 제외한 모든 과목이 C와 D였는데 9학년이 되면서 성적이 더 떨어졌다. 영어와 스페인어는 아예 낙제 점수를 받았고 나머지 과목들은 D였다. 아버지 마이크는 뭔가 변화를 시도해야 할 시기라고 생각했다.

마이크는 이던이 영어와 스페인어에서 낙제 점수를 받았는데 하루에 두세 시간씩 운동을 한다는 건 말이 안 된다며 아들의 운동을 금지시키는 것이 좋지 않겠느냐고 의견을 물었다. 나는 운동을 금지한다고 이던의 성적이 향상될지 확신할 수 없으며 오히려 역효과를 가져올 수도 있다는 의견을 제시했다.

하지만 마이크와 유타는 이던이 하던 운동을 그만두게 했다.

"우리는 너한테 최선의 것을 해주고 싶단다. 네가 대학에만 들어간다면 소원이 없겠어."

엄마가 이던에게 말했다.

"난 대학에 가기 싫어요."

이던이 대답했다.

"때로는 네가 싫어하는 일도 해야만 하는 법이다. 그렇게 해야 나중에 네가 원하는 것을 얻을 수가 있단 말이다."

아빠가 거들었다.

"그렇지만 내가 원하는 것은 '지금' 당장 농구를 하는 거란 말이에요. 나를 농구팀에서 끌어내놓고 어떻게 내가 좋아하는 일을 하도록 도와주겠다는 거죠?"

이던이 불만을 털어놓았다.

부부는 마주 쳐다보았다. 그 눈길은 그동안 수도 없이 서로 주고받던 바로 그 절망의 눈초리였다. 왜 이던은 우리를 이해하지 못하는 걸까? 그 눈길은 그렇게 말하고 있었다.

고등학교에 들어가서도 이던은 운동선수들과 어울려 지냈다. 그렇지만 팀에 소속되어 있지 않으면 선수들과 어울릴 수가 없는 법이다. 농구 시즌이 시작되고 한 달이 지나자 이던은 방황하기 시작했다. 학교가 끝나면 집으로 와서 숙제를 해야 했지만 이던은 자기보다 나이 많은 아이들과 함께 자동차를 타고 놀러갔다가 밤이 늦어서야 집에 돌아오곤 했다.

12월 첫째 주에 유타는 이던의 옷에서 달콤하면서도 코를 강하게 자극하는 마리화나 냄새를 맡고 마이크에게 그 사실을 알렸다. 이던은 마리화나를 피운다는 사실을 부인하지 않았다.

"맞아요. 마리화나 피워요. 그게 어때서요?"

이던이 말했다.

갑자기 왜 마리화나를 피우게 되었냐고 질문하자 이던은 마리화나는 '반응'하는 시간에 영향을 미치기 때문에 운동을 할 때는 절대로 피우면 안 되었지만 이제 농구를 그만둔 마당에 마리화나를 안 피울 이유가 어디 있느냐고 대들었다.

"아빠는 내가 농구를 하지 못하게 만들었어요. 그런데, 염병할, 내가 마리화나를 피우지 못할 이유가 어디 있느냐 말예요?"

그리고 제발 입 조심을 하라는 아빠의 호소에도 '이놈의' 집구석에서는 빌어먹을 '욕'도 할 수 없고 도대체 할 수 있는 게 '하나도' 없다며 화를 냈다.

마리화나는 뇌를 손상시키고 반응 시간을 늦추는 부작용이 있으니까 네가 걱정돼서 그러는 거라는 엄마의 말도 소용이 없었다. 이던은 그런 쓸데없는 소리는 집어치우라는 말을 남기고 집을 나갔고 사흘 동안 돌아오지 않았다.

이후 이던은 가출을 반복했고 습관적으로 부모의 돈을 훔치기 시작했다. 한번은 뻔뻔스럽게도 엄마가 뻔히 보고 있는데 엄마의 지갑에 손을 넣어 돈을 꺼내기까지 했다. 부부는 금고를 사들여서 귀중품을 전부 금고에 넣었다.

이던은 결국 9학년을 낙제했다. 마이크와 유타는 사춘기 청소년의 마약 문제를 전문적으로 다루는 정신과 의사를 찾았다. 의사는 이던에게 미식축구를 시키라고 권했다.

"학교 규칙에 의하면 이던은 모든 과목에서 낙제하지 않을 정도의 성적을 유지해야 팀에 남을 수 있을 겁니다. 지금 이던에게는 성공을 바랄 만한 동기가 전혀 없지만 적어도 팀에 소속되어 있으면 어느 정도 동기 부여가 될 것입니다. 그리고 마약 테스트에서 양성 반응이 나오면 팀에서 쫓겨날 거라는 걸 알고 있을 겁니다."

의사의 말대로 이던은 성적을 평점 C로 끌어올렸다. 그리고 돈은 훔치지 않았지만 여전히 마약을 끊지는 못했다.

"돈이 어디서 날까요?"

어느 날 밤 유타가 잠자리에서 남편에게 물었다.

"그리고 마약 테스트는 어떻게 통과하는 걸까요?"

"알고 싶지 않아. 졸려, 난 잘 거야."

마이크는 이렇게 말하더니 돌아누웠다.

소년들은 모험과 스릴을 즐기기 때문에 마약이 위험하다고 강조해서 소년들을 단념시키기는 어렵다. 일부 소년들에게는 그런 위험 요소가 오히려 자극이 될 수도 있기 때문에 '마약의 위험성'을 교육하는 것은 역효과를 낳는다.

프라이팬에서 지글거리는 달걀을 마약하는 사람의 뇌와 비교한 마약금지 광고는 소녀들에게는 상당한 효과가 있다. 그러나 소년들의 경우는 그렇지 않다. 특히 위험한 일에서 자극을 추구하는 소년들은 프라이팬에서 지글거리는 달걀을 보면서 '정말 대단한 걸! 저런 걸 어디 가면 구할 수 있지?'라고 생각한다. 나는 자기 방을 '이것은 마약을 복용하는 당신의 뇌입니다'라고 적힌 포스터와 그 비슷한 마약 경고 포스터로 도배한 소년을 알고 있다. 그런데도 그 소년은 마약을 하고 다른 사람들도 그런 사실을 알기를 원한다.

미국 정부는 지난 5년 동안 십대들의 마약을 근절시키기 위해 9억 달러를 들여 광고 캠페인을 벌였으나 완전히 실패로 끝났다는 사실을 발표했다. 광고 방송을 본 십대들이 광고를 전혀 보지 못한 십대들보다도 마약에 빠질 가능성이 '더' 높았던 것이다.

이던의 양부모가 마약의 위험성을 경고한 것은 아들에게 도움을 주겠다는 의도였다. 그러나 이던의 아빠 마이크는 불행히도 소년 시절 모험을 아주 싫어하는 10%의 소년들에 속했기 때문에 아들의 성향을 이해하지 못했다. 그리고 이던의 엄마는 대부분의 다른 여자들과 마찬가지로 아들에게 마약의 위험성을 경고하면 아이가 마약을 할 가능성이 줄어들 것이라고 생각했다. 분별 있는 사람이라면 자신의 두뇌에 손상을 입히는 약물을 사용하지 않으려 할 것이다. 그렇지 않은가?

백 번 맞는 이야기다. 그렇지만 대부분의 15세 소년들은 분별 있는 인간이 아니다. 그들은 그저 15세 소년일 뿐이다.

그렇다면 마이크와 유타 부부는 어떻게 해야 했을까?

나는 물론 이던이 운동을 계속하도록 허락했어야 한다고 생각한다. 그랬다면 이던이 마약을 하는 것을 막을 수 있었을까? 아마 그랬을 수도 있고 그렇지 않을 수도 있다.

피츠버그대학교의 데보라 애론과 동료들은 스포츠가 사춘기 소년 소녀들의 마약이나 알코올 남용에 어떤 영향을 미치는지 연구했다. 그 결과 운동을 하는 소년들은 알코올을 마실 가능성이 약간 '더' 높은 반면에 소녀들은 운동을 하는 것이 '보호' 효과가 있다는 것이 밝혀졌다. 운동을 하는 소녀들은 담배를 피울 가능성이 줄어들었다.

이런 연구 결과는 앞에서 언급했던 마약중독 및 약물남용센터가 2003년에 출간한 보고서에 의해 확인되고 발전되었다. 이 보고서에 의하면 학기 중에 3개 이상의 특별활동에 참가하는 십대 소녀들은 특별활동을 전혀 하지 않는 소녀들보다 흡연의 가능성이 절반으로 줄어들었다. 또한 적극적인 소녀들은 알코올을 마실 확률도 낮고 마리화나를 피울 가능성은 훨씬 더 낮았다. 그렇지만 소년들의 경우에는 스포츠나 특별활동 참여가 별다른 영향을 미치지 못했다.

왜 이런 차이가 생기는 것일까? 그 이유는 아마도 자존감과 연관이 있는 것 같다. 소녀들은 특별활동이나 특히 경쟁적인 스포츠에 참가하게 되면 자존감이 높아진다. 그리고 앞서 말했던 것처럼 소녀들의 낮은 자존감은 마약이나 알코올을 하게 되는 가장 큰 위험 요소이다. 그러므로 소녀들의 경우 자존감이 높아지면 마약이나 알코올 복용의 위험성이 낮아진다.

그러나 소년들은 다르다. 소년들은 낮은 자존감 때문이 아니라 자극을 추구하거나 남에게 멋있게 보이려고 술을 마시거나 마약을 복용한다. 스포츠를 한다고 해서 자극에 대한 욕구나 과시하고 싶은 마음이 줄어들지는 않는다. 아마도 위험 부담을 감수하려는 성향이 강한 소년들은 경쟁적인 스포츠에 참여할 가능성도 높고 그런 이유로 마약이나 알코올 복용의 위험성이 높을 것이다. 하지만 스포츠에 참가하는 것이 반드시 이런 위험 증가의 '원인'은 아니다.

아이는 부모의 거울이다―자신의 모습을 들여다보라

이제는 '독자 여러분'의 딸이나 아들이 마약이나 알코올에 빠질 가능성을 낮추기 위해 해야 할 구체적인 행동에 대해 이야기해보자.

거울을 한번 들여다보라. 만일 부모 자신이 음주 문제가 있다면 자녀들에게 마약이나 알코올의 해악을 이야기하느라 시간을 낭비할 필요가 없다. 부모가 하는 말에 신빙성이 하나도 없기 때문이다. 만일 여러분이 담배를 피운다면 이미 불리한 입장에 있다는 것을 알아야 한다.

"엄마는 담배를 하루에 20개비씩 피우시면서 무슨 권리로 내가 일주일에 마리화나 한두 마디를 피우는 게 잘못된 일이라고 말씀하시는 거죠?"

이것은 마리화나의 위험성을 경고하는 엄마에게 아들이 한 말이다. 엄마가 마리화나는 담배보다 더 위험하다고 말하려 하자 아들은 담배가 마리화나보다 더 위험하다는 것을 보여주는 사실들과 수치들로 대응했다. 엄마는 아들이 그 모든 근거들을 꾸며내고 있다고 생각했다. 어쩌면 그랬을지도 모른다. 그러나 여러분은 마리화나와 담배의 상대적인 위험성을 비교하는 자식 앞에서 옴짝달싹 못하는 처지에 놓이고 싶지 않을 것이다.

부모가 혹시 과거에 마약을 한 적이 있더라도 다른 선택의 여지가 없는 경우가 아니라면 그 사실을 절대로 언급하지 말아야 한다.

"나도 네 나이였을 때 마리화나를 피웠어. 그래서 그게 얼마나 나쁜지 잘 아는 거란다."

그런 말을 들은 십대 자녀는 할 말이 아주 많을 것이다.

- 아마 아빠한테는 나빴는지 모르죠. 그렇지만 나한테는 그다지 나쁘지 않을 수도 있잖아요. 아빠하고 나는 다르니까요.
- 아빠도 해봤으면서 왜 나한테는 안 된다고 하시는 거예요?
- 결국 아빠도 괜찮았잖아요. 안 그래요? 그러니까 그렇게 나쁜 것만은 아닐 수도 있어요.

십대 자녀가 당신에게 대들면서 엄마 아빠가 혹시 마리화나를 피운 적이 있는지 말해달라고 요구하면 솔직하게 말해야 한다. 그렇지만 자랑삼아 말하거나 허풍을 떨면 안 된다. 잘못을 솔직히 시인해야 한다. 그러나 자녀와 이야기하면서 유리한 입장을 차지하기 위해 이전의 경험을 이용해서는 안 된다.

사실만을 말하라

자녀들과 마약에 대한 이야기를 할 때에는 사실에서 벗어나면 안 된다. 그렇지만 대화 상대가 딸이냐 아들이냐에 따라서 이야기의 초점이 달라야 한다는 점을 명심해야 한다.

딸인 경우에는 마약을 할 때 입게 되는 손상을 이해시키려고 노력해야 한다. 그런 정보가 필요하면 우선 편견이 없고 비상업적인 정보를 제공하는 곳을 찾아보아야 한다.

또한 마약을 하는 소녀들은 대체로 친구들에게서 마약을 구하며 거래도 주로 가정집에서 이루어진다는 사실을 명심하라. 그래서 부모는 딸아이의 소재를 늘 파악하고 있어야 한다. 딸의 친구들에 대해 알고 있어야 하고, 그 부모들과도 이야기를 나눠야 한다. 딸이 밖에 있을 때 자주 엄마에게 연락을 취하도록 해야 하고 때론 딸의 동의하에 딸아이의 말을 확인해야 한다. 딸이 만일 친구 집에 있다고 전화하면 정말로 그 집에 있는지 확인해야 한다. 그리고 엄마가 왜 그런 행동을 하는지 딸에게 이해시켜야 한다. 그것을 안다면 딸은 좋지 않은 권유를 받을 때 거절할 수 있는 힘을 얻게 된다. 친구들이 다른 친구의 집에 가자고 하면 엄마에게 다른 곳에 간다는 걸 알려야 한다며 거절할 수가 있다. 13세, 14세, 15세 소녀들에게는 이런 방법이 정말로 효과를 발휘한다.

"'우리' 엄마도 나한테 그만큼만 신경을 써주면 좋겠다!"

친구가 자기 엄마의 요구 사항에 대해 이야기하는 것을 듣고 난 후 다른 소녀가 한 말이다.

그렇다면 소년들은 어떤가? 위에 언급한 접근 방식은 소년들에게 전혀, 아무런 효과가 없다. 친구의 집에서 전화하라고 요구하는 것은 소년들에게는 먹혀들 가능성이 전혀 없다. 부모에게 전화로 소재를 알렸다가는 친구들의 비웃음을 살 것이기 때문이다. 게다가 소년들은 마약을 공원이나 길거리에서, 낯선 사람들로부터 구하므로 아들이 누구의 집에 있는지를 추적해보아야 아무 소용이 없다.

마약 교육에 관해서 말한다면, 소년들에게 마약의 위험성을 교육시키는 것은 시간 낭비이다. 마약은 유해하고 뇌에 손상을 입힌다고 그 폐해를 강조하는 것은 긁어 부스럼을 만들 가능성이 높다. 소년들은 강습 한 번 받지 않은 채 스노보드를 타고 험한 산을 맹렬한 속도로 내려가는 존재들이라는 사실을 반드시 기억해야 한다.

그렇다면 소년들에게는 어떤 방법을 써야 할까?

내가 권하는 방법은 분명하고 일관성 있는 규율이다.

14세 아들에게는 "네가 술을 마시거나 담배를 피우거나 마약을 하는 것이 눈에 띄기만 하면 네 플레이스테이션을 석 달 동안 사용하지 못하게 자물쇠로 채울 거다."라고 말해야 한다. 십대 소년들에게는 독립심이 아주 소중하다. 15세 아들에게는 "만일 마약하는 게 내 눈에 띄기만 하면 16세가 아니라 17세가 될 때까지 운전을 하지 못하게 할 거다."라고 말해야 한다. 16세 아들에게는 "만일 네가 술을 마시거나 마약을 하다가 들키면 말이지, 6개월 동안 운전 금지다. '최소' 6개월이다."라고 말해야 한다. 다소 극단적인 조치로 여겨질지 모르지만 바로 그런 단호함이 아이들을 구할 수 있다. 나는 그밖에는 소년들에게 효과를 발휘하는 다른 조처들을 아직 찾아내지 못했다.

저녁은 가족이 함께 먹는다

지금까지는 좋지 못한 행동에 대한 처벌과 '부정적인 훈련'에 초점을 맞추었다. 그렇다면 마약이나 알코올의 위험을 감소시킬 수 있는 긍정적인 방법으로는 어떤 것이 있을까?

답은 가족이 저녁을 함께 먹는 것이다. 마약중독 및 약물남용센터에 따르면 '십대들이 부모와 함께 저녁을 함께 먹을수록 흡연, 알코올, 마약중독의 가능성이 줄어든다.' 가족이 식사를 함께 할 때 나타나는 보호 효과는 소년들보다 소녀들에게 훨씬 더 크지만 남녀를 불문하고 상당한 영향을 미친다.

부모와 함께 저녁 식사를 하면 왜 아이들의 마약남용 가능성이 감소할까?

첫째, 자녀들과 저녁 식사를 함께 하는 부모는 자기 아이들의 생활을 잘 알고 있을 가능성이 높다. 부모가 아이들의 인생에 관여하는 경우, 그렇지 않은 아이들에 비해 마약이나 알코올을 남용할 가능성이 낮아진다.

둘째, 반드시 저녁 식사 시간에 맞추어 귀가해야 한다는 규칙을 만들어놓으면 자녀들이 집이 아닌 다른 곳에 갈 기회가 줄어들게 된다. 부모가 집에 왔을 때 아들이 아직 귀가하지 않았고 밤 10시, 11시 또는 12시가 지나도록 돌아오지 않는다면 아이가 어디서 무슨 일을 하는지 부모가 알 길은 없다.

물론 부모들은 바쁘다. 그렇지만 저녁 식사를 함께 하는 것이 가정의 일상사가 되도록 최선을 다해야 한다. 이와 함께 반드시 지켜야 할 중요한 규칙 하나는 가족이 저녁 식사 시간에 다 집에 모였다면 반드시 함께 밥을 먹어야 한다는 점이다. 식사를 함께 하기 위해 잠깐 기다린다고 해서 굶어 죽지는 않는다. 저녁 식사를 함께하는 것이 이로운 또 하나의 이유는 저녁 식사를 함께 하려면 낮 시간에 서로 긴밀하게 연락을 주고받아야 하기 때문이다. 부모들이 (보호 차원의 감시와는 별도로) 자녀에게 전화를 걸 이유가 생기는 것이다.

하늘이 무너지는 날

대부분의 부모들은 자기 자녀들이 마약을 한다고 생각하지 않는다. 다른 아이들은 몰라도 내 자식은 절대로 아니라고 생각하는 것이다. 그러던 어느 날 그 사실을 알게 된다. 아들의 바지 주머니에서 마약을 쌌던 종이를 발견하거나 딸의 컴퓨터에서 아이가 마약을 한다는 사실이 적힌 이메일이나 메시지를 보게 된다.

이제 어떻게 할 것인가?

무엇보다도 앞에서 이미 언급한 원칙들을 기억해내야 할 것이다.

- 금지 사항을 확실하게 만들어놓는다.
- 대안을 제시한다.

딸이건 아들이건 부모들은 마약은 절대로 안 된다는 점을 분명히 해두어야 한다. 그렇지만 올바르고 적절한 대안은 딸이냐 아들이냐에 따라 달라진다. 딸아이가 스트레스 때문에 담배를 피운다면 긴장을 풀 수 있는 다른 방법들을 제시해야 하고, 살을 빼기 위해 덱세드린을 복용하고 있다면 안전하게 체중을 줄일 수 있도록 함께 헬스클럽에 다닌다거나 다른 방법을 찾아야 한다. 물론 가장 좋은 것은 딸이 있는 그대로의 자기 모습을 받아들일 수 있도록 도와주는 것이다. 그리하여 그 아이의 초점이 자신의 외모에서 벗어날 수 있도록 격려해야 한다.

만일 위험을 즐기는 아들이 스릴을 느끼기 위해 마약을 하고 있다면 그 아이가 좀 더 안전하고 건전한 방법으로 흥분을 맛볼 수 있도록 도와주어야 한다. 스노보드, 스키, 산악자전거, 모터크로스 경주, 암벽 등반 등이 대안이 될 수 있을 것이다.

다음 장에서는 규율에 대한 이야기를 하게 될 것이다. 만약 아이들이 잘못된 행동을 하고 있다면 단지 휴대전화를 압수한다든지 자동차 사용을 제한하는 것만으로는 충분하지 않다. 딸의 다친 마음을 달래주고, 모험과 흥분에 대한 아들의 갈증을 채워줄 긍정적인 대안이 필요하다.

아들을 가진 부모들은 위에 제시한 대안들이 너무 위험하다고 생각할 수도 있다. 맞는 말이다. 스노보드를 타다가 다리가 부러질 수도 있고 산악자전거를 타다가 두개골에 금이 갈 수도 있다. 하지만 그런 위험은 건전한 것들이다. 여러분의 아들이 마약 거래상에게 팔을 내밀어 바늘을 찌르도록 허용한다면 그 아이는 훨씬 더 암담한 어둠의 세계로 들어가게 될 것이다.

8장 어떻게 키울 것인가

자식의 친구가 되어줄 생각에 골몰하다 보면
때로는 내가 부모라는 사실을 잊게 된다.
- 7명의 자녀를 둔 엄마

통제되지 않는 아이, 크리스틴

내가 크리스틴을 처음 만난 것은 그 아이가 11살 반쯤 되었을 무렵이다. 크리스틴의 엄마 다이앤이 정기적인 신체검사를 위해 딸을 데리고 우리 병원에 왔다.

크리스틴에게 집에서 가장 즐겨하는 일이 뭐냐고 묻자 아이는 주저하지 않고 담배 피우는 거라고 대답했다. 내가 아이의 엄마를 힐끗 쳐다보았지만 엄마는 당황스러운 표정을 지을 뿐 아무 말도 하지 않았다.

"그 밖에 또 뭘 하지?"

"음악도 듣고, 텔레비전도 보고, 잘 모르겠는데요. 친구들하고 이야기도 하고요. 다른 사람들은 뭘 하는데요?"

크리스틴은 하품을 했다.

"피곤하니?"

크리스틴은 대답하지 않았다.

"어젯밤에 몇 시에 잠자리에 들었지?"

"3시요."

"새벽 3시라고?"

크리스틴은 고개를 끄덕였다.

"밤 12시부터 새벽 3시까지 뭘 했는데?"

"친구들과 이야기했어요."

"전화로?"

"어떤 애들하고는 전화로 하고, 인터넷으로 채팅도 하고요."

"종종 그렇게 새벽까지 잠을 안 자니?"

"네, 그래요."

크리스틴은 화가 난 듯 퉁명스럽게 대꾸했다.

"새벽까지 인터넷 좀 하지 말았으면 좋겠다."

크리스틴의 엄마가 불쑥 끼어들었다.

"그게 뭐가 어떻다고 그래?"

크리스틴이 대들었다.

"그렇겠지. 그렇지만 11살짜리 여자애가 새벽 3시에 인터넷을 한다는 게 현명한 일인지 모르겠구나."

엄마가 말했다.

"엄마가 뭘 안다고 그래?"

"보셨죠?"

크리스틴이 말했다.

"바로 저렇다니까요. 우리 부모님은 아주 고리타분해요. 아무것도 모른다니까요. 아는 게 하나도 없어요."

나중에 크리스틴의 엄마 다이앤과 면담을 하게 되었을 때 내가 물었다.

"어머니는 크리스틴을 어떻게 훈련시키시나요?"

"무슨 말씀이시죠?"

다이앤이 되물었다.

"글쎄, 예를 들자면 흡연 문제 말입니다. 크리스틴은 겨우 11살에 불과하잖아요. 담배 피우는 것에 대해서 야단치지 않으십니까?"

"혹시, 크리스틴을 때리느냐는 말씀이신가요?"

다이앤이 물었다.

"아니죠. 물론 아닙니다. 제 말은 그러니까 이를테면 크리스틴이 담배 피우는 걸 막기 위해 무얼 하느냐는 것입니다. 전화를 하지 못하게 한다든가 그런 것 말입니다."

다이앤은 고개를 절레절레 흔들었다.

"그렇게 해봤자 아무 소용도 없을 거예요. 애 아빠도 담배를 피우거든요. 담배에 대해 말만 꺼냈다 하면 크리스틴은 아빠도 피우는데 나라고 못 피울 이유가 뭐냐면서 대들어요. 우리보고 위선자라고 화를 내고 물건을 마구 집어던지기도 하고요. 지난주에는 부엌에다 커다란 접시를 내동댕이쳐서 깨트렸어요. 정말 겁이 나더군요. 옆으로 조금만 비꼈어도 남편이 다칠 뻔했거든요."

"크리스틴을 야단치셨습니까?"

"무슨 말씀이세요?"

"크리스틴이 접시를 내동댕이쳤을 때 그 아이를 야단치셨느냐고요?"

"글쎄요……."

다이앤은 머뭇거렸다. 어떤 방식으로든지 처벌을 했어야 한다는 것을 알고 있는 것 같았다. 아니면 내가 크리스틴을 야단쳤어야 한다고 생각하는 게 잘못된 일이 아닌가 판단하려는 것 같기도 했다. 아무튼 그녀는 '올바른' 대답을 생각해내느라 애쓰고 있었다.

"그 일이 일어난 후 나는 딸아이를 달래느라 정신이 없었어요. 다른 것도 내던지면 어떻게 하나 해서요."

"어머니는 딸을 무척 두려워하시는 것 같군요."

"네, 맞아요."

크리스틴의 엄마가 고개를 끄덕거렸다.

이 이야기의 결말은 행복하지 못하다. 그해가 끝나갈 무렵 크리스틴은 선생님을 위협해서 정학처분을 받았고 다음 해에는 마약 소지 혐의로 체포되었다. 크리스틴은 마약을 사기 위해서 부모의 돈을 훔치고 있었다. 그리고 다시 일 년 후 크리스틴이 두 번째로 체포당하자 부모는 딸아이를 집 근처의 마약환자 치료시설로 보냈다. 그러나 별 효과가 없었다. 크리스틴은 부모와 15세 생일을 함께 보낸 후 집에서 500km나 떨어진 다른 마약 치료시설로 갔다. 그곳은 겉모습이 마치 감옥처럼 보였다. 이 글을 쓰는 지금도 크리스틴은 그곳에 있다. 크리스틴의 엄마는 그 시설에 있는 카운슬러들이 크리스틴이 진전을 보이지 않아서 아주 실망스러워한다는 말을 전해주었다.

크리스틴의 부모는 이런 결과를 피하기 위해 어떻게 해야 했을까? 이 장 마지막 부분에서 다시 살펴보도록 하자.

권위를 세우지 못하는 부모들

20세기의 가장 위대한 사회비평가이자 사회학자인 노베르트 엘리아스는 세상을 떠나기 1년 전인 1989년에 우리 사회가 1939년과 1989년 사이에 근본적으로 변화한 내용을 다룬 아주 중요한 논문을 발표했다.

엘리아스 박사는 지난 50년 동안 일어난 변화 가운데 가장 심각한 것은 '권위가 부모로부터 자녀에게로 넘어갔다'는 점이라고 지적했다.

예를 들어 1940년대에는 부모가 아들에게 가톨릭 남자고등학교에 가야 한다고 말한다면, 두말할 것도 없이 아이는 그 학교에 가야 했다. 아들이 불평을 늘어놓거나 화를 낼 수는 있겠지만 아이가 못마땅하게 생각한다고 해서 부모가 마음을 바꿀 것이라고는 누구도 기대하지 않았다.

그러나 지금은 상황이 너무나 달라졌다. 오늘날 대부분의 부모들은 아들의 진학 문제를 놓고 아들과 '상의'한다. 부모들은 이제 아들에게 자신의 의견을 제안하든가 회유하든가 심지어 간청하기까지 한다. 그리고 최종 결정은 대체로 아들이 한다.

부모의 권위가 이토록 추락된 결과는 엘리아스 박사가 쓴 표현을 빌리자면 '불확실한 지위'이다. 부모들은 이제 자녀들에게 어떤 권위를 행사할 수 있는지 알지 못한다. 자신들의 어린 시절을 회상해보아도 신뢰할 만한 지침을 구할 수 없다. 이렇게 힘의 균형이 부모에게서 자녀에게로 기울어진 후 생겨난 또 다른 현상은 세대 간에 '격식이 사라졌다'는 점이다.

이처럼 가족 관계에 격식과 예의가 사라지자 부모들은 더욱 불리한 입장에 처하게 되었다. 어떤 면에서 보면 부모가 자녀들과 '친구'로 지내기는 다소 쉬워졌다. 그러나 '부모' 노릇을 하기는 훨씬 힘들어졌다. 우정은 동료들 사이에 이루어지는 상호적인 관계이다. 부모-자식 관계는 동료들 간의 상호관계가 아니고 또 그렇게 되어서도 안 된다. 예를 들어 부모는 자녀에게 어떤 TV 프로그램을 볼 수 있는지 정해줄 수 있다. 그렇지만 자녀에게는 '부모'에게 어떤 프로를 보라고 말할 권한이 없다.

부모가 자녀의 친구가 되어서도 안 되고, 부모에게 '부모'로서의 권위도 없다면 그럼 부모의 위치는 어디인가? 말 그대로 오늘날의 부모는 어정쩡한 상태에 놓이게 된 것이다.

엘리아스 박사는 그런 심각한 변화로 인해 "불가피하게 불안감이 팽배하게 되었다. …… 엄격한 위계적인 질서 속에서 적합했던 (부모와 자녀 간의) 전통적인 행동 양식은 현대의 부모 자녀 관계에는 더 이상 맞지 않는다."고 말했다.

이제 부모들은 부모 노릇에 관한 한 나침반도 없이 바다에서 표류하게 되었다.

심지어 어린 자녀에게 무언가를 '지시할' 권한이 있다고 생각하지 못하는 부모들도 종종 보게 된다. 그런 부모들은 최상의 방법이 '제안'하는 것이라고 생각한다.

최근 나는 비만이 상당히 심한 8살짜리 소녀 샐리의 엄마와 이야기를 나누었다. 샐리는 여름이면 몇 주 동안 바닷가에 사는 친할아버지 댁에서 지낸다. 할머니는 샐리의 말이라면 무조건 다 받아주고 케이크, 사탕, 아이스크림 등 샐리가 원하는 것은 무엇이든 사주신다. 할아버지 댁에서 자기가 먹고 싶은 것만 먹다 돌아온 샐리는 엄마가 야채를 주면 화를 낸다.

그래서 샐리의 엄마에게 아이를 소녀들끼리 수영이나 하이킹도 하고 밤새도록 야영도 하는 하계 캠프에 보낼 것을 제안했다. 거기에는 정크 푸드도 없고 자동판매기도 없다는 말을 덧붙이면서. 하지만 샐리의 엄마는 고개를 가로저었다.

샐리에게 하계 캠프에 가겠느냐고 의견을 물어보았지만 화를 내면서 거부하고는 할아버지 댁에서 보내게 될 날만을 손꼽아 기다리고 있다는 것이었다. 샐리는 한 번도 하계 캠프에 가본 적이 없다. 실제로 가보면 캠프를 좋아할 수도 있을 것이다. 하지만 엄마는 샐리에게 강요할 수 없다며 난색을 표했다.

엄마는 8살짜리 딸에게 하계 캠프에 가라고 '강요'할 수 있다. 그렇지만 샐리의 엄마는 오늘날 대부분의 부모들과 마찬가지로 자신에게는 딸의 의지에 반하는 일을 하도록 강요할 권한이 없다고 생각한다.

대부분의 아이들은 자신이 경험해본 적이 없는 불확실한 일보다 자기가 잘 알고 있는 확실한 즐거움을 선호한다. 만일 아이들에게 하계 캠프처럼 전에 한 번도 해본 적이 없는 일을 하고 싶은지 '물어본다면' 아마도 싫다고 대답할 것이다.

부모들에게 지난 60년에 걸쳐서 권위가 부모로부터 자녀에게로 이

전되었다는 이야기를 하면 어떤 부모들은 바람직한 변화라는 반응을 보인다. 그런 사람들은 자녀들에게 더 많은 권한을 주면 아이들이 더 책임 있는 사람이 될 것이라고 믿는다.

나는 그 의견에 동의하지 않는다. 부모들의 권위가 어린 자녀들에게 넘어간 뒤 다음과 같은 결과가 빚어졌다는 사실이 그 견해에 동의하지 못하는 이유이다.

비만 아동들이 더 많아졌다

대부분의 어린아이들은 오이나 양배추보다는 치킨너겟이나 프렌치프라이를, 사과나 오렌지보다는 아이스크림을, 우유보다는 콜라나 사이다 같은 청량음료를 좋아한다. 50년 전에는 프렌치프라이, 아이스크림, 청량음료는 특별한 날에만 먹는 특별 음식이었다.

그러나 지금 아이들은 날마다 이런 음식을 먹고 마신다. 그 결과 많은 아이들이 뚱뚱해졌다. 미국 질병관리센터에 따르면 오늘날의 남자아이들은 30년 전보다 비만이 될 가능성이 4배나 높고, 소녀들의 비만 가능성 역시 3배 이상 증가했다.

2003년 듀크대학교에서 991명의 아동들을 대상으로 한 연구 결과에 따르면 비만 아동들이 정상 체중 아이들보다 덜 순종적일 가능성이 훨씬 높다고 한다. 그들은 비만 아이들에게 많은 세로토닌이나 다른 신경전달물질들이 대립적이고 반항적인 태도를 가져오지 않을까 추정했다. 그러나 역으로 고집스럽고 제멋대로여서 부모가 먹고 싶은 것을 막지 못하는 아이들이 뚱뚱해질 가능성이 더 높을 수도 있다.

십대들의 성 활동이 더 많아졌다

역사를 통해 보면 부모들은 언제나 자녀들의 성적 자유를 제한하려고 노력했다. 따라서 소년 소녀들은 결혼적령기 전까지 서로 어울리지 못했다. 미국에서도 1950년 이전에는 부모들이 혼전에 성관계를 맺지 못하도록 자녀들(특히 딸들)을 단속했다.

그러나 1960년에서 1990년까지 30년 동안에 급격한 변화가 일어났다. 전에는 극히 예외적이던 십대들의 성적인 활동이 이젠 당연한 일이 되었다. 이런 변화를 불러온 요소로 경구피임약의 출현을 꼽는 사람들이 많지만 부모의 권위 상실도 적지 않은 원인으로 작용했다.

최근 들어 일각에서 십대들의 성 활동이 나쁜 것만은 아니라는 주장이 나왔다. 연습이 최고다라는 말이 있듯이 성 경험이 많은 십대들이 성인이 되어 좀 더 만족스런 성생활을 누릴 가능성이 높다는 주장이다. 그러나 현실을 보면 그 주장은 설득력이 없다. 어린 나이의 육체관계는 우울증이나 원하지 않는 임신과 같은 불행한 결과를 가져올 위험이 너무 높다.

십대의 범죄율이 높아졌다

부모의 권위를 존중하지 않는 십대들은 사회의 권위도 중요시하지 않는다. 미국의 경우 1965년과 1990년 사이에 십대의 범죄율이 300% 이상 증가했다. 1965년 이전에는 십대가 주범인 경우는 아주 드물었고 대체로 성인의 강요로 범죄에 연루되는 형태였다. 하지만 오늘날 언론에 등장하는 십대의 범죄자들은 가정을 위해 범죄를 저지르기보다는 갱의 일원일 가능성이 훨씬 더 높다.

올바른 태도를 길러주는 훈련법

만일 부모가 자녀와 따뜻하고 애정이 넘치는 관계라면 자녀는 부모들의 기대를 잘 알 것이고 거기에 부응하려고 노력할 것이다. 그러나 부모와 자녀 관계가 원만하지 못하다면 그리고 자녀와 상호관계를 맺는 시간이 단지 자녀를 훈련시킬 때뿐이라면, 그 어떤 훈련 전략도 결코 효과를 발휘할 수 없다.

중요한 사실은 부모는 자녀를 훈련시킬 때만이 아니라 자녀에게 새로운 일, 새로운 취미, 새로운 모험을 알려주기 위해서도 권위를 행사해야 한다는 점이다. 그리고 부모로서 담당해야 할 한 가지 책임은 자녀에게 경험의 폭을 넓혀주는 일이다. 예를 들어 가족 전체가 여름 캠프에 참여할 수도 있다. 요즈음 꽤 많은 가정이 방학을 이용해 '가족 단위'로 여름 캠프를 가는 것은 주목할 만한 일이다.

나는 자녀의 경험을 확대시키기 위한 것이든 훌륭한 행동에 대한 보상이든 긍정적인 방법으로 부모의 권위를 행사하는 것을 '긍정적인 훈련'이라고 부르려 한다. 가령 가족 여행을 계획하는 부모가 있다고 하자. 부모는 멕시코에 가려고 하는데 어린 자녀들은 디즈니랜드에 가고 싶어 한다. 이런 상황에서 결정은 부모가 내려야 한다. 아이들의 의견을 존중한다며 멕시코에 가본 적이 없는 자녀에게 멕시코에 가고 싶은지를 묻는 것은 치킨카레를 먹어본 적이 없는 아이에게 치킨카레를 좋아하느냐고 묻는 것과 똑같다.

이럴 경우 자녀의 대답은 경험에 기초한 것이 아니다. 그러므로 자녀에게 "우리는 멕시코에 갈 예정이고 너도 함께 가야 한다."라고 '말'해야 한다. 그러나 자녀에게 너도 그곳을 좋아하게 될 것이라고 약속해서는 안 된다. 아이는 그곳을 싫어할 수도 있기 때문이다. 부모가 해야 할 일은 단지 자녀의 즐거움을 극대화시켜주는 것이 아니라 아이의 경험과 지평을 넓혀주는 것이다. 그 두 가지 목적이 항상 일치할 수는 없다.

그러나 이런 식의 억압적인 태도는 주로 12세 이하의 소녀들과 14세 이하의 소년들에게 효과가 있다. 이보다 나이가 많은 아이들은 자신들의 의지에 반해서 어디를 가거나 어떤 일을 하도록 강요당하는 것을 몹시 싫어한다. 따라서 그 아이들은 부모가 어떤 노력을 해도 즐거운 시간을 보내지 못할 것이다. 특히 부모가 전형적인 21세기 부모, 즉 대체로 자녀들의 일시적인 기분을 맞추어준 경우라면 더 그럴 것이다.

그럼 이제부터 12세 이하의 소녀들과 14세 이하의 소년들에게 적합한 긍정적인 훈련 규칙을 이야기해보겠다.

첫째, 아이들에게 의견을 물어보지 말고 지시를 내려라. 5세 자녀와 함께 놀이터에 갔는데 아이가 다른 아이들과 신나게 모래장난을 하고 있다. 이제 집으로 돌아가야 할 시간이다. 그런 경우에 "어머, 벌써 약속한 시간이 지났네. 이제 집으로 돌아가야 할 시간인데, 괜찮지?" 하고 물어서는 '안 된다.' 그 대신 "헤이, 아가씨, 5분 후에 집에 돌아갈 거야. 이제 네 물건을 챙겨야지?"라고 말해야 '한다.'

아동심리학자인 데이나 치드켈에 따르면 문장 끝에다 "괜찮지?"라는 말을 덧붙이면 자녀는 부모의 말을 의견을 묻는 것으로 받아들인다. 그런 경우 아이에게는 "싫어요."라고 대답할 수 있는 권리가 생긴다. 만일 자녀가 싫다고 대답했을 때 진퇴양난에 빠진 부모가 갑자기 태도를 바꿔 돌아가야 한다고 고집하면 아이는 속았다는 기분이 들 것이다. 부모가 자녀의 의사를 물어보는 척 가장을 했지만 사실은 아이의 의사를 물어본 것이 아니었으므로 처음부터 단호한 태도를 취하는 편이 낫다.

치드켈은 오늘날의 부모들은 단호하거나 '엄격한' 태도를 취하면 자녀들이 자신을 싫어할까 봐 두려워한다고 지적했다. 어떤 부모들은 심지어 자신들이 무엇을 하는지도 모르는 채 자녀들을 매수하는 경우도 있다. 방금 든 예에서 엄마는 아이를 모래밭에서 나오게 하기 위해 "맥도널드에 해피밀 사러 갈까?"라고 말할 수도 있다. 유인책으로 먹을 것을 사주겠다고 약속하지 말라. 혹시라도 부모 스스로 자녀에게 뇌물을 준다는 생각이 들면 즉시 그만두어야 한다.

치드켈 박사는 또한 부모들이 내린 지시 사항을 설명하지 말라고 충고한다. "만일 지금 TV를 끄지 않으면 숙제를 끝마치지 못하게 될 거야."라고 말하면 안 된다는 것이다. 치드켈 박사는 부모의 이런 발언은 지시가 아니라 정보라고 지적한다. 그리고 대부분의 아이들은 그런 정보는 무시해도 좋다고 생각한다. 따라서 "지금 당장 TV를 끄고 숙제해라."라고 말해야 '한다.'

또한 부모는 자녀를 어려움에서 구해주지 말아야 한다. 예를 들어 12세 아들이 게임에만 몰두하는 것을 보고 이제 학교 숙제를 해야 한다고 일깨워주었다고 하자. 그런데 아들은 부모의 말을 듣지 않는다. 내일 아침이면 학교에 숙제를 내야 하는데 아직 끝내지 못했다. 선생님은 늦게 내는 숙제는 받지 않겠다고 이미 경고했다. 만일 숙제를 제때 제출하지 못하면 아이는 점수가 깎일 것이다. 아들은 부모에게 도움을 청한다.

놀랄 만큼 많은 부모들이 밤을 새워가며 아이의 숙제를 대신 해준다. 이런 부모들은 자신들이 잘못하고 있다는 것을 알면서도 그런 잘못을 합리화하려고 애쓴다.

"이번 한 번만 해줘야지."

가망 없는 일이다. 아이는 또다시 도움을 청할 것이다. 부모는 아이의 숙제를 해주는 대신 이렇게 말해야 한다.

"내일 선생님께 혹시 기한을 연장해주실 수 있는지 여쭤보려무나."

선생님은 물론 연장해주지 않을 테지만 아들은 그런 요청을 해야만 하는 고통스러운 과정을 통해 귀중한 교훈을 배우게 될 것이다.

오늘날의 부모들이 감당하기 어려운 걱정거리가 컴퓨터 문제이다. 대부분의 부모들이 자녀가 집에서 사용하도록 컴퓨터를 사준다. 그리고 당연하다는 듯 아이의 방에 컴퓨터를 설치한다. 몇 달이 흐른 뒤 잘못을 깨닫지만 때는 너무 늦었다.

어린 자녀 또는 십대 자녀의 방에 컴퓨터를 설치하는 것은 고생을 자초하는 일이다. 아마도 부모들은 자녀가 방문하는 사이트를 통제하지 못할 것이다. 부모는 아이가 컴퓨터로 무엇을 하는지 알 수 없다.

어떤 부부는 딸이 메시지를 주고받을 때마다 기록이 남도록 하는 소프트웨어를 구입하였다. 어느 날 그 부부가 딸아이의 컴퓨터에서 마약 구매와 관련된 내용이 담긴 메시지를 복사해 와서는 대응 방안을 물었다. 메시지 내용으로 보아 아이가 마약을 하고 있는 것이 너무나도 분명했지만 아이는 절대 아니라고 부인했다. 그 부모는 딸의 메시지 내용을 감시하고 있었다는 사실을 말하고 싶지 않았기 때문에 복사해둔 증거물을 들이밀지 못했다. 정말로 난처한 상황이다. 부모가 만일에 그런 소프트웨어를 사용하려고 한다면 그 사실을 '미리' 자녀에게 알려야 한다.

자녀에게 꼭 컴퓨터를 사줘야 한다면 컴퓨터를 '공적'인 공간, 거실이나 서재처럼 가족이 함께 사용하는 곳에 설치해야 한다. 부모가 아무 경고 없이 자신을 어깨 너머로 넘겨다볼 수 '있다'는 사실을 알고 있기만 해도 자녀는 부모의 말을 따르기가 한층 더 쉬워질 것이다.

하지만 자녀의 사생활을 존중해줘야 한다고 말하는 부모들도 있다. 물론 존중해야 한다. 부모는 십대 자녀의 침실에 들어가기 전에 반드시 노크해야 한다. 그렇지만 부모는 자녀가 인터넷으로 무엇을 하고 있는지도 알아야 한다. 자녀의 사생활을 보호하고 인터넷 사용을 감시할 수 있는 유일한 방법은 컴퓨터를 가족이 공유하는 공간에 설치하는 것이다.

대부분의 자녀가 이런 조처에 반대할 것이다. 이럴 때는 아이에게 부모는 자녀가 인터넷으로 무엇을 하는지 알아야 한다는 것과 그렇지만 침실에 있을 때는 자녀의 사생활을 침범하고 싶지 않다고 분명히 말해야 한다. 나아가 부모는 자녀의 이메일이나 메시지를 감시할 수 있는 권한이 있다는 점도 상기시켜주어야 한다.

비슷한 이유로 아이의 방에 TV를 설치해주어서는 안 된다. 침실은 잠을 자고, 독서를 하고, 공부를 하는 공간이어야 한다. 방에 TV가 있으면 주의가 산만해진다. 많은 아이들이 밤늦게까지 TV를 시청하거나 비디오 게임을 하느라 아침에 일어나지 못한다. 그리고 잠에서 덜 깬 상태로 학교에 간다. 부모들은 지쳐서 밤마다 소리 지르기도 힘들다. 가장 간단한 해결책은 아이의 침실에서 TV를 추방하는 것이다. 부모와 자녀가 서로 다른 프로그램을 시청하고 싶어 하기 때문에 할 수 없이 TV를 사준다고 말하는 부모도 있다. 그런 경우라도 두 번째 TV는 자녀의 방이 아니라 거실이나 부엌 같은 '공적'인 공간에 놓아야 한다.

마지막으로 한 가지 규칙을 더 말한다면, 부모의 비밀은 비밀로 남겨두어야 한다는 점이다. 앞에서 언급했듯이 자녀들에게 교훈을 주려고 자신의 잘못된 경험을 이야기하는 경우가 있다. 하지만 그런 이야기는 부모의 권위만 떨어뜨릴 뿐이다.

일부의 편부모들은 자녀들, 특히 십대 자녀들에게 자기의 속내를 털어놓고 싶어 한다. 『나는 부모를 할 테니 너는 자녀를 해라 *I'll Be the Parent, You Be the Child*』의 저자 폴 크롭은 그것은 아주 잘못된 행동이라고 말한다. 부모에게도 자신의 실수를 털어놓거나 위로를 받고 싶은 정서적인 욕구가 있다. 그렇지만 부모는 성인이다. 자신들의 욕구를 충족시키고 싶다면 다른 성인을 찾아야 한다. 그도 아니라면 "무릎을 꿇고 기도를 하든지, 사례비를 지불하고 정신과 상담을 받든지 아니면 맥주를 사서 마셔라. 어린 자녀를 귀찮게 굴지 말고 그냥 내버려두라." 크롭의 조언이다.

문제 부모가 문제 아이를 만든다
—다시 한 번 자신의 모습을 들여다보라

에이미 데니슨의 아빠가 어느 일요일 아침 6시에 딸이 살그머니 집으로 들어오는 것을 붙잡았을 때 에이미의 나이는 15세였다.

에이미는 전날 밤 잠옷으로 갈아입고 아빠에게 안녕히 주무시라는 인사를 한 다음 천진난만한 표정으로 시간이 늦었는데 아빠는 안 주무시고 밤을 꼬박 새우실 작정이냐고 묻기까지 했다. 아빠가 자러 들어간 뒤 에이미는 자기 방으로 들어가 방문을 닫았다. 그때가 토요일 밤 11시경이었다. 에이미는 서둘러 새로 산 짧은 검정 치마, 검정 스타킹, 하얀 실크 블라우스로 갈아입고 메일을 확인했다. 기다리던 새 메일이 들어와 있었다. 에이미는 휴대전화를 걸어 조그만 소리로 속삭였다.

"준비 됐어. 5분 후에 길모퉁이에 서 있을 테니까 데리러 와."

에이미의 부모는 6개월 전에 딸의 방문에 자물쇠를 달아주었다. 어린 남동생이 시도 때도 없이 누나의 방을 드나들자 에이미가 자신도 사생활이 있다며 항의했기 때문이다. 이제 에이미는 방 안에서도 문을 잠글 수가 있었다. 에이미는 창문을 넘어서 (하이힐은 손에 들고) 밖으로 나갔다. 고양이처럼 소리 없는 움직임이었다.

길모퉁이에서 19세인 남자 친구가 에이미를 태우고 대학생들의 파티가 열리는 아파트로 데리고 갔다. 15세 소녀에게 대학생들과 어울리는 이런 파티는 세련됨의 전형이었다. 그리고 대학생들은 에이미를 확실하게 받아주었다. 에이미는 신나게 즐겼다. 많은 젊은 남자들이 화끈하고 풋풋한 이 소녀를 환영했다. 에이미는 춤의 여왕이었다.

다음 날 아침 6시에 개가 밖으로 나가겠다고 끙끙거리지만 않았더라면 에이미의 아빠는 전날 밤 일을 까맣게 몰랐을 것이다. 아빠가 개를 내보내려고 밖으로 나온 바로 그 순간 에이미가 살금살금 뒤뜰을 가로질러 아직도 열려 있는 침실 창문을 넘어가고 있었다.

이틀 후 에이미의 아빠 샘이 내 진찰실로 찾아왔다.

"그 다음에 벌어진 일을 도저히 이해할 수가 없습니다. 에이미는 잘못했다고 용서를 빌지도 않았고 설명도 하지 않았어요. 어찌나 화가 나던지 폭발할 것만 같았지만 아이한테 소리를 지르기는커녕 그만 엉엉 울어버리고 말았어요. 내가 정말로 바보 같다는 생각이 들었죠. 딸애한테서 맥주 냄새가 나더군요. 그런데도 딸애는 아무것도 마시지 않았다고 우기는 겁니다. 어떤 남자애가 자기 머리에 술을 부었다나요. 고작 나는 '네 엄마한테는 뭐라고 말하면 좋겠니?'라는 말만 했습니다."

에이미의 엄마는 당시 일 때문에 출장 중이었다.

내가 딸을 혼냈느냐고 묻자 그럴까도 생각해보았지만 무슨 벌을 주어야 할지 확신이 서지 않았다고 대답했다.

이 남자한테 무슨 말을 해줘야 할까? 나는 머릿속으로 궁리했다. 에이미의 휴대전화를 빼앗든지 침실의 자물통을 철거하든지 아니면 에이미의 침실을 옮기라고 조언할 수도 있었다.

하지만 샘을 다시 쳐다본 나는 망설였다. 뭔가가 잘못된 것 같은 느낌이 들었다. 내가 기분이 어떠냐고 묻자 샘은 아주 죽을 맛이라고, 소화도 안 되고, 가슴은 답답한 데다 자꾸 토할 것만 같다고 대답했다. 그래서 샘에게 간단한 검사를 했다. 검사 결과 샘은 고질적인 알코올 남용으로 인한 간 손상을 암시하는 이상 징후가 나타나고 있었다. 나는 샘에게 전화를 걸어 그 사실을 알렸다.

나중에 생각해보니 에이미의 행동은 이해가 가는 것이었다. 엄마의 태도도 마찬가지였다. 에이미의 엄마는 알코올 중독인 남편을 피하려고 기회가 있을 때마다 지방으로 출장을 갔다. 그녀는 남편 자신이 술을 끊고 싶은 의사가 없다면 누구도 술을 마시지 못하게 할 수는 없다는 것을 잘 알고 있었고, 그래서 지방 출장을 통해 자신의 역경을 극복하려고 했다.

많은 경우 카운슬러나 소아과 의사들은 아이가 속한 가정을 제대로 살펴보지 않은 채 성급하게 아이에게만 초점을 맞춘다. 부모에게 문제가 있는데 자녀의 문제에만 매달린다면 근본적인 해결책을 찾을 수 없다. 에이미의 경우라면 에이미가 아빠의 알코올 중독 문제로 얼마나 고민하는지 알지도 못한 채 시간만 허비했을 것이다.

다행히 에이미의 아빠는 간에 손상이 있다는 것을 알게 된 날부터 술을 끊기로 결심하고 그 후 전혀 술을 마시지 않는다. 벌써 3년째다. 에이미의 엄마도 지방 출장 업무를 중단하고 이제는 집에서 더 많은 시간을 보내고 있다. 그리고 아빠는 딸의 방문에 달아주었던 자물쇠를 철거했다.

자녀를 훈련시키는 첫 번째 단계는 부모가 자기 자신을 훈련하는 것이다. 그렇다고 부모의 모든 결함을 알아야 한다는 말은 아니다. 자녀들을 위해 부모는 먼저 자기 자신의 단점을 인식함으로써 아이들 문제에 부딪혔을 때 부모 자신이 무방비 상태가 되지 않도록 노력해야 한다. 부모의 삶에 알코올 중독이라든지 마약중독 같은 아주 중대하고 명백한 문제가 있을 경우에는 부모가 자녀를 효과적으로 훈련시킬 수 있는 방법이 전혀 없다.

아이들은 "내가 하는 행동을 본받지 말고 내가 말하는 대로 행동해라!" 라는 식의 이야기는 결코 받아들이지 않을 것이다. 부모는 자기 자신을 먼저 훈련시키지 않고는 자녀를 훈련시킬 수 없다.

벌을 줄 때도 성별과 나이를 고려하라

앞에서 우리는 '긍정적인 훈련'에 대하여 논의했다. 그렇다면 자녀가 좀 더 엄격한 조처가 필요한 행동을 했을 때에는 어떻게 할 것인가? 딸이 학교 성적에 대해 거짓말을 한다면 어떻게 할 것인가? 아들이 여동생이 아끼는 장난감을 의도적으로 망가뜨렸을 때는 어떻게 할 것인가? 딸이 참가하지 말아야 할 파티에 갔다가 살그머니 집으로 들어오는 것을 붙잡았다면 어떻게 할 것인가? 그런 상황에 처했을 때는 어쩔 수 없이 '처벌'에 의존할 수밖에 없다.

클레어 휴즈, 커비 디터-데커드, 알렉산드라 커팅은 지금까지 남녀 성차와 처벌 문제에 관한 연구 중 가장 중요하다고 할 수 있는 결과를 발표하였다. 첫째, 그들은 엄격하고 권위적인 훈련 양식부터 부드럽고 관대한 훈련에 이르기까지 부모들의 다양한 훈련 방식을 분석했다. 부모들과의 인터뷰, 훈련 방식에 대한 독립적인 관찰자들의 객관적인 평가, 그리고 연구 대상 가정을 직접 비디오로 촬영한 다음 코드화한 훈련 방식 내용들을 모두 조합해 검토했다. 그런 다음 부모의 사회경제적인 위치, 지능, 직업이 주는 영향들을 고려해서 부모의 훈련 방식과 자녀의 사회성 사이에 어떤 상관관계가 있는지 살펴보았다.

조사 결과는 자녀가 딸인가 아들인가에 따라서 완전히 달랐다. 소년들은 이따금 체벌도 포함되는 엄격하고 권위주의적인 훈련일 때 좋은 결과를 보였다. 부모의 훈련 방식이 엄격하면 할수록 소년의 사회·인지적인 능력이 한층 더 뛰어났다. (물론 '학대' 수준의 처벌을 가한 가정은 하나도 없었다.) 그러나 놀랍게도 부모들이 '따뜻하고 유연한' 훈련 방식을 취한 경우 소년들이 사회·인지적인 기술을 습득하는 과정이 늦었다. 그러나 소녀들의 경우에는 결과가 정반대로 나타났다. '따뜻하고 유연한' 접근 방식이 사회적 기술을 향상시킨 반면에 엄격한 훈련 방식은 소녀들의 사회성 발달에 다소 부정적인 영향을 미쳤다.

일반적으로는 부모들이 딸보다 아들에게 더 엄격할 것이라고 생각한다. 그런데 놀랍게도 실제로는 그 반대였다. 부모들은 아들보다 딸에게 더 엄격한 태도를 취했다. 오늘날 많은 부모들이 부모 역할에 대한 잘못된 정보에 현혹되어 딸들은 엄격하게, 아들은 부드럽고 관대하게 대한다. 이것은 부적절한 태도이다.

자녀가 어떤 잘못을 저질렀든 그 잘못에 합당한 처벌이 가해져야 한다는 점에는 모두들 동의한다. 3세 아동에게 합당한 처벌은 14세 아동에게 합당한 처벌과 다르다는 것은 누구나 다 알고 있다. 그렇지만 수많은 부모들이 깨닫지 못하는 점은 합당한 처벌이 자녀의 나이뿐만 아니라 자녀의 '성별'에 따라서도 달라져야 한다는 사실이다.

남의 입장 되어보기

부모 노릇에 대한 권위자들에게 3세에서 16세에 이르는 아이들에게 제일 좋은 훈련 방법을 물으면 '유도 기법'으로 알려진 방법을 변형시켜 알려줄 것이다. 유도 기법이란 자녀로 하여금 피해를 입은 사람의 입장에서 생각해보도록 도와주는 것을 의미한다. '만일 누군가가 너한테 그렇게 했다면 네 기분은 어떻겠니?'가 유도 기법의 전형이다. 그렇지만 유도 기법이 모든 아이들에게 최선의 방법은 아니다.

아동심리학자인 크리스티나 시니시와 마크 바네트는 서로 다른 나이대의 아동들에게, 자신들이 잘못을 저질렀을 때 두 번 다시 똑같은 행동을 하지 않게 하려면 어떤 훈련이 효과적이라고 생각하는지 물어보았다. 소녀들은 유도 기법을, 소년들은 힘의 행사를 선호했다. '힘의 행사'란 신체적인 제약, 체벌, 또는 그와 유사한 위협을 의미한다. 또한 아동들은 자신들의 잘못과 상관없이 엄마들은 유도 기법을 자주 사용하고 아버지들은 힘을 행사하는 경향이 강하다고 답했다. 아이들은 위반자가 소녀일 경우에는 유도 기법을 적절한 훈련법으로 인정했지만 소년일 경우에는 힘의 행사를 선호하는 것 같았다.

이 연구 결과가 우리에게 암시하는 것은 무엇일까?

우선 아이들 자신도 남녀에 따라 각각 다른 훈련이 필요하다고 느낀다는 점이다. 소녀는 유도 기법을, 소년들은 힘의 행사가 효과가 있다고 믿고 있다.

또 하나 흥미로운 점은 부모들에게 이런 근본적인 통찰력이 결여되어 있다는 점을 아이들이 인식하고 있다는 것이다. 아이들은 엄마들은 딸과 아들 모두에게 유도 기법을, 아빠들은 힘을 행사하는 경향이 있다는 점을 (정확하게) 알고 있다. 바꾸어 말하면 부모들은 자신의 훈련 방법이 자녀에게 올바른 방법인지 상관하지 않고 그저 '자신들'이 옳다고 여기는 방법을 사용한다는 것이다.

어번대학교의 아동심리학자 니콜 호튼과 동료들은 최근 유도 기법을 받아들이는 아이들의 태도를 연구했다. 그 결과 소녀들은 유도 기법에 호의적인 태도를 보인다는 점을 발견하였다.

예를 들어 아이가 학교에서 누군가를 괴롭혔을 때 딸아이에게 "선생님이 네가 다른 아이들을 못살게 구는 아이라고 말했을 때 엄마는 얼마나 당황스럽고 부끄럽던지 얼굴을 들 수가 없더구나."라고 말할 수 있다. 엄마의 말은 전문 용어로 '부모 중심의 유도 기법'의 한 예이다. 딸들은 부모들이 그런 말을 하는 것이 정당하다고 생각한다. 소녀들은 부끄럽게 느끼는 부모의 입장에 자신을 놓을 수 있기 때문이다.

하지만 소년들의 반응은 다르다. 소년들에게 부모 중심의 유도 기법을 사용하는 것은 시간 낭비이다. 소년들에게는 '피해자' 중심의 유도 기법이 좀 더 효과적이다. 예를 들어 아들이 반에서 다른 학생들을 못살게 군다는 이야기를 들었을 때 "만약 너보다 몸집이 훨씬 큰 아이가 '너'를 마구 때린다면 네 기분이 어떻겠니?"라고 물어볼 수 있다. 호튼 박사는 이런 식의 유도 기법은 특히 5학년, 6학년 소년들에게 효과가 있다는 것을 밝혀냈다.

그러나 아주 어린 소년들에게는 유도 기법이 별 효과가 없다. 5장에서 살펴보았듯이, "만일에 ……하다면 네 기분이 어떻겠니?"라는 말은 나이 어린 소년들에게는 재고할 가치가 없는 말이다. 여하튼 '부모' 중심의 유도 기법은 나이가 많든 적든 소년들한테는 별로 효과가 없다.

연령과 성별에 따른 구체적인 훈련 지침

앞서도 말했지만 각 나이마다, 남자냐 여자냐에 따라 효과적인 훈련 방식이 다르다. 걸음마를 하기 시작한 아기들부터 십대 소년 소녀들까지 각각의 나이와 성별에 적합한 구체적인 몇 가지 훈련 기술을 살펴보도록 하자.

갓난아기 훈련하기

지금까지 살펴본 대부분의 훈련 전략은 언어적인 의사소통을 필요로 한다. 그렇다면 말귀를 알아듣지 못하는 유아들은 어떻게 훈련시킬 것인가?

매기는 첫아이인 4개월짜리 아들 저스틴을 데리고 정기 검진을 왔다. 아이는 아주 건강해 보이는데 엄마의 얼굴은 말이 아니었다. 왜 그런가 하고 물었더니 아이에게 젖을 먹이느라 도무지 쉴 틈이 없다고 했다. 정해진 수유 시간 20분이 넘어 젖을 빼면 아기가 어찌나 울고 보채는지 견딜 수가 없어 또다시 젖을 물리게 된다는 것이었다.

"아니 저런! 그런데요, 어머니. 젖을 먹일 때 한쪽 젖만 먹이시죠, 맞습니까?"

아기 엄마가 고개를 끄덕였다.

4개월짜리 아기한테는 할 일이 세 가지밖에 없다. 먹는 것, 자는 것, 응가하는 것. 그런데 아이에겐 먹는 것이 제일 좋다. 만일 아기한테 하고 싶은 대로 하라고 하면 하루 종일이라도 엄마 젖을 빨 것이다. 하지만 실제로 아기는 젖을 먹는 게 아니라 그저 엄마 젖에 매달려서 엄마하고 있는 것을 즐기는 것이다.

엄마는 젖먹이는 일 말고도 다른 할 일이 많다. 그러므로 엄마가 젖먹이는 소가 아닌 이상 단호해야 한다. 아기에게 20분 정도 수유를 하고 부드럽게 아이를 젖가슴에서 떼어낸 다음 트림을 시키고 침대에 눕

히면 처음엔 울겠지만 3분 후면 잠이 들 것이다. 길어야 5분에서 10분이 지나면 아이는 잠이 든다. 매기에게도 이 점을 설명하고 실천하도록 권했다.

두 달 후 저스틴 모자가 다시 건강 상태를 확인하러 왔다. 아이는 여전히 좋아 보였고 아기 엄마의 얼굴 역시 상당히 좋아 보였다.

"선생님의 충고대로 했더니 이젠 좋아졌어요. 처음엔 울고 야단이었지만 사흘이 지나면서부터 울음을 그쳤어요. 요술처럼 말이에요. 이제는 장난감을 가지고 노느라고 정신없어요."

아기가 태어난 후 첫 일 년 동안에 부모는 아기에게 한 가지 기본적인 사실, 즉 '부모가 부모라는 사실'을 인식시켜야 한다. 결정권은 부모에게 있다. 만일 부모가 4개월짜리 아기에게 젖먹이는 문제에 확고한 태도를 취할 수 없다면, 자녀가 8세가 되었을 때에는 잠자리에 드는 시간을 가지고, 또 15세가 되어서는 통행 금지 시간이나 '12시까지는 귀가해야 한다'는 규칙들을 가지고 끝도 없는 논쟁을 벌일 씨앗을 뿌리는 것이다. 하지만 아기가 부모의 규칙은 변하지 않는다는 것을 알게 된다면 (아기들은 이런 일에 대하여 놀라울 정도로 영리하다.) 아동기와 사춘기에 이르러 부모가 시키는 훈련이 보다 큰 효과를 발휘하게 될 것이다.

똑같은 규칙이 식사 문제에도 적용된다. 아기는 보통 6개월이 되면 바나나, 사과, 콩, 당근 등 단단한 음식을 먹기 시작한다. 으깬 콩이나 당근은 아기가 먹기에 아주 좋은 음식이다. 6개월에서 2세까지의 아이들에게는 이유식 훈련이 가장 기본적인 훈련이다.

아기들의 몸무게는 태어나서 4개월이 지나면 두 배가 되고 만 1년 되면 세 배가 된다. 아이의 일생을 통해 두 번 다시 이런 속도로 신체 조직이 증가하는 때는 오지 않는다. 다시 말해 아기는 평생 동안 태어나서 첫해에 먹는 것처럼 많이 먹지는 않을 것이다.

이 점을 제대로 이해하지 못하는 부모들은 종종 한 살짜리 아기가 밥을 잘 안 먹는다며 애를 태운다. 한 엄마는 아기가 며칠 동안 포도주스와 과자 몇 개를 먹었을 뿐이라며 어디가 아픈 것은 아닌지 걱정했다.

의사인 내가 보기에 아이는 아무 이상이 없었다. 그래서 "배가 고프면 먹을 겁니다. 아이에게 치즈나 치킨너겟 같은 것을 주지 마세요. 배가 고프면 아기는 엄마가 주는 과일이나 야채도 아주 맛있게 먹을 겁니다."라고 알려주었다.

이제 걸음마를 갓 시작한 아기들이 줄곧 포테이토 칩, 프렌치프라이, 사탕을 입에 달고 사는 것을 보게 된다. 그 아이들의 부모들은 이미 아기들이 먹는 것을 통제할 수 없기 때문에 영양학적으로나 훈련에서나 아이들에게 큰 손해를 끼치게 된다.

여기서 부모들이 기억해야 할 것은 규칙을 정한 다음에는 반드시 그 규칙에 충실해야 한다는 점이다. 아이들에게 규칙을 명확히 알려주고 반드시 그대로 시행할 것이라는 점도 알려주어야 한다. 만일에 저녁 식사를 하지 않으면 나중에 과자도 주지 말아야 한다. 1세, 2세 자녀에게는 이 규칙들을 어김없이 지켜야만 한다. 그래야 그 이후에 부모의 인생살이가 편해진다.

2세~4세 여자아이들

언어적 징계는 부모가 부드러우면서도 따끔하게 야단치는 것을 의미한다. 딸이 놀이 친구를 때리려고 하면 부모는 "남을 때려서는 안 된다."

라고 말하는 것이 옳다. 만일 이런 말을 해도 아무 효과가 없다면 이제는 유도 기법을 사용해야 할 것이다.

이 연령대에서는 '피해자 중심의 유도 기법'을 적용해야 한다. 부모는 딸이 피해자가 되었을 때 어떤 기분이 들겠는지 생각해보도록 도와주어야 한다. 이 나이대의 여자아이들에게는 "만일 어떤 아이가 '너'를 때린다면 네 기분이 어떻겠니?" 같은 유도 질문을 다른 방식으로 여러 번 바꾸어서 물어야 한다. "너는 지금까지 다른 아이한테 맞아본 적이 한 번이라도 있었니? 그때 기분이 어땠었니? 그 아이들이 너를 또 때린다면 네 기분이 좋을까?" 등등.

만일 언어적인 징계나 유도 기법이 별 효과를 발휘하지 못한다면 이제는 타임아웃(활동 중지)을 활용해볼 시기이다. 타임아웃이 효과를 발휘하기 위해서는 옳지 못한 행동을 한 직후에 '곧바로' 실시해야 한다.

만약 4세 딸아이가 음식점에서 주문한 음식이 싫다고 음식을 바닥에 내동댕이쳤다면 집에 돌아와서 아이에게 타임아웃을 해봤자 아무 소용이 없다. 부모는 '즉시' 음식점에서 아이를 데리고 나와 (자동차를 가져간 경우라면) 자동차로 데려가 앉혀놓고 밖에서 차문을 닫는다. 그리고 4분 정도 그대로 둔다. 타임아웃의 일반적인 규칙은 한 살에 1분이므로 4세 아이면 4분이다. 그런 다음 자동차 문을 열고 딸에게 잘못한 행동에 대하여 사과하도록 요구해야 한다. 만일 음식점에서 누군가에게 잘못했다면 음식점으로 돌아가 그 사람들에게도 사과하도록 해야 한다.

타임아웃 개념을 제대로 이해하지 못하는 부모들이 많다. 3살짜리 아들이 다른 아이들을 때리는 '잘못된 습관'이 있다며 도움을 청한 엄마가 있었다. 아들이 다른 아이를 때렸을 때 어떻게 대응했는지 물었더니 엄마는 타임아웃을 활용했다고 대답했다.

그래서 구체적으로 어떻게 했는지를 물었다. 그 엄마는 아들이 다른 애를 때리면 3분 동안 두 팔로 꼭 안고서 아이의 팔과 다리를 만지며 "때리면 안 된다."고 속삭인다고 했다. 그 경우 아들은 벌을 받는다고 생각하기보다는 엄마와의 접촉을 즐길 것이다. 이런 행동은 타임아웃이 아니다. 타임아웃에서 가장 중요한 것은 잘못한 아이를 부모나 다른 아이들로부터 '격리'시키는 것이다. 자녀를 방에 혼자 남겨두고 문을 닫아야 한다.

내가 아는 한 2세 아동은 부모가 방에 남겨두고 문을 닫자 물건을 집어던지고 난장판으로 만들었다. 벌 받는 게 화가 나서 부모를 곤혹스럽게 만들려는 것이었다. 그 아이의 부모는 타임아웃을 위해 아이의 카시트를 '실내'에 들여놓았다. 그렇게 하면 아이를 안전하고도 안정된 장소에 놓아둘 수 있기 때문이다. 그렇게 2분이 지나고 아이에게 간다면 아이도 침실도 고스란히 이전의 상태를 유지하고 있을 것이다. 만일 이런 방법을 쓰려고 한다면 이때 사용하는 카시트는 본래 자동차에서 아이가 앉는 좌석과 모양도 감촉도 '냄새'도 달라야 한다. 그렇지 않으면 아이는 자신이 처벌을 받는것이 아니라 자동차를 타고 어디를 가고 있다고 착각할 수도 있다.

2세~5세 남자아이들

이 나이대 소년들에겐 유도 기법이 효과가 '없다.' 자기 생각이 확실하고 자신감이 넘치는 아이에게 "만일에 어떤 애가 '너'를 때린다면 네 기분이 어떻겠니?"라고 물으면 아이는 "나도 마구 때리고 발로 찰

거야! 그 다음엔 그 놈을 올라타고 목을 졸라야지!"라고 대답할 수도 있다.

 심리학자 마틴 호프만을 비롯한 학자들은 어린 남자아이들은 유도 기법의 질문을 잘 이해하지 못한다는 점을 지적했다. 소년들은 "만일에……라면 네 '기분'이 어떻겠니?"라는 질문을 "만일에……라면 너는 어떻게 '행동'할 거니?"라고 잘못 이해해서 부모의 의도와는 동떨어진 대답을 할 것이다.

 4세 남자아이에게는 우선 '다른 사람을 때리면 안 된다'는 말처럼 간단한 언어적 징계로 시작하는 것이 좋다. 만일 이런 방법이 효과가 없으면 곧바로 강제적인 타임아웃을 시행해야 한다. 그래도 안 좋은 행동이 반복된다면 타임아웃 시간을 연장한다. 때론 아이의 볼기를 때리는 것도 적절한 방법이다. 그러나 반드시 명심해야 할 점은 엉덩이를 두 대 정도 찰싹 때린 다음 끝내야 한다는 것이다. 절대로 화가 난 상태에서 아들을 때려서는 안 된다. 그리고 딸인 경우에는 절대로 볼기를 때려서는 안 된다.

4세~8세 소녀들, 5세~10세 소년들

이 나이대의 아이들에게는 어렸을 때 썼던 방법들 외에 '특전 철회'라는 새로운 방법을 추가할 수 있다. 아이들에게는 의식주와 건강 보호라는 양도할 수 없는 권리가 있다. 그 외에 모든 것은 특전이다. 장난감, 비디오 게임, 전화 사용, 텔레비전 시청, 쇼핑, 친구 초대하기……. 이 모든 것들은 반드시 노력해서 얻어야 하는 특전들이다.

 대부분의 부모들은 '특전 철회'를 어떻게 사용해야 하는지 잘 알고 있다. 7살짜리 딸이 남동생이 좋아하는 장난감을 연못에 던졌다면 그날 오후에 있는 친구의 생일잔치에 가도록 허락해서는 안 된다. 생일잔치에 가는 것은 권리가 아니라 특전이다. 이와 마찬가지로 6세 아들이 학교에서 세 번이나 다른 아이를 발로 찼다면 "앞으로 3일 동안 게임을 할 수 없다."고 말해야 합리적이다.

하지만 그런 규칙을 지키기는 상당히 어렵다. "앞으로 3일 동안 게임을 할 수 없다."고 말은 했지만 아이가 그 후 이틀 동안 천사처럼 바르게 행동할 경우 부모는 마음이 누그러져 게임을 허락할 것이다. 많은 부모들은 별일이 아닌데도 자녀들에게 특전 철회라는 처벌을 내린다. 그런 다음 하루나 이틀 후에 자신이 내린 결정을 번복하는 실수를 저지른다.

이 나이대의 자녀에게는 부모가 잘못된 행동에 처벌을 내리면 그것이 반드시 그대로 지켜진다는 것을 알려주어야 한다. 혹시 아이에게 내린 처벌이 지나치게 엄하거나 과하다는 생각이 들더라도 '절대로' 그 처벌을 수정하거나 번복해서는 안 된다. 그렇게 하면 그 뒤로도 계속 아이와 '협상'을 해야 한다.

이 연령대(4세~8세 소녀들과 5세~10세 소년들)의 자녀와 협상하는 것은 적절하지 않다. 협상을 하면 자녀들은 부모가 정한 규칙이 반드시 지켜야 할 사안이 아니라 교섭의 여지가 있다고 느낀다. 그렇게 되면 저녁 메뉴, 잠자는 시간, 주중의 TV 시청 시간 등 모든 일이 협상거리가 된다.

게다가 좋은 생활습관을 위한 규칙은 변하지 않는 것이라는 근본적인 개념마저 훼손된다. 즉 자녀가 옳고 그름을 학습을 통해 내면화시키는 '도덕의 내면화' 과정이 협상으로 인하여 무너지는 것이다. 규칙에 관한 한 절대로 자녀와 협상해서는 안 된다.

9세~14세 소녀들

이 나이대에 타임아웃은 더 이상 효과가 없다. 그리고 언어적 징계, 유도 기법, 특전 철회와 같은 다른 훈련법들도 역시 전처럼 효과를 발휘하지 못한다. 이 아이들은 『내 딸이 여자가 될 때』와 『여왕벌과 따라쟁이들 Queen Bees & Wannabes』에서 말하는 그 소녀들이다. 이 나이의 소녀들에게는 무엇보다 또래들의 압력이 가장 중요하다.

9세~14세의 소녀들은 다른 어느 나이대의 소녀들 그리고 모든 나이대의 소년들보다도 또래 집단이 중요하다. 부모들이 보기에는 상식에서 벗어나고 비정상적인 행동이라 할지라도 딸의 또래 집단에서는 표준적인 행동이 될 수 있다. 만일 부모가 담배 피우는 것을 엄격하게 금지했는데도 12세 딸아이가 담배를 피우고, 그 이유가 자신이 속한 그룹의 아이들이 담배를 피우기 때문이라면 앞에서 논의한 훈련 기법들은 '그 어느 것'도 효과를 발휘할 수 없다. 이런 상황에서 부모가 규칙을 고집한다면 아이는 부모가 이해심이 없고, 자신만 옳다고 생각하는 사람이라고 판단할 것이다.

이럴 경우에는 어떤 방법을 써야 할까?

최상의 그리고 유일한 해결책은 딸을 그 그룹에서 빼내는 것이다. 하지만 그것은 현실적으로 대단히 어렵다. 부모가 딸에게 다른 소녀들과 어울리지 말라고 요구할 수는 없다. 그렇다고 억지로 아이가 속한 그룹에 참여하지 못하게 금지할 수도 없다. 따라서 부모는 딸이 참여할 대안적인 그룹을 찾아내야 한다. 앞에서 이미 언급했듯이 댄스 교습이나 승마 강습 또는 비슷한 나이의 다른 소녀들과 함께할 수 있는 다른 활동에 가입시키는 것이 대안이 될 것이다. 학교를 옮기는 것은 극단적인 조처이지만 만일에 그것이 마지막 수단이라면 전학도 고려해야 한다.

언어적 징계, 유도 기법, 특전 철회도 이 나이대의 소녀들에게 조금은 효과를 발휘한다. 그렇지만 부모는 우선 딸이 처한 상황을 잘 알고 있어야 한다. 그리고 부모의 요구가 딸이 속한 그룹에서 딸의 지위를 위태롭게 만드는 것이라면 부모는 이 시점에서 지혜를 발휘해야 한다.

12살짜리 딸이 친구 세 명과 축구경기장에서 열리는 록 콘서트에 가고 싶어 한다. 소녀 네 명이 저녁 시간에 대중교통을 이용해 보호자 없이 경기장에 간다는 건 좋은 생각이 아니다. 그렇지만 부모가 딸에게 무조건 가지 말라고 말한다면 아이는 입장이 곤란해지고 더불어 부모에 대한 반감이 커지게 된다. 그러면 다음에 부모가 권위를 행사하려 할 때 한층 힘들어질 것이다.

무조건 금지하는 대신 부모는 다른 소녀들의 부모들과 상의해서 연합전선을 펴는 것이 좋다. 딸에게 네 친구의 부모님들과 상의했더니 "사라의 부모님이 너희들을 콘서트장에 데려다주시겠다고 하셨단다. 우리는 너희가 그분들과 함께 콘서트에 가든가 아니면 모두 다 그냥 집에 있든가 둘 중에 하나를 선택하는 것이 좋겠다고 의견을 모았단다."라고 말할 수 있다. 이 나이대의 딸을 둔 부모는 다른 부모들과 아무 접촉 없이 혼자서 딸을 훈련시킬 수 없다. 부모도 딸이 친구들에게 전화하는 것만큼이나 자주 딸 친구의 부모들과 전화를 해야 한다.

10세~15세 소년들

이 시기 소년들의 훈련 전략은 두 가지 면에서 달라져야 한다.

첫째, 체벌은 더 이상 효과가 없다. 그들에게 볼기를 때려보았자 별로 아픔을 느끼지도 않을 것이고, 좀 더 심한 체벌은 반발심만 불러온다. 13세 소년의 볼기를 때리는 것은 아이에게 "너는 어린아이에 불과하다."는 사실을 상기시켜줄 뿐이다.

그러나 그 나이 또래 소년들은 부모에게 어린아이 이상의 대우를 받고 싶어 한다. 그런 아들을 때리면 아들은 오히려 자신이 컸다는 것을 부모에게 증명하고 싶은 충동을 느끼게 된다. 아들은 잠재의식 속에서 만일 내가 담배를 피우든가 아니면 여자아이를 임신이라도 시킨다면 '그때는' 부모가 자신을 어린아이로 생각한 것이 얼마나 잘못이었는지 깨닫게 될 것이라고 생각할 수도 있다.

둘째, 유도 기법을 변화시켜 활용해야 한다. 만일 이 또래 아이가 잘못을 저질렀다면 "만일에 ……라면 네 '기분'이 어떻겠니?"라고 묻는 대신에 "만일에 ……라면 너는 어떻게 '행동'하겠니?"라고 물어야 한다. 14세 아들이 일부러 여동생이 아끼는 잡지를 쓰레기통에 내버렸다면 "네가 한 짓 때문에 네 여동생이 얼마나 슬픈지 아니?"라고 말해서는 '안 된다.'

이 또래 소년들과 다른 사람들의 감정에 대해 논의해보았자 별 소득을 얻을 수 없다. 그러므로 "만일에 동생이 네가 가장 아끼는 게임팩을 망가뜨렸다면 너는 어떻게 하겠니?"라고 말해야 '한다.' 그런 질문을 받으면 아들은 자신이 받는 처벌의 정당성을 인정할 것이다. 이 경우의 처벌로는 특전 철회를 고려해볼 수 있다.

14세~18세 소녀들, 15세~18세 소년들

자녀가 14세가 될 때까지 부모가 자녀에게 만만한 상대였다면 부모들은 이제 그동안 편하게 지낸 데 대한 대가를 치러야 할 것이다. 이 나이대의 자녀들은 아이가 어릴 때부터 일관성 있고 확고한 태도를 보였던 부모들에게도 새로운 시련을 펼쳐놓는다.

오늘날의 문화는 TV 광고나 영화, 청소년 잡지에서 볼 수 있듯이 십대들에게 스스로를 독립적인 존재로 인식하도록 부추기고 부모에게 순종하는 것은 형편없는 태도라는 의식을 심어준다. 그러므로 부모가 이 나이대의 자녀들에게 권위를 행사하기는 그 어느 때보다 힘들다.

뿐만 아니라 다른 부모들과 연합전선을 펴는 것도 어려워지고 있다. 왜냐하면 이 나이대의 아이들에게 허용해도 좋은 일과 허용하면 안 되는 일에 대해 사회적으로 일치된 견해가 전혀 없기 때문이다. 대부분의 부모들은 12세 소녀들끼리 밤에 록 콘서트에 가는 것은 말도 안 된다는 것에는 동의한다. 그러나 16세 소녀 4명이 한밤중이 넘도록 자기네들끼리 밖에서 시간을 보내는 것에 대해서는 별 문제가 아니라고 생각하는 부모도 있을 것이다.

'부모는 권위를 행사해야 한다.' 여러분은 부모이다. 여러분은 15세 자녀의 친한 친구가 아니다. 때때로 자녀는 부모가 자신의 친구가 아니라고 생각할 수도 있다. 그렇다고 해도 그것이 문제는 아니다. 만일에 15살짜리 딸이 주말에 부모는 한 번도 만나본 적이 없는 3명의 친구들과 함께 90km 정도 떨어진 곳에서 개최되는 록 콘서트에 가겠다고 말한다면 그 답변은 두 번 생각해볼 필요도 없이 '안 돼!'이다.

한 가지를 덧붙인다면 '중요한 문제를 선별'해 싸움을 벌이라는 것이다. 딸이 코나 배꼽을 뚫고 싶어 한다면 반대하기 전에 신중하게 생각하라. 이런 문제는 아마도 자식과 싸움을 벌일 정도로 심각한 것이 아닐 수도 있다.

부모는 자신들이 가지고 있는 권위와 영향력을 잘 지켜야 한다. 십대 자녀의 안전과 관련된 문제들이 옷, 피어싱, 문신, 음악 등의 문제보다 훨씬 중요하다. 피어싱이나 옷 입는 문제는 딸이 원하는 대로 허용하라. 그래야 부모가 '정말로' 단호한 태도를 취해야 할 때 자녀들로부터 좀 더 신뢰를 얻게 될 것이다.

볼기를 때리는 것은 아동학대인가

2세~10세에 이르는 남자아이들에게 적합한 훈련 방법 가운데서 유도 기법이나 타임아웃 전략이 효과가 없을 때 적절한 방법으로 볼기 때리기를 언급했다. 나는 볼기 때리기를 특별히 권하는 것은 아니지만 무조건 반대하지도 않는다. 볼기를 때리는 것은 특별히 아들을 둔 부모들이 활용할 수 있는 아주 중요한 '수단'이다. 어떤 부모들은 아들이 자라는 동안 두 번밖에 자식을 때린 적이 없을 수도 있지만 그 두 번의 체벌이 상당한 차이를 가져온다. 부모들 자신이 그렇다고 말한다.

일부 전문가들은 볼기 때리기도 아동학대라고 생각한다. 또 다른 전문가들은 볼기를 맞은 아이들이 십대나 성인이 되었을 때 사회에 부적응 증세를 일으킬 가능성이 높다고 주장한다. 아들의 볼기를 때려라. 그러면 그 자식은 커서 범죄자가 될 것이다. 앨리스 밀러는 『당신 자신

의 선을 위하여: 폭력의 근원 For Your Own Good』이라는 저서로 많은 관심을 끌었다. 그 책에서 밀러는 아돌프 히틀러가 어린 시절 아버지한테 맞았기 때문에 그런 사악한 괴물이 되었다고 주장했다.

하지만 밀러의 주장을 뒷받침하는 자료들은 없다. 10여 년 전에 크리스틴 존슨과 로널드 사이먼스는 체벌에 관한 야심찬 연구 결과를 출간했다. 그들은 연구를 시작하면서 체벌을 할 가정을 미리 정하고, 자녀의 인생에 대한 '부모들의 개입 정도'도 정해놓았다. 그런 다음 3년 후에 아이들의 생활을 확인했다. 그 결과 아이들을 바르게 행동하게 만드는 가장 중요한 요소는 자녀의 인생에 대한 '부모의 개입 정도'임이 드러났다.

부모들의 개입 정도가 높았던 자녀들의 경우 결과가 아주 좋았지만 전혀 개입하지 않았던 아이들은 문제가 있었다. 이 조사 결과 자녀들을 가혹하게 체벌하는 부모들은 자녀들의 삶에 개입하지 않을 가능성이 더 높았다. 아버지가 아들과 함께 지내는 시간이 아들을 때릴 때뿐이라면 그 소년은 잘 자랄 수 없을 것이다. 그리고 그 소년이 제대로 성장하지 못한 것은 부모가 볼기를 때렸기 때문이 아니라 아버지의 개입이 없었기 때문이라고 볼 수 있다.

부모들에게 한 가지 당부하고 싶은 것은 자녀 교육에서 '7:1' 규칙을 마음에 담아두라는 것이다. 자녀와 함께 지내는 시간을 '재미있게 보내는 시간'과 '훈련 시간'으로 구분하라. 재미있게 지내는 시간에는 게임, 쇼핑(딸의 경우), 레슬링(아들의 경우), 놀이공원에 가서 놀이기구 타기, 함께 영화 관람하기 등 부모가 자녀와 함께 할 수 있는 모든 즐거운 일들이 포함된다. 이처럼 재미있게 보내는 시간과 훈련 시간의 비율이

7:1이 되게 하라는 것이다. 만일 자녀와 즐겁게 지내는 시간보다 자녀를 훈련시키는 시간이 더 많다면 이제부터라도 자녀와 즐거운 시간을 더 많이 가져야 한다.

체벌을 당하는 아이가 성인이 되어 범죄자가 될 가능성이 높다는 주장은 전 세계 어디에서도 그 근거를 찾아볼 수 없다. 하버드대학교의 심리학자인 제롬 케이건이 조사한 것처럼, 청교도들이 많이 살던 뉴잉글랜드에서는 자녀를 양육할 때 가혹한 체벌도 마다하지 않았다. 그런데도 체벌당한 아이들은 대체로 모범적인 시민이 되었다. 청교도들이 엄격한 체벌을 가하던 시절에는 뉴잉글랜드 지방의 범죄율이 극히 낮았다. 그러나 세월이 흘러 부모들이 체벌을 하지 않게 되면서 범죄율이 증가하였다.

사람들은 '체벌이 아동학대로 가는 지름길'이라고 한다. 그렇지만 그런 주장을 뒷받침하는 근거는 어디에도 없다. 부모가 자식의 부당한 행동을 체벌한다고 해서 아동학대자가 될 위험은 크지 않다. 부모의 체벌이 일상적이고 심지어 공립학교에서도 신체적인 체벌이 가해지는 남아프리카나 바베이도스 같은 나라가, 아동에 대한 부모의 신체적 체벌을 법으로 금지하는 오스트리아, 덴마크, 스웨덴보다 아동학대가 만연하고 있다는 증거는 어디에서도 찾을 수 없다. 스웨덴에서는 1979년에 부모의 체벌을 불법으로 규정했지만 1995년 스웨덴 정부가 실시한 조사에 의하면 법률이 통과된 이후에 아동학대가 4배나 '증가'했다. 이 결과에서 볼 수 있듯이 신체적 체벌을 금지하면 아동학대가 감소될 것이라는 주장은 타당성이 없다.

심리학자 다이애나 바움린드는 자녀가 정말로 부당한 행동을 했을 때 볼기를 때리는 부모와 화가 나서 자녀를 때리는 학대 부모 사이에는 근본적이고도 질적인 차이가 있다고 지적했다.

매를 아끼고 진정제를 투여하는 아이러니

40년 전에는 버릇없게 구는 아이들은 처벌을 받을 가능성이 높았다. 하지만 오늘날의 부모들은 대체로 자녀들을 엄격하고도 일관성 있게 훈련시키지 않는다. 그렇다면 엄마를 물어뜯는 것처럼 '옛날' 같았으면 볼기를 얻어맞았을 행동을 하는 오늘날의 아이들에게는 어떤 일이 일어날까? 이런 아이들은 이제 볼기를 맞는 대신 리탈린, 애더럴, 콘서타, 메타데이트처럼 안정감을 주고 행동을 수정하게 만드는 약물을 복용한다.

미국의 마약 단속국에 의하면 미국에서 처방되는 메틸페니데이트(리탈린, 메타데이트, 콘서타라는 이름으로 판매되는 중추신경자극제)의 양은 1991년과 1999년 사이에 500% 이상 증가했고 같은 기간에 처방된 암페타민(주로 애더럴)의 양은 2,000% 이상 증가했다. 바꾸어 말한다면 미국의 의사들은 9년 전에 비해 아동들에게 암페타민을 '20배' 이상 처방한 것이다. 콜로라도 주의 교육위원회는 교사들에게 학생들에게 향정신성 약물치료를 추천하거나 제안하지 말도록 권고하는 결의안을 통과시켰다. 교육위원회는 정신과의 약물처방이 아이들의 훈련 문제와 연관되어 남용되고 있다는 결론을 내렸다. 2004년 미국에서 전국적으로 시행된 표본조사에 의하면 미국의 가정은 아동들의 행동 치료를 위한 약값으로 엄청난 지출을 하고 있다. 그런 약물은 이제 항생제나 천식 치료제보다도 더 많이 팔려나가고 있다.

리탈린, 애더럴, 콘서타 같은 약뿐 아니라 항우울제 역시 훨씬 빈번하게 처방되고 있다. 앞에서 언급했듯이 어린아이들에게 처방되는 항우울제 역시 10년 전보다 3배나 많아졌다. 줄리 지토 박사는 아동들에게 처방되는 약물 실태를 조사한 결과 항우울제 처방 증가율이 애더럴, 콘서타, 리탈린과 같이 행동을 바로잡는 중추신경자극제의 증가율 다음으로 높다고 지적했다.

지토 박사는 "무엇이 문제인가? 중추신경자극제를 사용한 다음에 우울증이 나타나는 건 아닌가?"라는 질문을 던졌다. 현재 미국에서는 10세에서 14세에 이르는 아이들 7명 중 1명은 행동을 통제하는 약물을 복용하고 있다.

아동들이 이런 약물을 복용할 때 덕을 보는 사람은 누구인가? 아마도 단기적으로는 아이를 통제하기가 쉬워져 부모와 교사들이 도움을 받을 것이다. 그리고 제약회사들이 막대한 이익을 얻을 것이다. 그렇지만 아이들은 어떨까? 지토 박사는 약물이 아동들의 행동을 제어하고 정신을 마비시킬 수는 있지만 아이에게 예의 바르게 행동하는 법을 가르치는 데 최선의 방법인지는 알 수 없다고 말했다. 아이의 행동을 통제하기 위해 약물을 사용한다 해도 사회적인 행동 양식을 내면화하지 못한 아이의 근본적인 문제를 변화시킬 수는 없다.

결국 누워서 침 뱉기이다. 끊임없이 좋지 못한 행동을 저지르는 4세 남자아이를 단호하게 훈련시키지 못하는 부모는 그 아이가 8세가 되었을 때 아들을 데리고 의사를 찾아갈 가능성이 높다. 그리고 의사들은 아이에게 어떻게 해야 하는지 묻는 부모에게 종종 약물치료를 받아 보라는 처방을 내릴 것이다. 세상이 이상하게 돌아가다 보니 자녀에게 볼기를 때리는 것은 온당치 못하지만 자녀를 약물로 마비시키는 것은 아무렇지도 않은 일이 되었다.

예전의 부모들은 아이들이 선천적으로 비행을 저지르는 경향을 갖고 태어난다고 생각했다. 그래서 엄격하게 부모 노릇을 하지 않는다면 아동들은 비행을 저지르게 되어 있다고 생각했다.

그러나 오늘날에는 아이들이 선천적으로 선하게 태어났다고 믿는 1960년대 히피족들의 비현실적인 신념이 지배적인 풍조가 되었다. 이런 세계관에 의하면 아이들은 선하게 태어난다. 따라서 만일 아이들이 무례하게 행동한다면 그것은 분명 다음과 같은 이유 때문일 것이다.

- 좋지 못한 가정교육
- 불균형한 영양섭취
- 엄마가 임신 중일 때 보살핌을 제대로 받지 못함
- 독성 물질이 함유된 환경
- 주의력결핍증
- 비디오 게임(또는 폭력적인 텔레비전 쇼, 영화, 음악)

여러분은 어떤 이유가 마음에 드는가?

요즘은 심지어 아이의 행동을 묘사하는 언어조차도 바뀌었다. 50년 전에는 물건을 훔치는 십대 소년의 행동은 도둑질이라 불렸다. 그러나 오늘날에는 '사회적으로 적응 능력이 떨어지는 사춘기의 품행이상 증세'라고 표현한다. 언어의 변화는 청소년 비행을 바라보는 사람들의 사고방식의 변화를 의미한다. 50년 전에는 잘못된 행동을 하면 반드시 처벌을 받았다. 하지만 오늘날에는 예의 없는 행동이 종종 '정신적인' 문제로 간주되고, 그래서 무례한 행동을 하는 아이들은 전문가에게 보내져 약물치료를 받게 된다.

최근에 출간된 『미국 정신의학협회의 진단자료집』(의사들에게는 DSM-IV로 알려져 있다.)을 살펴보면 과거에는 단순히 '순종적이지 않다'고 말했을 아이의 행동에 대해 6가지 정도의 '진단'을 내리고 있다. '대립적이고 반항적인 이상 증세'에 대한 공식적인 설명(DSM-IV 313.81)을 살펴보자.

대립적이고 반항적인 이상 증세의 주요한 특징은 권위적인 인물에 대해 부정적이고 반항적이고 불순종적이고 적대적인 행동 양식이 되풀이해서 나타나며 적어도 6개월 이상 지속되는 것이다. 그런 이상 증세는 다음 중 4가지 행동이 빈번하게 발생한다.

1. 흥분한다.(기준 A1)
2. 어른들과 논쟁을 벌인다.(기준 A2)
3. 어른들의 요구나 규칙에 대하여 공공연히 반항하거나 따르기를 거부한다.(기준 A3)
4. 의도적으로 다른 사람들이 싫어할 행동을 한다.(기준 A4)
5. 자신의 잘못이나 비행을 다른 사람들의 탓으로 돌린다.(기준 A5)
6. 신경과민이거나 아니면 다른 사람들에게 쉽게 짜증을 낸다.(기준 A6)

7. 화를 내거나 분개한다.(기준 A7)
8. 앙심을 잘 품고 보복적이다.(기준 A8)

다음의 두 문장 사이에 어떤 차이가 있는가?

- 내 아이 토미는 나나 다른 어른들한테 불손하고 무례하게 행동한다. (부모)
- 토미는 대립적이고 반항적인 이상 증세에 대한 DSM-IV의 기준 중 313.81에 해당한다.(의사)

앞의 두 문장 모두 한 소년을 설명하는 말이다. 그렇지만 두 문장 사이에는 커다란 차이가 있다. 만일 부모가 아들 토미의 불손한 성질을 인정한다면 당연히 부모는 토미가 좀 더 순종적인 아이가 되도록 도와줄 훈련 전략에 대해 물을 것이다. 그러나 전문가가 토미의 행동이 정신과적 이상 증세에 해당된다고 말한다면 부모는 당연히 약물치료가 도움이 되느냐고 물을 것이다.

자녀를 훈련하는 방법의 하나로 약물을 복용시키라면 망설일 부모들도, 치료에 필요하다면 훨씬 편하게 받아들인다. 특히 전문가의 진단일 경우에는 더욱 그렇다. 이 과정에서 '비행을 환자로 만들어 치료하는 행위'가 일어나는 것이다.

요즈음에는 서너 살짜리 어린아이들이 어린이집에서 쫓겨나는 일이 빈번하게 벌어지고 있다. 15년 또는 20년 전에는 듣도 보도 못했던 일이다. 그 아이들 중에는 실제로 통제 불가능한 아이들도 있다. 불과

3살짜리 아이가 교사를 저속한 이름으로 부르는 경우도 있었다. 분명 그 아이는 집에서 그런 말을 해도 벌을 받지 않았을 것이다. 그런데 왜 어린이집에서는 그 말을 사용하면 안 된단 말인가? 또 다른 어린이집에서는 한 남자아이가 아무 거리낌 없이 다른 아이들에게 돌을 던지고 어른들을 발로 찼다. 한데 그 아이에겐 그것이 정말 재미있는 놀이였다. 또 다른 남자아이는 손님이 오면 "죽여 버릴 거야."라고 협박했다. 손님은 4살짜리가 농담을 한다고 생각하지 않았다. 실제로 그 아이의 부모는 아들을 두려워하며 살고 있었다. 그들은 아직도 아들에게 밥을 떠먹이고 있었다. 아이가 다른 방법으로는 먹으려고 들지 않았기 때문이다. 게다가 잠자리에 드는 시간도 아이 마음대로였다.

오늘날의 전문가들은 이런 아이들에게 어떤 처방을 내릴까? 아마도 '하루에 10번 이상 아이를 쓰다듬어주고 두 시간마다 지속적으로 감각기관을 자극하고…… 아이가 원할 때마다 흙탕물이나 모래로 데리고 가서 놀게 하라.'고 권할 것이다. 전문가의 권고를 최선을 다해 실천하고 있는 한 엄마는 자신이 그 일을 끝까지 할 수 있을지, 그렇게 해서 아이로부터 다른 사람들을 안전하게 지켜줄 수 있을지, 또 아들이 12세가 되면 어떤 일이 일어날지 걱정스럽다고 했다. 그래서 아들을 담당하는 심리학자에게 이런 걱정거리를 털어놓았다. 심리학자는 엄마도 불안 증세가 있으니 치료를 받아보라고 권유했다. 약물치료는 이렇게 계속된다.

여러분이라면 말도 안 듣고 부모를 업신여기며 교사에게 침을 뱉는 4살짜리 토미를 위해 어떤 제안을 내놓겠는가? 아마도 엄격한 훈련을 무시한 다음 유일한 대안은 알약이 가득 든 약병일 것이다.

닫혀버린 크리스틴의 인생

크리스틴의 소식을 마지막으로 들은 것은 그 아이가 15세 때였다. 크리스틴은 자신이 마약환자 사회복귀치료센터에 들어가게 되었으며 예후가 별로 좋지 않다고 말했다. 시간을 되돌릴 수는 없지만 크리스틴의 부모는 아이를 어떻게 훈련해야 했을까?

사실 크리스틴의 문제는 꽤 일찍부터 시작되었다. 크리스틴의 엄마는 딸이 아주 어린아기였을 때에도 그 아이를 어떻게 훈련시켜야 할지 확신이 서지 않았다고 고백했다. 크리스틴은 첫아이였다. 불행하게도 크리스틴이 태어났을 당시 엄마 아빠 모두 성숙하지 못했다. 그들은 크리스틴이 잘못을 해도 벌을 주지 않았고 2살짜리 크리스틴이 야채를 먹기 싫다고 하면 야채 대신 치킨너겟이나 프렌치프라이를 주었다. 엄마가 독실한 기독교 신자였음에도 크리스틴이 8세 때 예배 시간에 짜증을 부린 이후에는 그 아이를 교회에 데리고 가지 않았다. 크리스틴은 자기가 하고 싶지 않은 일은 아무것도 할 필요가 없었다. 크리스틴이 5세때에는 심술을 부려도 제법 귀여웠지만 11세가 되어서도 심술을 부리니 그다지 귀엽지 않았다. 그러나 그때는 이미 11년 동안이나 아이의 모든 응석을 받아주었기 때문에 부모가 버릇을 고치려고 진짜로 무섭게 굴었더라도 힘만 들었을 것이다.

'아이가 어렸을 때에 다르게 행동했어야 한다'고 말하기는 쉽다. 그러나 정말 중요한 것은 '지금'부터 어떻게 하는가이다.

크리스틴이 11세 때에 부모가 취해야 했던 행동으로는 다음과 같은 것들이 있다. 첫째, 크리스틴과 함께 앉아서 몇 가지 규칙을 정하고 그

것에 대해 차분히 알려준다. 아이에게는 자기가 어떤 규칙을 지켜야 하는지 구체적으로 알 수 있도록 자세하게 설명해주어야 한다.

- 취침 시간: 자고 일어나는 시간과 그 밖에도 반드시 지켜야 할 것들(예를 들어 밤 10시 이후에는 문자 메시지를 절대로 주고받지 않는다.)
- 가사 책임: 쓰레기 버리기, 자기 방 정리정돈하기.
- 식사할 때의 태도(식탁에서 딸이 감정을 폭발시킬 것을 두려워한 크리스틴의 부모는 딸이 침실에서 텔레비전을 보면서 식사할 수 있도록 밥상을 따로 차려주었다.)
- TV와 컴퓨터에 대한 권한(크리스틴의 방에 있는 TV와 컴퓨터를 거실로 옮긴다 등등.)

우리 병원에 처음 왔던 날 크리스틴이 보여준 태도는 상식적으로 도저히 용납할 수 없는 행동이었다. 그 아이는 낯선 사람인 내 앞에서 자기 엄마가 "아무것도 모른다. 우리 부모는 아주 고루하다."고 말하는 등 엄마에게 무례한 태도를 보였다. 크리스틴이 자신의 견해를 표현할 권리는 있다. 그러나 어떤 경우든 자녀들이 낯선 사람 앞에서 부모에게 무례한 행동을 할 권리는 없다. 크리스틴은 담배를 피우고 새벽 3시까지 잠을 자지 않는다는 것을 자랑스럽게 말했다. 당시 크리스틴의 부모는 적어도 2주 동안 '컴퓨터 사용 금지'와 외출 금지 같은 처벌을 내리는 것이 적절했을 것이다.

크리스틴은 분명 부모에게 무례하게 구는 것이 멋지다고 생각하는 그룹에 속해 있었다. 앞에서 이미 말했듯이 크리스틴의 부모는 딸을 위해 다른 그룹을 찾아야 했다. 그들은 크리스틴의 친구들이 휴대전화나 집으로 걸어오는 전화를 막을 수도 있었으며, 딸을 스포츠나 아니면 적어도 가족에 대해 그다지 부정적이지 않은 여자아이들과 함께하는 활동에 참가시킬 수도 있었다. 그러나 그렇게 하지 않았다.

나는 자기 자신과 부모를 아주 '증오'하는 딸과 씨름을 해야 했던 어떤 부모가 딸을 무용반에 가입시킨 뒤 말 그대로 아이의 인생이 180도 바뀐 경우를 알고 있다. 크리스틴의 부모는 필요하다면 딸아이를 다른 학교로 전학시키는 방법도 고려했어야 한다.

물론 그런 일이 쉽지는 않다. 그리고 모든 아이에게 맞아떨어지는 해결책도 있을 수 없다. 하지만 '부모'가 자기 자녀를 훈련시키지 않는다면 어느 누구도 그 일을 대신 해주지 않을 것이다.

9장
동성애자, 양성애자, 트랜스젠더

동성애와 이성애의 생물학적인 차이는
왼손잡이와 오른손잡이의 차이와 거의 같다.
왼손잡이는 하나의 단계가 아니다.
왼손잡이가 어느 날 갑자기 오른손잡이로 바뀌지 않듯이
성적 취향도 바뀌지 않는다.
어떤 아이들이 왼손잡이로 태어나는 것처럼
어떤 소년들은 게이가 될 숙명을 타고난다.

게이 소년 다니엘

끔찍한 일을 저지른 남자의 이웃 사람들이 "그 사람이 그런 일을 하리라고는 전혀 상상도 못했어요. 얼마나 얌전하고 친절했는데요. 정말 '정상적'인 사람이었거든요."라고 말하는 인터뷰를 본 적이 있을 것이다. 다니엘의 부모가 아들에 대해 이야기하는 것을 들으며 나는 그런 인터뷰를 떠올렸다.

다니엘은 얼마 전에 11학년이 되었다. 어릴 적에는 트럭이나 기차를 아주 좋아했고 축구, 미식축구, 야구처럼 남자아이들이 좋아하는 운동도 빠짐없이 다했다. 어느모로 보나 여자애 같은 점이 전혀 없는 지극히 정상적인 아이였다.

지금도 다니엘은 학교를 대표하는 미식축구팀에서 뛰고 있으며 경기에서 득점률만 조금 올린다면 대학팀에서도 뛰게 될 가능성이 크다. 그런데 어느 날 다니엘의 부모는 이상한 내용이 담긴 아들의 이메일과 문자 메시지를 발견했다. 나는 다니엘의 부모가 복사해 온 메시지를 조심스럽게 읽었다.

…… 만일 남자 사진을 보면서 자위행위를 한다면, 그게 게이라는 표시니? 여자애들 사진을 보면서 해보려고 시도해도 머릿속에서는 자꾸 남자가 연상돼. 여자아이의 목을 쳐다보면서도 그게 남자의 목이라고 생각하게 되거든. 이런 말을 들으면 정말로 역겹다는 느낌이 들 거야. 그건 나도 잘 아는데 자꾸 상대가 계집애가 아니라 사진 속의 남자였으면 하고 바라게 돼. 나도 어쩔 수가 없어.

내가 정말로 게이라면 자살해버릴 거야. 자동차를 몰고 베이 브리지에서 뛰어내릴 거야. 지붕이 열리는 자동차를 빌려 타고 다리에서 공중을 향해 날아오르는 거야. 그러기 직전에 마약을 좀 해야겠지? 한번 멋지게 돌진한 다음 죽는 거지. 문제없어.

 그런데 한 가지 걱정은 혹시 죽지 '않으면' 어떻게 하냐는 거야. 뇌에 손상을 입거나 전신 마비가 되면 결국 크리스토퍼 리브처럼 되는 거잖아. 만일 자살한다면 두 번 기회는 없을 테니까 애초에 확실하게 해야 하잖아. 너한테 뭐 좋은 생각 없니?

다니엘의 이메일을 받은 친구는 다음과 같은 답장을 보냈다.

자동차가 공중을 향할 때 머리에 총을 한 방 쏴버려. 그럼 확실하게 죽을 테니까.

부모가 자신의 이메일을 읽고 있다는 사실을 다니엘이 아느냐고 질문하자 부부는 고개를 가로저었다. 그럼 다니엘의 부모는 어떻게 아들의 이메일을 감시하게 되었을까? 어느 날 엄마가 아들 방을 청소하다가 침대 밑에 숨겨진 포르노 잡지를 보게 되었다. 그중에는 게이들이 보는 포르노 잡지도 있었다. 놀란 엄마가 남편에게 소년들이 자라면서 게이 포르노를 보는 단계가 있느냐고 물었고 남편은 아니라고 대답했다. 그래서 걱정이 된 부모가 아들의 이메일을 몰래 보게 된 것이다.

다니엘의 엄마는 여러 가지를 물었다. 다니엘이 진짜로 게이인지 아니면 그저 하나의 단계에 불과한 것인지, 만일 다니엘이 게이라면 어떻게 대처해야 하는지, 또 왜 이런 일이 일어난 것인지, 자신들이 무얼 잘못해서 그 아이가 게이가 되었는지……. 다니엘의 엄마는 거의 울음을 터뜨릴 듯한 표정이었다. 그들은 인터넷도 뒤져보았지만 답을 찾을 수 없었다고 했다.

다니엘의 아빠는 다니엘이 멋지고 매력적인 소녀들과 데이트를 하는 걸로 봐서 절대 게이일 리가 없다고 주장했다.

"아이가 정말 게이라면 무엇 때문에 예쁜 여자아이하고 데이트를 하겠습니까?"

현실은 그렇지 않다. 게이 소년들이 여자아이들과 데이트를 하는 이유는 여러 가지이다. 우선 다니엘 또래의 게이 소년들은 대부분 자신이 정말로 게이인지 100% 확신하지 못한다. 그래서 자신이 혹시 양성애자이거나 정상적인 이성애자는 아닐까 하고 궁금해한다. 그 아이들은 자신에게 딱 맞는 여자, 그러니까 자기가 성적 욕망을 느낄 수 있는 소녀만 찾는다면 정상적인 성생활을 하게 될 것이고 그러면 만사가 해결된다고 생각할 수도 있다.

자신이 게이라는 것을 알고 있는 소년도 남들이 자신의 성적 취향을 아는 것이 싫어서 여전히 소녀에게 데이트를 신청할 수 있다. 그리고 자신의 성적 취향이 드러나지 않도록 하기 위해 여자아이와 섹스를 할 수도 있다.

"게이가 어떻게 여자와 섹스를 합니까?"

아버지가 물었다.

그건 간단하다. 자신이 남자하고 섹스를 하고 있다고 상상하는 것이다. 감옥에 갇힌 이성애 남자들은 다른 남자들과 섹스를 하면서 여자와 섹스를 한다고 상상한다. 성적 욕구는 다리 사이에서 일어난다기보다는 오히려 머릿속에서 일어나는 것이다.

십대 소년들 중에서 자신이 게이라고 '밝힐' 준비가 된 아이들은 아주 드물다. 그리고 대부분은 자신들의 성적 취향이 공공연히 알려질까봐 불안해한다. 그와 동시에 아이들은 이야기할 상대, 누군가 신뢰할 수 있는 상대를 간절히 원한다. 그리고 다른 십대 소년들과 마찬가지로 강한 성적 충동을 경험하기 때문에 그것을 배출할 출구를 찾는다.

"어쩌면 우리 아이가 양성애자일 수도 있잖아요. 100% 게이가 아니라."

다니엘의 엄마가 희망을 가지고 물었다.

남자들이 진짜 양성애자인 경우는 아주 드물다. 자신들이 양성애자라고 말하는 대부분의 남자들은 실제로는 게이인데 자신의 성적 취향을 자기 자신조차 인정할 수 없기 때문에 양성애자로 행세하는 것이다. 사회적으로 게이보다는 양성애자에 대한 거부감이 약하기 때문이다.

다니엘이 어른이 되면 바뀔까? 그저 지나가는 하나의 단계일까?

이 질문에 대해 나는 아니라는 입장이다. 동성애와 이성애의 생물학적인 차이는 왼손잡이와 오른손잡이의 차이와 거의 같다. 왼손잡이는 하나의 단계가 아니다. 왼손잡이가 어느 날 갑자기 오른손잡이로 바뀌지 않듯이 성적 취향도 바뀌지 않는다. 어떤 아이들이 왼손잡이로 태어나는 것처럼 어떤 소년들은 게이가 될 숙명을 타고난다.

설명을 들은 다니엘의 부모는 아들이 자신들의 잘못 때문에 게이가 된 것이 아니라는 데 조금은 안도했다. 하지만 자기 아들이 자살을 생각한다는 것 때문에 여전히 어찌할 바를 몰랐다.

나는 십대 게이들을 후원하는 단체들과 연락을 해보라고 권했다. 우선 카운슬러를 찾아가서 이야기를 나누고 앞으로 부모가 어떻게 해야 할지 조언을 들으라고 했다. 카운슬러는 다니엘이 게이 후원 단체와 연락할 수 있는 방법에 대해서도 조언해줄 것이다.

게이 의사 사이먼 르베이

1991년 신경학자 사이먼 르베이는 게이 남자의 뇌가 일반적인 남자들의 뇌와 다르다고 발표했다. 과학자들은 여자들의 뇌 기저에 있는 전측시상하부의 간세포핵INAH이 남자들과 아주 다르다는 것을 알고 있었다. 이들 세포핵 중 하나인 INAH-3은 남자의 것이 여자의 것보다 약 2배 이상 크다. 르베이는 게이 남자들의 경우 이 세포핵이 아주 작아서 정상적인 여자들의 것과 크기가 거의 같다고 발표했다.

언론 매체를 통해 발표된 르베이의 주장은 즉각적인 반향을 일으켰다. 그것은 인간의 성적 취향이 특정한 신경해부학적 변이에서 비롯된다는 르베이의 주장 때문이라기보다는 르베이 자신이 그 이야기의 일부였기 때문이다. 20년 동안 르베이의 파트너였던 한 응급실 의사가 4년 동안 AIDS로 고통스럽게 투병하다가 1990년 사망했다. 르베이는 죽어가는 파트너를 돌보면서 지금까지 20여 년 동안 해왔던 뇌의 시각체계 연구를 중단하고 남자 동성애자들의 신경해부학적인 기초를 찾아내는 등 게이들의 권리 향상을 위해 헌신하기로 마음먹었다.

르베이의 연구 결과는 언론을 통해 널리 보도되었지만 르베이의 연구가 잘못이었음을 입증한 후속 보고서들은 크게 주목을 받지 못했다. 좀 더 정확한 방법을 이용한 최근의 연구도 게이 남자들의 뇌와 정상적인 남자들의 뇌에서 별다른 차이점을 발견해내지 못했다. 특별히 르베이의 연구 결과와 관련해서 말한다면 게이 남자의 뇌는 정상 남자의 뇌와 거의 구분할 수 없을 만큼 같고 여자들의 뇌와는 크게 다르다. 르베이는 자신의 논문이 출간된 후에 뇌 연구를 포기하고 동성애 운동에 적극 나서고 있다.

그렇다고 해서 남자 동성애가 생물학적인 근거가 없다고 말하는 것은 아니다. 분명 남자 동성애는 적어도 부분적으로는 유전적인 요소에서 비롯된다는 사실이 어느 정도 증명되었다. 앞에서 언급한 왼손잡이의 경우도 생물학적인 토대가 있다는 사실에는 아무도 의문을 제기하지 않는다. 그러나 왼손잡이의 뇌에서 일관성 있는 유전적 표지를 찾아낸 사람은 지금까지 한 명도 없다. 어떤 특징에 대해 신경해부학적인 기질을 증명하지 못했다고 해서 그것이 유전학적으로 결정된 것이 아니라고 말할 수는 없다. 그것은 단지 신경해부학적인 기질이 포착하기 어려운 미묘한 대상이라는 것을 의미할 뿐이다.

정상 남자의 뇌와 게이 남자의 뇌의 차이는 그 차이가 어떤 것이든 여자와 남자, 또는 소년과 소녀의 차이보다 훨씬 더 포착하기 어려운 곳에 위치하고 있을 가능성이 높다. '성별'에 기초한 뇌의 해부학적인 차이는 쉽게 증명할 수 있다. 그러나 '성적 취향'을 좌우하는 뇌의 해부학적인 차이는 너무나 미묘해서 지금의 기술로는 확실하게 증명할 수 없다.

게이에 대한 오해

사람들은 일반적으로 게이 남자들은 정상적인 남자와 정상적인 여자의 '중간쯤'에 위치한다고 생각한다. 이런 통념에 의하면 게이 남자는 정상 남자보다는 취미나 관심사에서 정상 여자들과 더 가깝다고 여겨진다. 만일 이런 고정관념을 신경 차원에 적용한다면 동성애 남자의 청각적인 경계선은 정상 여자의 예민한 경계선과 정상 남자의 덜 예민한 경계선 사이 어딘가에 있을 것이라고 추측할 수 있다.

앞서 2장에서 소녀들의 청력이 소년들의 청력보다 뛰어나다는 사실을 확인했다. 텍사스대학교의 데니스 맥패든과 에드워드 파사넨은 청각 민감성의 성별 차이를 증명하기 위해 캐시디 교수가 신생아들에게 적용했던 고주파 실험과 동일한 방법으로 게이 남자들의 청력을 연구했다. 그러나 게이 남자들이 정상 남자들보다 청력이 좋다는 증거는 전혀 발견되지 않았다. 남자들은 성적 취향이 어떠하든 보통 여자보다 청력 면에서 민감하지 않았다. 사실상 게이 남자들은 정상 남자들보다도 '더 민감하지 않은' 청력을 가지고 있었다!

데니스 맥패든은 최근 게이 남자들에게서 발견되는 명백한 청각체계의 '초超남성화 현상'에 대한 논문을 발표했다. 그 연구에서 맥패든은 잘 알려진 것처럼 여자들이 정상 남자들보다 놀라울 정도로 청력이 좋다는 것뿐 아니라, 예상과는 달리 정상 남자들의 청력이 게이 남자들보다 다소 더 좋다는 사실을 거듭 발견했다. 게이 남자를 정상 남자와 비교했을 때 게이 남자들은 청각뿐 아니라 골격의 해부학적 기준에서 보아도 '초남성적인' 경향을 나타냈다. 그리고 가장 두드러진 '해부학적 기준'인 성기의 크기를 비교해도 평균적으로 게이 남자들이 정상 남자들보다 성기가 더 크다.

게이 남자들은 청력이나 성기의 크기뿐 아니라 성적 행동 자체도 정상 남자들보다 '초남성적'인 경향이 강하다. 윌리엄 매스터스와 버지니아 존슨은 동성애에 대한 연구에서 게이 남자들은 많은 경우 관계보다는 섹스 자체에 몰두한다는 의미에서 '초남성적'이라는 사실을 밝혀냈다. 6장에서 성 문제를 다룰 때 대부분의 소녀들과 여자들은 무엇보다도 '관계'를 추구한다는 것에 대해 언급하였다.

대부분의 소년들과 남자들은 다른 무엇보다도 '섹스'에 관심이 많다. 많은 십대 소년들과 젊은 남자들이 게이이건 정상이건 포르노 잡지를 구입하고 돈을 주고 매춘부(경우에 따라 남자 또는 여자)를 산다. 이런 행위는 상호 간에 지속적인 관계를 맺는 것과는 완전히 동떨어진 것이다. 잡지에 실린 사진과 관계를 맺을 수는 없다. 레즈비언이건 정상이건 소녀들과 성인 여자들은 매춘부를 사거나 포르노를 구매하는 행동을 거의 하지 않는다. 소녀들이나 성인 여자들은 하룻밤의 정사 상대보다는 의미심장한 관계를 추구한다.

매스터스와 존슨은 수백 명의 게이 남자들을 인터뷰한 결과 많은 게이 남자들이 수십 명 또는 수백 명의 섹스 파트너, 그리고 어떤 경우에는 하루 저녁에도 한 명 이상의 파트너와 상대한다고 대답했다. 수많은 게이 남자들은 심지어 서로 알지도 못하는 남자들과 이름도 밝히지 않고 성관계를 맺는다. 신기하게도 일부 아메리카 인디언 부족들은 게이 남자들을 초남성적이라고 생각한다. 그 부족에서는 가장 남성적인 남자들은 다른 남자들과 섹스를 하며 여자들과 섹스를 하는 남자들은 덜 남성적이라고 생각한다.

여기서 게이 남자들이 '초남성적'이라는 생각을 지나치게 강조하고 싶지는 않다. 그렇지만 게이 남자들이 정상 남자들과 정상 여자들 중간에 위치한 다소 여자 같은 피조물이라는 틀에 박힌 통념은 전혀 사실이 아니다.

2003년 여름 미국의 브라보 방송국에서 방영한 〈정상적인 남자를 찾는 동성애자의 눈길〉이라는 TV 쇼가 《엔터테인먼트 위클리》라는 연예 잡지에 '뜻밖의 성공을 거둔 최고 히트작'으로 선정되었다. 프로그램 내용은 멋쟁이 게이 5명이 유행에 뒤지고 미적 감각도 전혀 없는 정상적인 남자에게 새 옷을 사 입히고 아파트도 다시 꾸며주고 면도하는 법 등을 가르쳐서 세련되고 멋있고 섹시한 남자로 바꿔놓는 것이다. 정말 웃기는 프로그램이지만 메시지는 분명하고 정확했다. 게이 남자들이 패션 감각이나 외모 면에서 정상적인 남자들보다 선천적으로 더 뛰어나고 더 '여성적'이라는 것이다.

그렇다면 게이 남자들은 정말로 정상 남자들과 아주 다른가? 정상적인 소년들과 비교할 때 게이 소년들은 스포츠도 별로 즐기지 않고 공격적일 가능성도 더 적으며 유도 기법 훈련을 이해할 가능성이 더 높은가?

이 질문에 대한 대답은 일치하지 않는다. 리사 서빈은 '진짜 소년들'과, 즐겁게 바느질을 하고 또 자기 감정을 아주 편하고 분명하게 표현하는 '여자 같은 소년들'을 비교한 연구에서 '여자 같은 소년들'이 '진짜 소년들'보다 동성애자가 될 가능성이 더 높다는 증거를 찾지 못했다고 발표했다. 그렇지만 다른 연구자들은 서빈의 결론을 강력하게 반박했다. 예를 들어 샌프란시스코에서 실시한 조사에서는 게이 남자들이 이성애 남자보다 전형적으로 남성적인 행동이나 선호와는 거리가 있을 가능성이 더 높다는 사실을 알아냈다. 게이 남자들은 소년 시절 스포츠를 좋아하지 않았으며 돌차기 놀이나 소꿉장난을 좋아했던 것으로 나타났다.

나는 아마도 꽤 많은 게이 남자들이 실제로 여자들과 관계있는 특성들을 가진 변칙적인 남자들일 것이라고 추측한다. 그렇지만 내가 지금까지 본 대다수의 게이 남자들은 이성애 남자들과 마찬가지로 성별 전형적이다. 그들은 아이스스케이팅보다는 미식축구경기를 즐겨 보았고 자신들의 감정을 터놓고 이야기하는 것을 아주 싫어했다. 대부분의 게이 남자들은 이성애 남자들과 구분하기가 쉽지 않다. 그들은 경쟁적인 운동을 좋아하고 제대로 듣지 못하며 친밀한 관계보다는 섹스 자체에 관심이 더 많았다. 그리고 사내답지 못한 얌전한 소년이 반드시 게이가 되는 것도 아니다.

어쩌면 게이 또는 동성애자라는 용어만으로는 정확하지 않은지도 모르겠다. 일부 전문가들은 게이라고 분류된 일부 남자들, 그리고 자신이 게이라고 생각하는 일부 남자들이 실제로는 '동성애자'이기보다는 '트랜스젠더'일지도 모른다고 말했다. 뇌를 자세히 들여다보면 그 두 범주의 차이는 상당히 크다.

방탕하게 살아가기

앞에서 이미 언급했듯이 게이 남자와 이성애 남자의 뇌는 분명한 차이가 없다.

그렇다면 트랜스젠더의 경우는 어떨까? 트랜스젠더는 자신이 특정한 성으로 태어났지만 오히려 다른 성에 속한다고 생각하는 사람이다. 트랜스젠더인 소년은 자신을 소년의 몸에 사로잡혀 있는 소녀라고 생각한다. 즉 육체적인 성과 정신적으로 느끼는 성이 일치하지 않는 것이다.

네덜란드의 뇌 연구자 딕 스왑, 프랭크 크루이즈버와 동료들은 트랜스젠더들의 뇌를 연구했다. 자신이 '정말로' 여자라고 생각하는 남자들의 뇌와 실제 여자들의 뇌가 어느 정도 비슷한지를 조사한 결과 트랜스젠더의 경우 성적 감정을 내분비물의 반응으로 전환시키는 뇌의 부위가 여자의 뇌와 비슷하다는 사실이 밝혀졌다.

그러므로 게이와 트랜스젠더는 반드시 구분해야 한다. 트랜스젠더는 자신을 여성이라고 생각하지만 게이들은 자신의 남성적 정체성을 편안하게 느낀다. 영화 〈반지의 제왕〉에서 간달프 역을 맡았던 영국의 배우 이안 맥켈런 경은 게이이다. 그는 자신의 남성성을 편안해하면서도 게이들의 권리를 위해 노력하는 사람이다. 그는 트랜스젠더가 아니라 게이이다. 이안 경은 여자들의 옷을 입는 데에는 아무 관심이 없고 여자가 '되고' 싶은 마음도 전혀 없다.

그러나 여자 옷을 입고 여자처럼 행동하는 트랜스젠더들은 게이와 다르다. 그들은 남성적인 정체성을 편안해하지 않는다. 그들은 자신을 여자라고 생각하며 의상이나 실내 장식처럼 전형적으로 여성적인 관심사에 대해 여자들만큼 관심을 갖거나 진짜 여자보다도 더 많은 흥미를 느낀다.

트랜스젠더들의 경험은 (내가 믿기로는) 진정한 여자다움과 진정한 남자다움의 주관적인 경험에 대한 통찰을 제공한다. 어린 시절부터 자신이 소년의 육체에 사로잡힌 소녀라고 생각했던 제임스 보일런이란 남자가 40세에 성전환 수술을 감행하였다. 그는 남성의 성기를 제거한 후 여성호르몬인 에스트로겐 주사를 맞으며 이름도 제임스에서 제니퍼로 바꾸었다. 현재 45세가 된 보일런은 자신의 경험을 이렇게 썼다.

에스트로겐 주사를 맞기 시작하면서 내가 처음으로 상실한 것은 남자일 때 내게 넘치던 자신감과 무엇에도 꺾이지 않는다는 불굴의 정신이었다.

그러나 여자로 살기 시작하자 주변 상황들이 내 마음을 사로잡기 시작했다. 나는 늘 슬픔과 기쁨을 느낀다.

과학자들이 트랜스젠더의 정체성을 진지하게 연구하기 시작한 것은 최근의 일이다. 따라서 아직은 자신이 여자라고 생각하기 때문에 여자처럼 옷을 입고, 여자처럼 행동하는 진정한 성전환증과 (여자의 옷을 입으면 성적으로 흥분되기 때문에 여자의 옷을 입는) 단순한 '복장' 도착적인 행동을 구분할 수 있는 객관적인 방법이 없다. 또한 네덜란드 연구팀이 실시한 뇌에 대한 연구 결과 역시 정확한 것인지 아니면 1991년 사이먼 르베이의 연구처럼 거짓 정보인지 제대로 밝혀지지 않았다. 트랜스젠더인 남자는 정말로 남자의 육체 속에 여자의 뇌를 가지고 있는 사람일까? 앞으로 10년쯤 후에는 좀 더 많은 것을 알게 될 것이다.

레즈비언─선천적인가, 후천적인가

20년 전, 많은 전문가들이 남자 동성애는 타고난 것인 반면 여자 동성애는 경험에서 비롯된 것이라고 생각했다. 소년들은 동성애자 아니면 이성애자로 태어나지만 소녀들의 성적 취향은 좀 더 유연하다고 믿었던 것이다. 예를 들어 15세 소녀가 잔인한 방법으로 집단 성폭행을 당했다면 그녀는 궁극적으로 레즈비언이 될 가능성이 훨씬 더 높다고 생각했다. 학자들은 성적 학대를 당한 소녀들의 생생하면서도 끔찍한 사례를 증거로 제시했다.

그러나 좀 더 최근에 나온 연구 결과는 여자의 동성애 역시 부분적으로는 유전학적으로 결정된 것임을 암시한다. 데브라 피터스와 페기 캔트럴은 레즈비언과 이성애 여자들을 대상으로 어린 시절과 청소년기의 성적 경험을 인터뷰했다. 하지만 레즈비언과 이성애 여자들 사이에서 특별한 차이를 발견할 수 없었다. 따라서 여자들의 성적 취향은 어린 시절에 성적으로 받은 정신적 충격이나 부정적인 이성애 경험의 관점에서 설명할 수 없다고 결론지었다.

앞서 논의한 것처럼 남자들이나 여자들은 게이이건 정상인이건 성적인 경험에 큰 차이가 있다. 다이아몬드 교수는 여자와 성관계를 맺는 여자들을 5년 동안 인터뷰했다. 그 결과 여자들이 다른 여자와 성관계를 맺게 된 것은 많은 경우 의식적으로 레즈비언적인 성관계를 추구했기 때문이 아니라 한 여자를 너무나 사랑하기 때문에 자연스럽게 성적으로 친밀한 관계를 맺게 되었다는 것을 알아냈다. 이런 여자들은 대다수가 '레즈비언' 또는 '정상적인 이성애자' 또는 '양성애자'와 같은 호칭들을 거부한다. 그들은 각 개인과 하나의 개인으로 관계를 맺는다고 주장한다. 만일 어떤 사람을 낭만적으로 사랑한다면 그와 함께 있고 싶고, 안고 싶고, 키스하고 싶어질 것이고 당연히 성관계로 이어질 것이다.

섹스와 사랑의 관계는 어떤 것일까? 다이아몬드 교수는 이 문제가 게이 대 이성애 문제와 어떻게 연관될 수 있는지 조사했다. 대부분의 사람들, 심지어 대부분의 심리학자들도 낭만적인 사랑은 일반적으로 성적 욕구의 맥락에서 발생한다고 추정했다. 사실상 20세기에는 낭만적인 사랑은 그저 섹스를 하고 싶다는 충동이 다소 승화된 형태에 불과하다고 믿었다. 그렇지만 다이아몬드와 몇몇 심리학자들이 추진한 최근의 연구에서 낭만적 사랑은 특히 여성의 경우, 성적 욕구와는 아주 다른 '생물행동적인' 원천에서 비롯된다는 견해가 나왔다.

심리학자들은 사랑이나 장기간에 걸쳐 지속되는 낭만적 관계들이 여러 가지 면에서 부모-자식 간의 관계와 비슷하다는 사실을 알게 되었다. 때때로 연인들이 상대방을 '아가baby'라고 부르는 것이 우연한 일만은 아닐지도 모른다. 어쩌면 낭만적인 관계에 작용하는 뇌의 부위와 부모-자녀의 사랑이 연유하는 부위가 '동일'할 수도 있다. 이런 견해는 '애착 이론'이라는 심리학의 새로운 개념에서 중요한 위치를 차지한다.

만일 애착 이론이 맞는다면 같은 성끼리의 관계에 대한 지금까지의 가설들은 재고되어야 할 것이다. 다이아몬드에 의하면 유아들은 양육자의 성별에 선별적으로 애착을 나타내지 않는다. 다시 말해 태어날 때부터 아들은 엄마와 더 좋은 유대감을 형성하고, 딸은 아빠와 더 밀접한 관계를 맺는 것이 아니라는 것이다. 그러나 만일 부모-자녀의 애착이 반대되는 성 쪽으로 기울어져 있는 것이 아니라면, 그리고 부모-자녀 애착의 신경적인 기초가 성인이 된 후의 낭만적 애착을 위한 기초가 된다면, 이성애 여자라 할지라도 다른 여자와 성관계를 맺고 싶다는 마음 없이 낭만적인 감정을 느낄 가능성이 있다.

다이아몬드는 그런 낭만적인 관계들은 특히 여성들 사이에서 형성된다고 말한다. 두 여자가 열정적인 우정을 형성할 수 있고, 함께 많은 시간을 보내고 싶어 하며 심지어는 다정하게 포옹할 수도 있다. 그렇지만 그들은 성관계를 원하지 않을 수도 있고 심지어 레즈비언 섹스라는 개념을 '혐오'할 수도 있다. 그래도 그들은 여전히 남자 친구나 남편과 맺는 '성적' 관계보다는 여자들끼리의 관계에서 친밀감과 정서적 만족을 더 많이 느낀다. 그렇다면 그런 여자들을 게이 또는 이성애자로 구분하는 것이 의미가 있을까? 다이아몬드는 우리가 엄격하게 구분해놓은 게이 대 이성애자라는 범주가 여자들에게는 맞지 않을 수 있다고 말한다.

미국의 문화에서 이성애 남자들은 다른 남자들과 심리적으로 친밀하고 신체적으로도 밀접한 관계를 맺는 경우가 거의 없다. 그러나 다이아몬드에 따르면 과테말라, 멜라네시아, 사모아 섬 등에서는 그런 경우가 드물지 않다.

그렇다면 레즈비언 여자들은 어떠한가? 만일 적어도 일부의 레즈비언 관계들이 성적 충동이 아니라 각별한 우정에서 발생하는 것이라면, 여자들의 동성애에 대한 유전학적 요소를 어떻게 설명할 것인가? 아마도 여자들의 경우 유전학적으로 암호화된 것은 만일 바라던 여자가 나타난다면 기꺼이 레즈비언적인 성행위를 하겠다는 마음, 즉 '가능성'일 수 있다. 다이아몬드의 연구가 함축하는 의미는 자신들을 이성애자라고 간주하는 많은 여자들이 혹시라도 마음에 드는 여자가 자기들의 삶에 나타난다면 실제로 양성애자가 될 수도 있고, 자신들을 레즈비언이라고 생각하는 일부 여자들 역시 바람직한 '남자'가 나타나기만 하면 양성애자가 될 가능성이 있다는 것이다.

이제는 변칙적인 아동들, 소녀 같은 행동을 하고 소녀들의 관심사를 가진 소년과 소년 같은 행동을 하고 소년들의 관심사를 가진 소녀에 대한 이야기를 해보자.

여성적 특성이 강한 소년 마틴

샐리는 이혼을 하려고 찾은 변호사 사무실에서 자신이 임신했다는 사실을 처음으로 알게 되었다. 샐리는 남편 마크보다 더 많은 시간을 일하고 돈도 더 많이 버는데 남편은 아내가 집안일을 다 해야 한다고 생각했다. 그런 상황에 지친 샐리는 부부 상담을 받아보자고 제안했지만 남편은 거절했다. 남편은 결혼 생활에 심각한 위기가 닥쳤는데도 관계를 회복하려는 노력을 전혀 하지 않았다.

샐리는 마침내 이혼 변호사를 찾았다. 변호사가 임신 가능성을 물었을 때 샐리는 반신반의하면서도 그렇지 않다고 대답했다. 하지만 8개월 후 샐리는 마틴을 낳았다. 그 사이 남편은 다른 곳으로 이사를 갔고, 샐리는 아이를 혼자 키우기로 결심했다.

많은 엄마들이 자기 아이가 평균이 넘는다고 생각한다. 샐리는 좀 더 심해서 아들 마틴이 조숙한 아이라고 확신했다. 샐리의 생각은 옳았다. 마틴은 첫돌 무렵에 이미 20개 단어를 말했고 2살이 되었을 때는 완전한 문장으로 말을 할 수 있었다. 마틴은 4살이 되었을 때 유아원에 들어갔는데 말을 아주 유창하게 구사했다. 유치원에 들어가자 교사는 마틴을 책 읽기 특수반에 넣어주었다. 특수반에는 6명의 아이가 있었는데 남자아이는 마틴뿐이었다.

마틴은 학교 가는 것을 좋아했다. 그는 항상 맨 앞줄에 앉았고 질문마다 대답하려고 손을 들었으며 항상 공손하게 굴었다. 선생님들은 마틴을 아주 좋아했다. 마틴의 1학년 담임인 메스너 선생님은 마틴이 쉬는 시간에 밖에 나가서 놀면 더 바랄 게 없겠다고 말할 정도였다.

마틴은 쉬는 시간에 나가 놀기보다는 책 읽기를 더 좋아했고 다른 아이들이 야생마처럼 뛰어노는 동안에도 선생님 주변을 맴돌기만 했다. 3학년을 마칠 무렵 마틴은 6학년 수준의 책을 읽었고 시를 쓰기 시작했다. 샐리의 친구들은 마틴이 책벌레가 되겠다고 경고하면서 운동을 시키라고 권했다.

좋은 생각인 것 같았다. 샐리가 어떤 운동을 하고 싶은지 묻자 마틴은 운동은 다 싫다고 대답했다. 그렇지만 여자 친구들인 카렌이나 사만다하고 볼링은 하고 싶다고 했다.

볼링은 운동이 안 된다고 생각한 엄마가 테니스 레슨을 받도록 설득했다. 그렇지만 마틴은 테니스에는 흥미가 전혀 없었다. 당시 마틴은 9살이었다. 그런데 레슨을 시작하고 몇 주 지나지 않아 자신은 피아노를 연습할 시간이 더 필요하다며 테니스 레슨은 시간 낭비, 돈 낭비일 뿐이니 그만두겠다고 단호하게 말했다. 마틴은 결국 테니스 레슨을 그만두었다.

엄마는 아들이 남자다운 활동은 싫어하지만 남자 친구들이 있을 거라고 생각했다. 마틴이 10살이 되었을 때 생일 잔치에 8명을 초대했는데 참석한 아이 중 7명이 여자아이였고, 남자아이는 한 명뿐이었다. 마틴은 파티의 주제를 '반지의 제왕'으로 하고 싶어 했다. 엄마는 마틴에게 어떤 인물이 가장 마음에 드는지 물었다.

"물론 프로도지요."라고 마틴이 대답했다.

"정말? 그런데 왜 '물론'이야?"

샐리가 물었다.

"간달프는 어때? 레골라스랑 아라곤도 있잖아?"

"아라곤은 너무나 비현실적인 인물이에요."

마틴은 경멸조로 말했다.

"프로도가 훨씬 더 믿을 수 있는 인물이에요. 아라곤은 너무 강하고 모든 일에 재주가 많거든요. 그러니까 믿을 수가 없어요. 아라곤은 사악한 누군가하고 싸워서 항상 이기잖아요. 전혀 그럴듯한 인물이 아니에요. 하지만 프로도는 약해요. 몸도 조그맣고요. 그리고 누구와도 싸우지 않아요."

샐리는 채 10살도 안 된 아들이 '그럴듯하다'라는 단어를 정확하게 사용한 것이 기특했지만 마틴이 방금 한 말의 속뜻을 생각하면서 주저했다. 마틴에 따르면 강한 적을 상대로 이기는 것은 비현실적이고 '약한' 것은 현실적이다. 엄마는 이런 점에 대하여 좀 더 생각해볼 필요가 있었다.

법원은 샐리를 마틴의 단독친권자로 승인했다. 그럼에도 샐리는 여름이면 전남편이 마틴과 시간을 보내도록 그를 초대했다. 전남편 마크는 이혼을 하고 난 이후로 많이 부드러워지고 성숙해졌다. 그는 재혼한 아내와 두 아이를 낳았고 그 아이들한테는 아주 좋은 아빠인 것 같았다. 어느 날 전남편 마크가 전화를 걸어 6살짜리 자기 아들 제이럿과 낚시 여행을 가려고 하는데 마틴도 같이 가겠는지 물었다.

마틴은 아빠의 제안을 거절했다.

"세상에 낚시만큼 어리석은 짓이 어딨어요?"

마틴은 고압적인 태도로 말했다.

"배에 앉아서 어느 불쌍한 물고기가 낚시 바늘을 덥석 물기를 기다렸다가 심술궂게 바늘을 홱 낚아채 물고기의 배를 갈라 창자를 꺼내죠. 그게 무슨 재미가 있어요. 나는 그렇게 '생각'하지 않아요. 고맙지만 사양하겠어요. 그 대신 저는 음악 캠프에 갈래요."

전화를 넘겨받은 샐리는 전남편 마크와 이야기를 계속했다. 마크는 마틴이 남자아이들이 하는 일을 '도통' 하려고 들지 않는다고 말했다.

"한 번도 해본 적이 없으면서도 낚시가 어리석다고 말하는군. 그 아이는 나하고 미식축구 경기도 보러 가려고 하지 않아. 축구도 좋아하지 않고. 이런 세상에."

"그래서 그게 어쨌단 말이에요? 그렇지만 그 아이의 성적은 모두 다 A예요. 친구도 많고, 행복하게 지내는 걸요."

샐리가 방어적으로 말했다.

"그렇지만 마틴이 재미로 뭘 하지?"

"피아노를 치죠. 시도 쓰고, 책도 읽어요."

"당신은 그런 것을 재미라고 말해?"

마크가 의심스럽다는 듯이 물었다.

"마틴한테는 그런 일들이 재미있는 일이에요. 마틴은 아주 지적인 아이라고요. 게다가 남자아이는 무조건 미식축구를 좋아해야 한다는 법이 있어요? 비디오 게임도 그렇고 낚시도 그렇고요."

"그럼 그 아이가 가려고 하는 음악 캠프는 어떤 거지?"

마크가 물었다.

"물론 아주 훌륭한 음악 캠프예요."

"마틴은 어떤 곡을 연주하는데?"

"아주 다양하죠."

"아 그래? 재즈도 칠 줄 아나? 팻츠 월러처럼?"

"아니, 그렇지는 않아요. 마틴은 클래식만 연주해요. 베토벤, 클레멘티, 드뷔시 그런 음악이요. 당신도 마틴이 드뷔시의 〈달빛〉을 연주하는 걸 들어봐야 해요."

"이런 세상에, 제발 살려줘."

마크가 말했다.

중학교에 갈 때까지는 다른 소년들이 마틴을 괴롭히지 않았다. 그런데 어느 날부터인가 상담 교사로부터 전화가 걸려오기 시작했다. 어떤 아이가 마틴의 사물함에 생리대를 잔뜩 넣어놓고는 "너한테는 이런 게 필요할 거야."라는 쪽지를 붙여놓았다. 그 다음 주에는 다른 아이가 마틴의 사물함에 스프레이로 '호모'라고 써놓았다. 다음 달에는 두 명의 소년들이 복도에서 마틴을 넘어뜨리고는 우연한 사고인 척 가장했다. 샐리는 마틴의 얼굴에 생긴 상처를 보고 소스라치게 놀랐다.

엄마가 다른 남자아이들이 그렇게 괴롭히는데 아무렇지도 않느냐고 묻자 마틴은 어깨를 한 번 으쓱하더니 별 상관없다는 듯 "아니요, 별로요."하고 대답했다.

"그 아이들은 나를 이해하지 못해요. 그 아이들이 아는 것이라곤 비디오 게임하고 스포츠뿐이에요. 그리고 자기네들이 유일하게 아는 방식으로 대응하는 거죠. 폭력 말이에요. 앞으로는 좀 더 조심해야겠어요. 그 아이들 근처에 가지 않고 조심하면 돼요. 괜찮아요."

"그렇지만 네 친구들은 그런 일을 보면서 왜 가만히 있는 거지?"

엄마가 물었다.

"나한테는 친구가 하나도 없어요."

마틴은 아무렇지도 않은 듯 사무적으로 말했다.

"카렌은? 사만다도 친구잖아?"

당황한 엄마가 물었다.

"그 애들은 더 이상 내 친구가 아녜요. 남자아이들이 나를 괴롭히기 시작하면서부터요. 카렌과 사만다는 이제 그런 남자아이들하고 놀아요. 남자아이들이 나를 미워하는 걸 보더니 나를 피하기 시작했어요."

"세상에 그럴 수가. 네가 정말 힘들었겠구나."

"아녜요. 아무렇지도 않아요. 나한테도 친구가 있으니까요."

"정말?"

엄마는 간절한 마음으로 물었다.

"누구니?"

"지금 나하고 가장 친한 친구는 아이작 아시모프하고 로버트 하인라인이에요."

마틴이 차분하게 대답했다.

"그렇지만 아이작 아시모프하고 로버트 하인라인은……, 죽은 사람들이잖아."

샐리는 등줄기가 오싹해지는 것을 느꼈다. 그 사람들은 이미 죽은 SF 작가들이었다.

"맞아요."

아들이 말했다.

"아이작 아시모프는 『파운데이션』 3부작을 썼어요. 정상적인 다른 사람들보다 더 강력한 돌연변이에 대한 이야기예요. 그는 아주 작고 나약해 보이지만 실제로는 특별한 힘이 있기 때문에 어느 누구보다도 강하다고 할 수 있죠."

"그렇지만 두 작가 모두 오래전에 죽었잖아."

"그게 뭐가 어때서요? 그 작가들은 여전히 내 제일 좋은 친구들이에요. 나는 그 사람들과 정말 공통점이 많거든요."

변종 남자

같은 성 '안'에도 변종은 수없이 많다. 팝 가수 비욘세 놀즈, 미국 최초의 여자 우주비행사 샐리 라이드, 테니스 선수 셀레나 윌리엄즈, 루스 베이더 긴즈버그 미연방법원판사, 칼리 피오리나는 모두 여자들이지만 공통점은 별로 없다. 빌 클린턴, 코미디언 피 위 허먼, 골프 천재 타이거 우즈, 영화배우 실베스터 스탤론, 팝가수 마이클 잭슨도 남자라는 것 외에는 공통점이 없다. 그렇지만 같은 성 안에서 나타나는 이런 차이는 얼마나 중요한가? 이 차이들은 지금까지 우리가 논의한 문제들에 어떤 영향을 미치는가? 다시 말해 동성 안에서 나타나는 다양성이 성별 차이보다 더 중요한가?

대답은 소년이냐 소녀이냐에 따라 각기 다르다. 그런 차이점을 이해하는 한 가지 단서는 우주비행사들에 대한 NASA의 연구에서 찾을 수 있다. 우주왕복선을 탔던 여자들은 지구에 귀환한 후 대부분 며칠 동안 혈압이 떨어지고 갑자기 일어설 때 현기증을 일으킨다. 똑같은 현상이 남자 비행사들에게서도 보고되었지만 빈도는 극히 드물다.

휴스턴에 있는 존슨 우주비행센터의 웬디 워터스, 재니스 맥은 우주비행을 마치고 지구로 귀환한 여자 비행사와 남자 비행사 35명을 조사했다. 그 결과, 두 사람은 전에 나온 많은 보고서들이 사실임을 증명했다. 우주비행의 스트레스가 여자들과 남자들에게 아주 다른 영향을 미쳤던 것이다. 스트레스에 대한 '생물행동적인 반응'에서 나타나는 남녀 차이를 상기한다면 이런 연구 결과가 새로운 것은 아니다.

이 연구에서 밝혀진 놀라운 사실은 주로 우주비행 후에 현기증을 '일으킨' 극소수의 남자들과 관계가 있다. 그 남자들은 스트레스를 받는 여성에게서 주로 나타나는 혈압 '저하' 현상을 나타냈다. 이 남자들은 비행 조종사들이 아니라 생물학자, 물리학자 또는 컴퓨터 전문가들로 특수 실험을 수행하기 위해 탑승한 사람들이었다. 우주왕복선을탄 '진짜' 비행사들 중에는 여자들이 겪는 후유증을 보인 사람이 거의 없었다. 그렇지만 우주선에 탑승한 4명의 남자 과학자 중 한 명은 여성적인 양상을 보였다. 어찌된 일인가?

최근에는 아주 일부의 소년들과 성인 남자들이 여성적인 생리 현상을 나타내는 경우가 있다는 사실이 보고되었다. 하버드대학교의 제롬 케이건은 여러 해 동안 여성적 생리 기능을 나타내는 소년들을 연구했다. 앞으로는 이런 소년들을 '변종 남자'라고 부르기로 하겠다.

케이건은 먼저 태어난 지 몇 주밖에 지나지 않은 남자아기들을 부드럽게 만질 때 어떤 반응을 일으키는지 관찰했다. 대부분의 남자아기들은 다른 사람이 만져도 아무런 반응을 보이지 않는데 몇몇 아기들은 누군가의 손이 닿으면 울면서 팔다리를 버둥거렸다. 케이건은 이 아이들을 유아기부터 유년 시절을 거쳐서 사춘기에 접어들 때까지 추적 조사했다. (케이건은 현재까지 이 작업을 40년에 걸쳐서 계속하고 있다!) 케이건이 알아낸 사실은 이 아이들 중 절반 정도가 새로운 경험에 대한 혐오감을 극복하지 못한다는 것이었다. 이 아이들은 십대 소년이 되어서도 어린 아기 때 그랬던 것처럼 낯선 사람이나 새로운 모험을 회피했다.

케이건이 밝혀낸 이 '변종 남자들'의 공통적인 특징은 다음과 같다.

- 다른 소년들에 비해서 알레르기, 천식, 습진을 앓을 가능성이 더 높다.
- 대부분의 소년들은 심장박동(숨을 들이쉴 때에 심장박동이 빨라지고 숨을 내쉴 때는 느려지는)이 다양하게 바뀌는 반면 이 아이들은 규칙적으로 휴면 상태의 심장박동을 나타낼 가능성이 높다.
- 얼굴이 좁아서 얼굴의 너비 대 길이의 비율이 0.55를 넘지 않는다.
- 난폭한 장난에 끼어들지 않는다.

사회학자인 패트리샤 섹스턴 역시 이런 소년들을 설명하려고 노력했다. 섹스턴은 케이건이 찾아낸 요소 이외에 또 다른 특징들을 발견했다.

섹스턴이 발견한 전형적인 특징은 다음과 같다.

- 특히 언어 능력이 일찍 발달한다.
- 친한 친구가 별로 없어서 외톨이로 지낸다.
- 스포츠를 즐기기도 하지만 전형적으로 테니스, 트랙 경기, 볼링, 골프처럼 신체 접촉이 없는 스포츠를 선호한다.

그렇다면 이런 변종 남자들은 외형적으로 독특한 신체적인 특징을 드러낼까? 그렇지 않다. 그래서 부모들은 자기 아이에게 문제가 있다는 것을 알아채지 못할 뿐 아니라 특히 엄마들은 아이가 조용하고 예의 바르고 결코 문제를 일으키지 않는다고 오히려 좋아한다.

많은 부모들이 중학교에 가기 전까지는 자신의 변종 아들이 특별한 문제를 향해 달려가고 있다는 점을 인식하지 못한다. 그러나 사춘기에 접어들면 초등학교 시절의 안전하고 평화스러운 생활이 한순간에 무너진다. 이런 소년들은 초등학교 때에는 여자아이들과 친하게 지내지만 사춘기가 되면 여자 친구들은 떠나고 만다. 여자아이들의 입장에서 보면 변종 소년들은 함께 어울리기에 그다지 멋진 친구가 아니다.

섹스턴은 이런 소년들이 사춘기가 되면 성에 대해 상당히 불안해한다는 것을 알게 되었다. 일부는 포르노 잡지를 이용하기 시작한다. 또 다른 소년들은 자살할 정도로 우울해한다. '괴짜'들은 외톨이가 되어 다른 사람을 등지고 살면서 분개하고 공상이나 책을 읽는 데서 위안을 찾는다. 폴 사이먼의 〈나는 바위이고 섬이라네〉라는 노래는 이런 소년의 불안한 심정을 정확하게 묘사하고 있다.

> 나에게는 책이 있고
> 나를 지켜줄 시가 있어요.
> 갑옷으로 무장한 나는 안전해요.
> 방 속에 안전하게 숨은 채
> 자궁 속에 들어가 있으니까요.
> 아무에게도 손대지 않고
> 아무도 내게 손대지 못해요.

변종인 소년이 고등학교에 들어가면 성적은 좋지만 삶은 공허하다. 지난 15년 동안 만나왔던 이런 소년들은 겉으로는 아주 자존감이 강한 것처럼 보이지만 마음속에 많은 상처를 숨기고 있었다. 결국 이 아이들은 어른들의 칭찬을 받음으로써 다른 아이들의 조롱을 무시한다.

섹스턴이 말하듯이 이 소년들은 우등생이라는 사실과 여성화 사이의 연관성을 인정하지 않으며 혹시 자신들의 성공이 두뇌의 명석함이나 우월한 지적 능력보다는 여자들의 기준을 수용했기 때문일지도 모른다는 사실을 받아들이지 않는다. 이 경우 자신들이 피해자라고 생각하는 소년들은 아주 드물고 오히려 영웅이나 승리자로 생각한다. 그런 소년이 고등학교에 다닐 때쯤 누군가가 그 아이를 바꿔놓든지 그 아이의 지평을 넓혀줄 수 있을지도 모른다. 그러나 그 아이는 훗날 우주왕복선에 탑승하는 과학기술자라면 모르되 절대로 비행사는 될 수 없을 것이다.

제롬 케이건은 이런 아이들도 부모가 3세 이전에 개입하면 사람들을 기피하지 않고 여성화 경향에서 벗어날 수 있도록 도와줄 수 있다는 증거를 제시했다. 케이건은 '부모의 스타일'이 아들로 하여금 두려움에 휩싸여 사람들을 기피하는 경향에서 벗어나게 하거나 아니면 계속해서 그런 생활 양식을 고수하게 만드는 데 결정적인 변수가 된다고 말했다.

겁이 많고 사람을 기피하는 남자아이들이 스트레스나 상처를 받을 때 부모들이 나서서 보호하면 그런 경향이 한층 더 심해진다. 그런 부모는 자녀가 낯선 사람이나 익숙하지 않은 사건들로부터 도망가고 싶어 하는 초기의 충동을 다스릴 수 있도록 도움을 주기보다는 오히려 상황을 더 어렵게 만든다.

반대로 아들에게 다른 사람들과 어울리라는 합당한 요구를 하는 수용적인 엄마들은 유달리 반응에 민감한 유아들의 소심한 성질을 다스릴 수 있게 도와주었다. 소심한 유아들을 좌절감과 불안감으로부터 보호하는 엄마는 오히려 유아의 불확실성을 더욱 악화시켜서 나쁜 결과를 가져오는 것 같다.

만일 아들이 유아기에 겁 많고 소심하고 '반응에 민감하다' 하더라도 부모들이 확고한 훈련을 신뢰하고 있다면 2살 정도가 되었을 때에는 그런 경향에서 벗어날 가능성이 아주 높다. 케이건의 연구에서 유아기의 소심한 경향을 극복한 소년들의 경우에는 모두 다 훈련의 중요성을 굳게 믿는 부모들이 있었다. 바꾸어 말하면 소심한 아이의 부모가 '아이의 필요에 민감하게' 대응하고 아이를 보호한 '모든 경우' 소심한 남자아기는 자라서도 소심하고 겁이 많은 아이가 되었다.

그러므로 변종 남자아이에게는 첫째 일관되고 확고한 훈련이 필요하고, 둘째 경쟁적인 스포츠를 장려해야 한다. 이 아이들은 해본 적이 없으면서도 미식축구, 축구, 농구를 하기 싫다고 말할 것이다. 그래도 아이에게 그런 운동을 하라고 말해야 한다. 섹스턴에 따르면 변종 소년들에게는 격렬한 스포츠가 반드시 필요하고 신체적으로 운동이 적합하지 않다면 운동선수보다 더 많은 시간을 연습하고 기르침을 받아야 한다.

다음으로는 부모가 먼저 정직하게 자신의 모습을 살펴보아야 한다. 만일 아들이 변종 소년이라면 부모 역시 지나칠 정도로 방어적이고 소심해서 아이가 곤경에 빠질 때 보호해주지 못할 가능성이 아주 높다. 섹스턴은 또한 이 소년들이 집에 아버지가 아예 없거나 아버지 자신이 변종 남자일 가능성이 높다는 사실을 보여주었다.

섹스턴은 이 소년들의 문제의 근원은 '과잉보호하는 부모'들이고 그 것을 벗어나는 최선책은 정상적인 남자와 관계를 갖는 것이라는 의견을 단호하게 피력하였다. 그러면서 불행히도 오늘날 '정상적인 성인 남자'는 대부분의 학교에서 보기 드물다고 덧붙였다. 만일 아들이 다니는 학교도 그렇다면 아들을 보이스카우트에 넣든지 아니면 캠핑, 하이킹, 스포츠 중심으로 이루어지는 남자아이들만의 하계 캠프에 보내는 것이 좋다. 컴퓨터 캠프, 미술 캠프, 음악 캠프 같은 것은 가급적이면 피하는 것이 좋다.

혹시 부모가 교회나 절에 다니고 있다면 남자아이들만의 수련회가 있는지 알아보는 것도 좋다. 모든 주요 종교는 오늘날 대부분의 북미 사람들이 잊어버린 것들, 즉 성별 차이는 실제적인 현상이고 (남자든 여자이든) 진정한 영적 변화는 같은 성별의 사람들이 모인 환경에서 일어날 가능성이 더 크다는 사실을 아직도 기억하고 있다.

남성적 특성이 강한 소녀 에이미

에이미는 두 딸 중 큰딸이다. 에이미의 부모 하워드와 바버라는 동생 조가 태어날 때까지는 에이미가 얼마나 말괄량이인지 알지 못했다. 에이미와 조는 마치 낮과 밤처럼 달랐다. 에이미는 아기 때도 낯선 사람을 두려워하지 않았고, 좀 자라서는 항상 남자아이들과 몰려다니면서 사내애처럼 성도 쌓고 눈싸움도 하고 나무에도 기어 올라가곤 했다. 또 스포츠에도 재능이 많아서 에이미의 부모는 딸을 지역 축구 리그에 등록시켰다. 에이미는 예닐곱 살밖에 되지 않았을 때에도 얼마나 용감했는지 공을 무서워하는 법이 없었고 부딪치거나 상처가 나도 개의치 않았다.

어느 날 엄마는 에이미의 방을 청소하다가 피임약을 발견했다. 그리고 처방전에서 내 이름을 보고는 병원으로 찾아왔다. 에이미 엄마는 부모의 허락 없이 피임약을 처방한 것은 위법 행위가 아니냐며 당혹스러움을 나타냈다.

나는 5개월 전에 에이미가 진찰실로 당당하게 걸어 들어와서는 피임약을 처방해달라고 요구했던 날을 되돌아보았다. 에이미는 자기가 돈을 지불할 테니 부모에겐 비밀로 해달라고 했다. 돈이 문제가 아니라 그런 문제를 부모한테 비밀로 하는 것은 현명하지 못한 일이라고 말했지만 에이미는 부모를 보호하고 싶다고, 부모가 이 사실을 모른다면 마음의 상처도 없을 테니 공연히 알려서 부모에게 정신적인 고통이나 고민거리를 안겨주고 싶지 않다고 말했다.

나는 당시의 상황과 함께 메릴랜드 주에서는 부모의 허락 없이 십대 소녀에게 피임약을 처방하는 것이 불법이 아니라고 설명했다. 그 사실을 알고 난 에이미의 엄마는 한숨을 쉬며 16세밖에 안 된 에이미가 아무 데서나 잠을 잔다는 게 싫다고 말했다.

나도 전적으로 그 의견에 찬성한다. 그러나 에이미는 엄마나 의사인 나에게 그 문제를 상의하거나 허락해달라고 청하지 않았다. 그 아이는 성적으로 자유롭게 행동하기로 스스로 결정했고, 그런 결정을 내린 이상 피임약을 준비한다는 것은 오히려 아주 책임 있는 행동이다.

이제 엄마는 어떻게 행동해야 할까? 그저 아무 일도 없었던 것처럼 시치미를 뚝 떼고 피임약을 제자리에 갖다 놓아야 할까?

그렇지 않다. 엄마는 딸과 단둘이 차분하게 앉아서 이야기를 해야 한다. 엄마는 딸의 방에서 피임약을 발견했고 딸이 성관계를 가진다는 사실을 알고는 크게 실망했다고 솔직하게 말해야 한다. 그리고 성관계가 왜 위험한지도 다시 한 번 일깨워주어야 한다. 하지만 에이미의 엄마는 딸과 이야기해봐야 이길 수 없을 거라고 했다. 그러나 정말 중요한 것은 에이미를 설득하는 것이 아니라 엄마의 감정을 전달하는 것이다.

에이미는 특별히 우아하다고 말할 수는 없지만 유쾌한 성격인 데다 마음만 먹는다면 꽤나 매력적일 수 있는 소녀였다. 그리고 대부분의 십대 소녀들보다 무슨 일이든지 척척 해낼 수 있는 아이였다. 에이미는 자신이 원하는 것이 무엇인지 잘 알고 있었다. 그 아이는 학교에서는 우등생이었고 여자 축구팀의 주장이었다. 또한 취미도 아주 다양했는데 그중에는 신기하게도 십자수와 실이나 끈으로 장식을 만드는 것도 포함되었다. 그리고 학교에서 남학생 여학생 모두에게 인기가 많았다. 그렇지만 에이미는 통상적으로 말하는 전형적인 소녀는 아니다.

변종 소년과 변종 소녀의 차이점

지난 30년 동안 소수의 학자들이 마틴 같은 변종 소년들과 에이미 같은 변종 소녀들을 비교 연구했다. 그중 가장 중요한 것은 사회학자인 패트리샤 섹스턴에 의해서 이루어졌는데 섹스턴은 변종 소년들과 소녀들에 대하여 다음과 같이 설명하고 있다.

변종 소년들이 비경쟁적이고 운동을 전혀 좋아하지 않고 겁이 많은 반면에, 변종 소녀들은 겁도 없고 독립적이며 경쟁적이다. 10세에서 14세에 이르기까지 대담하고 용기가 많던 소녀들은 성인이 되어 가장 지적인 여자들이 된다. …… 특이하게도 소녀들의 경우에는 높은 지능이 강한 남성성과 여성성 모두와 관련이 있다. 머리가 좋은 소녀들은 다른 소녀들보다 지배적이고 투쟁적일 가능성이 더 높을 뿐만 아니라 동시에 여성적인 기질도 더 많다.

반면 여성적인 특성을 많이 가진 소년들은 인기도 적을 뿐만 아니라 특히 중학교나 고등학교에 다니는 동안 사회적인 부적응 증세를 일으킬 위험도 더 높다. 변종 소녀는 또래들보다 인기도 많고 적응력도 뛰어나며 우등생일 가능성이 '더' 높지만 학업 성적이 뛰어난 변종 소년은 훌륭한 운동선수가 될 가능성이 높지 않다. 또한 다른 사람들과 기꺼이 대결하고자 하는 남성 전형적인 특성을 나타내는 소녀들은 사회적으로 평균 '이상'의 생활을 영위한다. 반면에 난폭한 놀이에 참여하기를 꺼리는 여성 전형적인 특성을 보이는 소년들은 사회적인 면에서 문제가 있을 가능성이 높다.

변종 소녀들은 학교나 사회생활에서 유리하다. 그들의 사회적인 지평은 다른 소녀들보다 더 넓다. 그러나 변종 소년들의 경우는 학교생활을 할 때에는 유리하지만 그들의 사회적 지평은 다른 소년들보다 훨씬 더 좁다.

10장 분홍(여성)과 파랑(남성)의 이분법 극복하기

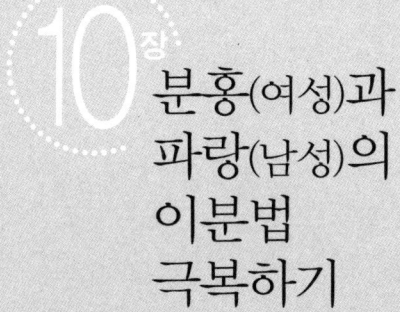

이제는 어른들이 성별 문제를 좀 더 진지하게 받아들여야 한다.
1970년대 사고에 고착되어 있는 어른들은 우리의 자녀들이 사회생활에 도움이 될
남성성과 여성성의 의미를 개발하도록 도와주지 않았다.
우리 사회가 섹슈얼리티의 진정한 의미에 대해 무관심했던 결과로
그리고 성인들이 성인으로서의 책임을 포기하고
우리 자녀들이 마돈나 미국의 광고업계가 이끄는 대로
사회적 의미들을 창출하도록 방치함으로써
사회 전체가 무질서와 혼돈으로 빠져들게 되었다.

– 매기 갤라거, 2003

why
Gender
Matters

성별을 의식하지 않는 사회

우리는 현재 겉으로 보기에 성별을 의식하지 않는 사회에서 살고 있다. 아이들은 어른이 되어 직업을 선택할 때는 남녀 차별이 없다고 학습 받고 있다. 고맙게도 여자아이들이 자라서 모두 다 가정주부가 되리라고 기대하던 시대는 갔다! 오늘날 미국의 소년과 소녀들은 한 학교에서 같은 과목을 배우고 축구, 농구, 테니스, 골프, 육상경기 등 스포츠를 할 기회도 똑같이 갖는다.

지난 30년 동안 학습 방식, 사고 방식, 관계를 맺는 방식에서 소년과 소녀의 타고난 차이점에 관해 말하면 여러 진영으로부터 남성우월주의자라는 비난을 받았다. 교육 당국은 소년들과 소녀들에게 똑같은 방식으로 똑같은 과목을 가르쳐야 한다는 원칙을 교사들과 부모들에게 주입하였다. 소년과 소녀의 학습 방식에 조금이라도 차이가 있다면 그것은 생물학적인 근거에서 나온 것이 아니라 사회적으로 구축된 것이다. 우리는 그렇다고 들었다.

부모의 권위는 바로 그 30년에 걸쳐서 서서히 사라졌다. 8장 어떻게 키울 것인가에서 논의한 것처럼 요즈음의 부모들은 자녀들에게 무엇을 하라고 말하는 대신 자녀들과 '의논'하고 '제안'하며, 자녀들 앞에 놓여 있는 선택 가능성에 대해 '알려준다.' 30년 전에는 부모들이 주로 자녀들의 인생행로를 결정했지만 오늘날은 으레 부모들이 6살짜리 자녀에게 어떤 음식이 먹고 싶은지 '묻는다.' 그리고 많은 부모들이 6살짜리 아이가 부리는 변덕을 충성스럽게 받아주는 것이 좋은 부모의 덕목이라고 생각한다.

대략 1970년 이후 북미나 서구 유럽, 그리고 오스트레일리아에서 일어난 변화를 요약하면 다음과 같다.

- 사회적 역할의 측면에서 볼 때 남자와 여자의 구분이 애매모호해졌다.
- 교육부는 교과 과정에서 성별 구별을 모두 다 없애버렸다.
- 아이들의 인생에서 중요한 결정들을 내리는 데 아이들 자신이 더 많은 권한을 행사하게 되었다.

이런 변화가 가져온 결과는 무엇일까? 만일 남자아이와 여자아이가 똑같다는 1970년대 이론가들의 가정이 옳다면 지금 우리는 소년과 소녀 모두가 성별 고정관념에서 벗어나 개인의 잠재력을 자유롭게 발휘하는 성별 평등의 시대에 살 것이다. 그러나 실제로 그런 일은 일어나지 않았다.

오늘날 젊은 여자들이 누리는 기회의 폭은 이전 세대와 비교하면 놀라울 정도로 넓어졌다. 많은 여자들이 전례가 없을 정도로 거의 모든 직종에 진출했다. 1960년대에는 법학 학위를 받은 여자들은 5% 이하였다. 오늘날에는 50%에 가깝다. 의과대학에서도 여학생들의 약진이 두드러진다는 보고가 나왔고 대학원도 마찬가지이다.

그렇다고 이런 현상이 모두 다 긍정적인 것만은 아니다. 심리학자 진 트웬지는 1950년대부터 현재에 이르기까지 아동들의 기록을 검토한 결과 1950, 60년대의 아동들보다 오늘날의 아동들이 심각할 정도로 더 불안해하고 의기소침하다는 것을 발견하였다. 사실 오늘날의 '평균적인' 아동은 1950년대에 '정신과 의사'에게 맡겨진 아이보다 더 불안해한다. 다시 말한다면 오늘날의 보통 아이들은 50년 전이라면 '정신병 환자'로 취급받았을 것이라는 것이다.

트웬지는 아이들의 불안증이 이처럼 증가한 이유를 두 가지로 제시했다.

첫째는 지난 50년에 걸쳐서 전통적인 사회 구조가 붕괴했다는 것이다. 1950년대의 아동들은 대부분 조부모, 사촌, 고모, 이모, 삼촌들과 자주 어울려 지내는 확대 가정에서 양육되었다. 하지만 오늘날의 아동들은 이웃에 그런 친척들이 살고 있을 가능성이 적고 편부모에 의해서 양육될 가능성이 높다.

두 번째 원인은 아동들의 개인적인 삶에 불안감과 공포감이 증가했다는 점이다. 아동들은 오늘 함께 살고 있는 부모가 2~3년 후에도 자신들과 함께 살 것이라는 확신을 가질 수 없다. 그리고 오늘날의 아동들은 신체적 폭력에 대해 좀 더 취약하다. 그러나 통계학적으로 볼 때 요즈음 아동들이 신체적 폭력의 피해자가 될 위험성은 1950년대와 비교할 때 더 높지 않다.

나는 트웬지 박사가 지적한 원인에 하나를 더 덧붙이고자 한다. 오늘날의 소년 소녀들이 50년 전보다 한층 더 불안해하는 이유는 아이들이 자신의 성별에 확신을 가질 수 없기 때문이다. 아동들을 양육하고 교육할 때 성별 차이를 소홀히 여긴 결과 커가는 아동, 특히 사춘기 아이들이 방향 감각을 상실했다. 아이들은 소년 또는 소녀라는 것이 무슨 뜻인지 확실하게 알지 못한다. 성별에 관한 한 그들은 인적이 없는 황야에서 길이나 목적지에 대한 확신은 물론 나침반도 없이 길을 찾아야 하는 탐험가와 같다.

2004년 플로리다대학교의 연구원들은 아동이 자신의 성별에 대해 편안하게 느낄수록 아이의 심리적인 행복감이 더 크다는 것을 밝혀냈다. 자신의 성별에 편안함을 느끼는 아이들은 성별 전형적이지 않은 아이들보다 자신감이 더 컸고 불안감은 적었다. 또한 연구자들은 자신들의 연구 결과가 과거의 통념과 모순된다는 점을 지적하였다. 1970년대에서 1990년대 말까지 심리학자들은 '성별 기준에 순응하는' 아동들은 성별 속박에 사로잡혀 있는 아이들일 가능성이 높다고 생각했다. 그리고 성별 순응적인 아이들이 그렇지 않은 아이들보다 행복감이나 충족감을 덜 느낄 것이라고 예상했다. 그렇지만 현실은 그 반대였다. 여성적인 소녀들과 남성적인 소년들이 남성적인 소녀들이나 여성적인 소년들보다 일반적으로 더 행복해하고 충족감도 더 많이 느낄 가능성이 높다.

그렇다고 해서 트럭 같은 장난감을 좋아하는 사내 같은 딸아이에게 바비 인형을 가지고 놀라고 강요해야 한다는 말은 아니다. 다만 '사내 아이'인 아들에게서 트럭을 빼앗고 그 대신 인형을 가지고 놀도록 권하는 것은 아이에게 별 도움이 되지 않는다는 점을 기억하자. 나는 아동의 성별이 아동의 정체성에 커다란 부분을 차지한다고 생각한다. 인간의 본성은 속속들이 성별화되어 있다. 이제는 성별 평등론에 맞춰 아이의 본성을 재구성하려고 애쓰기보다는 아이가 타고난 성별에 기초한 성향을 '연구 대상'으로 삼아야 한다.

성별 문제에 대한 접근 방식에 따라 효과가 얼마나 달라질 수 있는지 예를 하나 들어보자. 이것은 토론토에서 남녀 아동의 학습 방식에서 나타나는 차이를 강연한 후 교육가들에게서 들은 경험담이다.

전기기술자로 은퇴한 한 할아버지가 자원봉사로 남자고등학교에서 로봇 공학을 가르쳤다. 소년들은 그 할아버지를 절대적으로 숭배했으며 할아버지가 자신의 경험담을 들려주자 아주 매혹되었다. 소년들은 할아버지가 구리선을 땜질하는 방법을 기술적으로 자세하게 설명할 때, 한 마디도 놓치지 않고 귀담아 듣곤 했다. 이 이야기를 들려준 교사는 할아버지와 학생들 사이에 단순한 정보 전달이 아니라 그 이상의 뭔가가 오간 것이라고 말했다. 하나의 끈끈한 '부족'이 형성된 느낌이었다는 것이다.

이 교사는 우리가 잊고 지내는 중요한 점을 지적하고 있었다. 인간 공동체의 영속성은 나이든 세대에서 젊은 세대에게로 이어진다. 그리고 이런 상호작용은 단일한 성 사이에서 더욱 끈끈하다. 예전에는 같은 성끼리 세대 간에 상호관계를 가질 기회가 많았다. 얼마 전까지만 해도 소녀들은 어머니의 친구들과 함께 자선재봉봉사회에 참가하거나 아니면 대규모의 친목 행사를 위해 빵을 굽든지 걸스카우트 모임에 참여했다. 그러나 지금은 그런 활동을 할 기회가 아주 적어졌다.

소년들의 경우도 마찬가지이다. 남자들에게는 함께 사냥을 하든지, 농장에서 일을 하든지 아니면 스포츠 행사에 참석하든지 간에 모든 남자들을 연결시켜줄 수 있는 남자들만의 정서가 있다. 50년 전에는 교회나 보이스카우트나 학교 목공실과 같은 공동체에서 소년들이 나이 많은 남자들로부터 배울 기회가 풍부했다. 나는 아직도 우리 형 스티브가 목공예 교사인 워델 씨에게 조각 기술을 배워 테이블을 완성한 뒤 얼마나 흐뭇해했는지 그 모습을 생생하게 기억한다.

35년 전 스티브가 목공예 수업을 듣던 시절 수강생은 모두 남자였다. 허나 지금 우리 지역의 공립고등학교에서는 더 이상 그런 목공예 수업은 하지 않는다. 그 대신 요즈음 학교에서는 컴퓨터로 그림을 그리고 디자인하는 법을 남녀 모두에게 똑같이 가르친다.

지금에 와서 소년들에게는 목공예를, 소녀들에게는 가사를 가르치던 시절로 돌아가자고 말하는 것이 아니다. 그렇지만 소년과 소녀들이 남자와 여자들로만 구성된 환경에서 같은 성의 어른들로부터 배울 수 있는 기회를 없애는 과정에서 우리 사회가 뭔가를 상실했다는 점을 인식할 필요가 있다.

'사회화 과정'은 아동들이 사회의 관습이나 도덕규범을 학습하는 과정을 가리키는 말이다. 기록이 남아 있는 거의 모든 문화에서 사회화 과정은 주로 '단일 성별'의 공동체가 담당해왔다. 공동체 전체의 여자들이 소녀들에게 문화의 전통과 풍습을 전달해주고, 성인 남자들 전체가 소년들을 가르쳤던 것이다. 전통과 문화의 전달은 부모들이 전담하기에는 너무나 방대한 일이기 때문이다. "아이 한 명을 양육하기 위해서는 마을 전체의 힘이 필요하다."는 아프리카 속담은 아이들의 교육에는 엄마와 딸, 아버지와 아들의 만남 이상의 것이 필요하며 지역 사회 전체가 참여해야 한다는 의미이다.

우리 사회는 100년 전 아니 30년 전만 해도 이토록 변칙적이지는 않았다. 그때에는 부모들이 자녀들을 기르면서 주변으로부터 많은 도움을 받을 수 있었다. 아이들은 여자는 여자끼리 남자는 남자끼리 함께 하는 수많은 활동에 참가했다. 요즈음은 그런 활동들이 대부분 아주 사라졌거나 아니면 남자 여자가 함께 하는 활동이 되었다. 소년과 소녀가 함께 합리적인 로봇 공학 수업에 참여할 수는 있지만 그렇게 해서 하나의 '부족'이 형성될 수는 없다. 아이들은 금속 기둥에 구리선을 땜질하는 방법은 배울 테지만 세대 간의 진정한 유대가 형성되기는 어렵다.

오늘날 부모가 된다는 것은 상당히 힘든 일이다. 내 생각으로는 이전 시대보다 훨씬 더 어려운 것 같다. 오늘날의 부모들은 자녀들의 사회화 과정에서 전 세대보다 훨씬 무거운 짐을 짊어지고 있다. 부모들이 자녀 교육에 곤란을 겪을 때마다 조부모나 사촌이나 삼촌들이 도와줄 가능성은 훨씬 줄어들었다. 요즘은 가족들이 다른 친척들로부터 멀리 떨어진 곳에서 살아갈 가능성이 더 높기 때문이다.

그동안 교육이나 육아 과정에서 성별을 무시한 결과 사회적으로 큰 손실을 입게 되었다. 남녀 차이를 인정하고 중시하지 않은 결과 정상적인 여자와 남자의 속성이 비정상적인 것으로 여겨지게 되었다. 침착하지 못한 소년들은 주의력결핍장애 치료제인 리탈린이나 콘서타에 취해 아이들을 지루하게 만드는 여교사의 수업 시간에 가만히 앉아 있을 것이다. 수줍어하는 십대 소녀들에게는 부모들의 승인하에 우울증 치료제인 팩실이 처방되고 있다. 그렇지 않다고 말하지 말라. 나는 날마다 이런 아이들을 만난다.

역설적이게도 어린아이들이 '성적으로 조숙하게 된' 것은 오히려 부적절하게 성별 역할이 '강화'되었기 때문이다. 오래된 로마 속담처럼 '쇠스랑으로 자연을 몰아내려고 안간힘을 써보아라. 그래도 자연은 항상 되돌아올 것이다.'

여러분이 자녀에게 성별 정체성을 명쾌하게 알려주지 않는다고 해도 아이들은 자신의 성별을 알려주는 다른 방식들을 찾아낼 것이다. 그리고 그런 방식들은 아이들을 잘못된 방향으로 인도할 수도 있다. 오늘날 7세 소녀들은 엉덩이에 '섹시녀'라는 문구가 적힌 짧은 반바지를 입고 학교에 간다. 아이들의 성 문화와 성행동은 아찔할 정도로 비상식적으로 변하고 있다. 일 년 동안 중학생 아이들과 함께 생활하며 그들의 행동 양식을 관찰한 린다 펄스타인은 "아이들은 더 이상 얼굴을 마주보며 춤추지 않는다. 소녀들은 잘 알지도 못하는 남자아이들이 자기 엉덩이에 대고 문질러대는 것을 자신이 원하는지에 대해서도 확신이 없다. 그렇지만 소녀들이 다른 어떤 행동을 할 수 있겠는가?"라고 말한다.

소년들은 '남자란 무엇인가?'라는 질문에 대한 답을 목말라하고 있

다. 그렇지만 우리 사회의 공적인 구조, 특히 학교는 더 이상 그런 질문에 답을 해주지 못한다. 그리하여 시장이 그런 공백을 파고 들어온다. 얼마 전 한 게임 잡지에서 '폭력적이고 선정적인' 비디오 게임을 '진짜 남자들의 일'이라고 대대적으로 선전하는 광고를 보았다. 그 광고에는 다리가 길고 허리는 잘록하며 가슴은 커다란 여자가 오토바이를 타고 있는 모습이 그려져 있었다. 그 광고가 십대 소년들에게 말하는 바는, 진짜 남자는 결코 말대꾸도 하지 않고 소신도 전혀 없는 소녀들이 살고 있는 가상세계에서 2차원적인 바비 인형과 함께 비디오 게임을 하는 거라는 것이다.

독자 여러분이나 나는 진짜 남자다운 행동은 다른 사람들을 위해 자신의 힘을 사용하는 것이라는 사실을 잘 알고 있다. 바로 그런 점이 앞에서 언급한 적이 있는 소모스 아미고스라는 하계 프로그램이 인기를 얻는 비결이다. 십대 소년이 성인 남자들과 함께 도미니카 공화국의 산악 지대에 가서 집을 지어주며 여름을 보내는 프로그램 말이다. 십대 소년들은 실제로 다른 사람들을 위해 온 힘을 다해 땀을 쏟아 부으면서 일하는 것을 좋아한다. 바로 '그런 것'이 '진짜 남자들의 일'이다.

소녀들도 역시 추구하는 바가 있다. 조안 제이콥스 브룸버그는 소녀들의 성 심리학적 발달이 여러 세대에 걸쳐서 변화되는 과정을 연구했다. 브룸버그에 따르면 가장 근본적인 변화는 이전 세대의 소녀들이 자신의 '인품'에 대해 고민했다면, 오늘날에는 대다수의 소녀들이 '외모'를 가장 큰 관심사로 여긴다는 것이다.

이전 세대의 전형적인 소녀들은 더 나은 사람이 되겠다고 결심했지만 요즈음 소녀들은 몸무게를 줄이고 복근을 강화하고 얼굴에 어울리는 머리 모양을 찾는 데 열을 올린다. 오늘날의 문화는 광고, 영화, 잡지를 통해 '여자는 섹시하게 보이는 것을 뜻한다'는 메시지를 무자비하게 토해내고 있다. 그런데도 진정한 여자가 되기 위해서는 외모만이 아니라 내적으로 어떤 사람인가도 중요하다는 점을 소녀들에게 가르쳐주는 적절한 사회구조가 전혀 없다.

모순처럼 보이겠지만 과거 20년 동안 표면상으로 성별 중립적인 교육 방식과 육아 방식이 소년 소녀들을 한층 더 분홍과 파랑의 구분 속으로 밀어넣는 결과를 낳았다. 소년들은 무더기로 미술, 무용, 외국어 같은 과목을 포기했다. 소녀들이 물리나 컴퓨터 과학을 수강하는 비율도 20년 전 최고조에 달한 이후에는 하강 국면으로 돌아섰다. 오히려 미술, 음악, 무용, 연극, 외국어는 주로 소녀들이나 여성화된 소년들의 영역이 되었다.

어떻게 하면 이런 성별 고정관념이 붕괴될 수 있을까?

최선의 해결책은 무엇보다도 소년 소녀들의 발달 과정의 차이점을 인정하는 것이라고 지적하고 싶다. 두 번째로는 소년 소녀 모두에게 성별에 따른 교육 기회와 운동 기회를 제공하는 것이다.

학교생활을 다룬 5장의 서두에서 인용했듯이 남녀공학은 소년 소녀 '모두'를 부당하게 대우하고 있다. 교사들이 남녀 차별주의자들이거나 교과서 내용이 편견을 담고 있기 때문이 아니다. 남녀공학은 항상 어느 정도는 소년 소녀들을 부당하게 대우할 수밖에 없다. 왜냐하면 소년 소녀들의 타고난 학습 방법이 다른데 그것을 무시하고 교육할 수밖에 없기 때문이다. 소년 소녀의 뇌는 발달 순서가 다르다. 한쪽 성에 맞게 학교 제도를 조정하면 다른 성에게는 반드시 불리한 점이 생기게 마련이다. 앤드루 헌터는 단일성만을 가르치는 학교뿐 아니라 남녀공학에서도 두루 가르친 경험이 있는 아주 노련한 교사인데 "남녀가 함께 있는 반을 가르친다는 것은 동시에 두 반을 가르치는 것과 같다."고 말한다.

따라서 남녀공학일 경우 남학생과 여학생을 구분해 가르치면 이런 문제를 해결할 수 있을 것이다. 소년들만의 프랑스어 시간은 남녀가 함께 공부하는 프랑스어 시간과 다르다. 남학생들끼리만 수업을 할 경우 모든 소년들이 발음을 잘 하려고 경쟁한다. 헌터는 이런 상황을 다음과 같이 표현했다.

남녀공학에서는 성별 고정관념을 강화하는 교묘하고도 불쾌한 압력이 있다. 소녀들은 본질적으로 소년들의 영역에 속하는 과목이나 활동을 선택할 때 신중한 경향을 보인다. 반면에 남학교에 다니는 소년들은 자신들의 본성에 따라 음악, 미술, 연극처럼 비 남성적인 활동이라고 간주되는 분야에서도 자유롭게 자신들의 관심사나 재능을 개발한다.

벨몬트 힐 학교의 릭 멜보인 교장도 헌터의 견해에 동의한다. 남학생들만의 교육 환경은 남자가 된다는 의미를 규격화하고 정형화하는 상황으로부터 소년들을 해방시켜준다. 멜보인은 자기 학교에서는 남성 합창단에서 노래를 하거나 연극반에 들어가 연기를 하는 소년이 축구나 미식축구를 선호하는 소년보다 남자답지 못하다고 여겨지는 일은 없다고 한다. 또 다른 남학교 록스베리 라틴 학교의 미술 교사 브라이언 버클리도 이와 비슷한 견해를 피력했다.

"과거에 근무하던 남녀공학에서는 항상 소녀들이 미술 과목에서 선두를 유지했다. 그러나 이곳 남학교에서는 소년들도 겁을 먹지 않는다. 록스베리 라틴 학교에서는 최고의 운동선수 중에도 미술에 탁월한 능력을 나타내는 아이들이 많다."

바로 여기에 남녀공학은 성별 고정관념을 '강화'하는 경향이 있는 반면에 단일한 성만의 학교는 성별 고정관념을 '붕괴'할 수 있다는 역설이 존재한다. 또한 남녀공학보다는 여학교에 다니는 소녀들이 컴퓨터 과학이나 물리 같은 과목을 선택할 가능성이 더 높다는 확실한 증거도 있다. 남학교에 다니는 소년들이 미술, 음악, 외국어, 문학을 공부할 가능성은 남녀공학에 다니는 동일한 능력의 소년들보다 2배 이상 높다.

단일한 성끼리 교육받도록 조정된 교육 체제의 장점은 학업 성적에만 국한되지 않는다. 한 예로 몬트리올에 있는 제임스 링 공립고등학교는

5년 전 남녀를 각각 다른 반으로 편성했다. 이렇게 바꾼 후 장기 결석은 2/3가 감소하였고 표준화검사 성적은 상위 15%로 높아졌다. 게다가 십대 임신율 역시 놀랄 정도로 감소했다. 그 전에는 일 년에 평균 15명의 소녀들이 임신했지만 지금은 일 년에 2명 정도로 줄어들었다.

내가 방문했던 모든 여학교의 교사, 교육행정가, 카운슬러, 학생들이 동의하는 한 가지 장점은 주변 남녀공학과 비교할 때 원하지 않는 십대 임신율이 훨씬 낮다는 것이다. 제임스 링 고등학교의 경우 전체 학생 수나 교과 과정 등 모든 것이 그대로인 상태에서 반 편성만 남자반 여자반으로 바꾸었을 뿐인데도 십대 임신율이 현저하게 감소했다.

왜 여학생들끼리 있으면 소녀들의 임신율이 감소할까? 아마도 여학교에 다니는 소녀들이 소년들과 데이트할 가능성이 적어서라고 생각할지 모르겠다. 그러나 그런 추측은 틀릴 가능성이 높다. 지금까지 이루어진 조사에 의하면 여자 고등학교의 소녀들이 데이트를 할 가능성은 남녀공학에 다니는 소녀들에 비해 절대로 떨어지지 않았다. 내 견해로는 여학교에 다니는 소녀들은 소년들과 '데이트'를 할 가능성이 더 높은 반면에 남녀공학에 다니는 소녀들은 소년들과 '한탕'을 할 가능성이 더 높다.

6장 성 문제에서 살펴보았듯이 이는 어린 십대 청소년들이 짝을 맞추는 방식과 관계가 있다. 남녀공학에 다니는 십대들이 낭만적인 관계를 맺을 때의 기준은 개인적인 특성이 아니라 그들이 그룹에서 차지하고 있는 위치이다. 따라서 남녀공학에 다니는 한 소녀가 남자 친구에게 섹스를 하지 않겠다고 말한다면 그 소녀는 남자 친구와의 관계만 곤란해지는 것이 아니라 학교생활 전반에 걸친 사회적 관계에서 위험에 처하게 된다.

그러나 여학교인 경우에는 남자 친구를 사귄다 해도 소녀의 학교 친구들과 남자 친구의 그룹은 다르기 때문에 소녀가 남자 친구에게 섹스를 하지 않겠다고 거절해도 여자 친구들이나 남학생들에게서 비난을 받을 가능성이 낮다. 그래서 소녀는 자신의 성 문제를 좀 더 자율적으로 결정할 수 있다.

주의를 돌려 북아일랜드에서 시행된 아주 흥미로운 연구를 살펴보도록 하자. 두 명의 심리학자들이 벨파스트 지역에서 서로 다른 학교에 다니는 여학생들의 자존감을 조사하였다. 이 두 그룹 사이에는 사회경제적인 차이나 교육적인 차이가 전혀 없었다. 이 연구원들은 소녀들에게 여러 가지 질문을 던졌다. 스스로를 좋은 학생이라고 생각하는가? 부모는 좋은 직업에 종사하는가? 스포츠를 잘 하는가? 자신이 예쁘다고 생각하는가? 친구들이 많은가?

그러고 나서 여학생들의 답변을 자존감과 연관시켜보았다.

'남녀공학'에 다니는 소녀의 자존감을 측정하는 데는 '자신이 예쁘다고 생각하는가?'라는 한 가지 질문이면 충분했다. 답변이 긍정적이면 그 소녀의 자존감은 높았다. 남녀공학에 다니는 소녀가 자신이 예쁘다고 생각하면 그녀의 자존감은 대단한 것이고 반대로 부정적인 답변을 했다면 그 소녀의 자존감은 낮다. 소녀의 학교 성적이 모두 다 A이건, 부모가 어떤 직업을 가지고 있건, 자신이 최고의 축구선수이건 그런 문제는 전혀 중요하지 않다. 남녀공학에 다니는 여학생이 자신이 못생겼다고 생각한다면 그 소녀의 자존감은 최악이다. 남녀공학에 다니는 소녀들에게 가장 중요한 문제는 자신이 누구인가, 자신이 무엇을 잘 할 수 있는가가 아니라 '외모'가 어떤가이다.

반면에 여학교에 다니는 소녀들의 자존감은 학교 성적, 사회적 경험, 가족의 수입 등 여러 요소들이 어우러져 좀 더 복잡한 결과를 나타냈다. 개인의 외모도 상관이 있지만 그것은 단지 여러 가지 중의 한 가지 요소일 뿐이었다.

이제 우리 자신을 한번 생각해보자. 여러분이 만약 25세라면 외모가 중요한가?

물론 중요하다. 그렇지만 외모가 여러분의 자존감을 결정하는 유일한 요소는 아니다. 만일 대단한 외모의 소유자이기는 하지만 직장이 없거나 의지할 수 있는 친구들 또는 사랑하는 배우자가 없다면 행복하지 않을 것이다. 그와는 반대로 뚱뚱하고 그다지 예쁘지는 않지만 훌륭한 직장이 있고, 진심으로 걱정해주는 친구들이 있고, 주말을 같이 보낼 파트너가 있다면 괜찮은 삶이다. 성인들의 세계에서도 외모가 중요하기는 하지만 '유일하게' 중요한 요소는 아니다. 그보다는 오히려 '내가 누구인가' 하는 점이 더욱 중요하다. 그런 의미에서 남녀공학보다는 여학교 또는 남학교와 같은 단일성의 학교가 현실 세계와 더 유사하다.

존스홉킨스대학교의 사회학자 제임스 콜먼은 40년 전, 단일성의 학교에 다니는 학생들과 남녀공학 학생들을 인터뷰했는데 앞서 언급한 벨파스트의 연구와 동일한 결과를 발견했다. 콜먼은 남녀공학에 다니는 아이들의 경우는 누가 가장 인기가 있는가, (소년들의 경우) 누가 스포츠를 가장 잘 하는가가 주관심사라는 사실을 밝혀냈다.

콜먼은 또한 남녀공학의 사춘기 문화가 학업 성적에도 다소 불리하다고 결론지었다. 졸업한 후에 어떤 일을 하고 싶은지 장래 희망을 묻자 남녀공학에 다니는 여학생들은 패션모델이나 여배우가 되고 싶다는 공상을 큰 소리로 떠들어댔다. 하지만 여학교에 다니는 소녀들은 사업 아니면 학문 분야에서 일하고 싶어서 준비하고 있다고 말했다. 콜먼의 결론은 이렇다.

어른들은 일반적으로 소년 소녀가 같은 학교에 다니는 것이 더 '좋다'고들 추정한다. 혹시 학업 성적을 위해서는 좋지 않다고 하더라도, 적어도 사회성 개발이나 사회 적응 면에서는 더 좋을 거라고 생각하지만 실제로는 그렇지 않다. 남녀공학은 학업 성적과 사회적 적응 면에서 '모두' 해로울 수 있다. …… 소년 소녀가 같은 학교에 다닌다고 해서 반드시 사회 적응 능력이 향상되는 것은 아니다. 이런 자료들이 말해주듯이 남녀공학은 졸업한 후에 삶에 대한 '부적응 증세'를 조장할 수도 있다.

분홍과 파랑을 넘어서

2003년 가을, 캘거리에 있는 클리어워터 아카데미의 운영위원회는 학교 체제를 이원적으로 재편해 건물 한쪽에는 소녀들을, 다른 한쪽에는 소년들을 수용했다. 한 학교 안에 남학교와 여학교를 따로 두는 식이었다. 그리고 학교 밴드부를 포함해 모든 방과후활동과 수업을 소년 소녀가 따로 받게 했다.
 학교가 남녀공학이었을 때에는 트럼펫 연주자는 항상 남자였고 플루트 연주자는 항상 여자였다. 소년 소녀가 함께 있을 때는 언제나 자기들이 현재 살고 있는 더 큰 사회를 반영하듯 그런 일이 발생했다. 북미 지역의 소년들은 플루트를 연주하지 않는다. 적어도 주변에 소녀들이 함께 있는 경우에는 그렇다.

그러나 일단 학교가 남학교 여학교 형식으로 바뀌고 나자 성별 고정관념은 무너져버렸다. 밴드부가 존속하려면 소년들 중에서 누군가는 플루트를 연주해야 하는 상황이 되자 몇몇 소년들이 플루트를 지원한 것이다. 이와 마찬가지로 여학생 밴드부에서도 소녀 몇 명이 트럼펫을 배우겠다고 나섰다. 만일 소년 소녀들이 같은 밴드부에 있었더라도 소녀들이 트럼펫을 배우고, 소년들이 플루트를 선택하려고 했을지 의심스럽다. 아이들은 새로 선택한 악기를 제법 잘 연주하고 있었다.

이 학교에서 일어나고 있는 일들이 어찌나 감명 깊던지 집에 돌아오자마자 제임스 골웨이와 장-피에르 랑팔의 전기를 주문했다. 아니나 다를까 두 사람 모두 남자들만의 합주단, 제임스 골웨이는 벨파스트에서, 그리고 장-피에르 랑팔은 마르세이유에서 플루트 연주를 배웠다. 그들이 북미에서 태어나서 남녀공학 학교만 다녔더라도 그렇게 유명한 연주자가 되었을지 의문스럽다.

우리는 자녀가 자라서 용감하고 자신감이 넘치는 (전통적으로 남성적이라고 간주되던 속성들) 사람이 되기를 바랄 뿐 아니라 다른 사람들을 배려하고 사려가 깊으며 남의 말에 귀를 기울이는 (전통적으로 여성적이라고 여겨지던 속성들) 사람이 되기를 원한다. 1970년대에 사회 개혁가들은 양성적인 성인을 만드는 최선의 방법은 양성적인 아이들을 양육하는 것이라고 굳게 믿었다. 하지만 이제는 그것이 얼마나 순진하고 부족한 정보에 기인한 신념이었는지를 알 수 있다.

아들을 남을 보살피고 배려하는 사람으로 양육하는 최선의 방법은 무엇보다 그 아이가 '남자아이'로 지내도록 내버려두는 것이다. 조네타 콜스는 '어디에선가' 편안함을 느끼지 못한다면 다른 곳을 가더라도 마찬가지로 편안함을 느낄 수 없다고 말했다. 일단 아이 자신이 누구인지 확신이 서면 그 아이는 공부하는 방식이나 남의 말을 경청하는 방식을 탐구할 때 성별 정형에 구애되지 않고 자신만만한 태도로 더 큰 능력을 발휘할 것이다. 남학교에 다니는 소년들이 미술, 음악, 연극, 외국어 같은 과목을 공부할 가능성이 남녀공학에 다니는 소년들보다 두 배 이상 높고, 남의 말을 경청하는 능력도 더 뛰어나고, '남자답게' 보이려고 애쓰지 않는다고 시사하는 증거들이 있다.

2003년 몇몇 저명한 학자들이 남자아이와 여자아이는 다른 구조를 가지고 태어난다는 것과, 우리 사회가 그런 성별 차이를 무시한 결과 얼마나 커다란 해를 입고 있는지 설명한 보고서를 내놓았다. 보고서에 따르면 십대 청소년 4명 중 1명은 성인이 되어 생산적인 활동을 하지 못할 정도로 심각한 위기에 처해 있다. 또 십대 청소년 중 절반 정도는 불법으로 마약을 하고 있다. 연구에 참여한 학자들은 "성별에 사회적인 중요성과 의미를 부여할 필요성이 우리가 당면한 가장 중요한 명제인 것 같다. 그리고 그것은 인간의 번영에 상당한 영향을 미칠 것이다."라고 말했다.

이들은 "성별을 타고난 생물학적 특성이 아니라 사회적으로 구축된 역할로 간주하는 견해는 몹시 불완전하다."고 결론지었다. 성별은 인간의 기본적이고 핵심적인 정체성의 문제이다. 그것은 성별이 생물학적으로 결정되어 있고, 아이에서 성인으로 성숙되는 과정에 깊숙이 연관되기 때문이다.

'성인이 되는 과정.' 우리 사회는 다른 어느 영역보다 바로 이 과정에서 아이들을 아주 힘들게 만든다. 우리는 자녀들에게 성인 여자, 성인 남자가 된다는 것이 어떤 의미인지 전혀 알려주지 못한다. 21세기 후기 산업사회는 젊은이들을 '성별화된' 성인으로 나아가게 하는 전환 과정을 포기한 문화이다.

전통적인 사회에서는 성별화된 성인으로의 전환 과정은 소년 소녀 모두에게 중요한 사회적 절차였다. 그리하여 소녀들을 위해서는 화려한 의례나 성인식을 치러주었다. 여자들의 통과의례는 성인 여자로 진입하는 것을 축하하는 의미가 강했다. 여러 문화에서 볼 수 있는 여자들의 성인식은 초경과 함께 고양된 내성적인 힘, 더 풍성해진 내적인 삶이 찾아온다는 것을 암시한다.

반면 남자들의 통과의례는 전형적으로 고통과 인내를 수반하며 종종 더 엄격하게 치러진다. 그런 의식들이 추구하는 바는 소년들이 자신의 공격 성향을 통제하고 그런 성향이 자기가 속한 지역 사회의 친사회적인 목표들을 향할 수 있도록 영적·신화적 의미나 민족적인 후원과 관련을 맺도록 도와주는 것이다.

지금 내가 제안하고 싶은 것은 소년 소녀 모두를 위해 여러 세대가 함께 하는 남자들 또는 여자들만의 활동에 참가할 기회를 넓혀주어야 한다는 것이다. 어떻게 그것이 가능할까? 물론 지금에 와서 1930년대의 자선재봉봉사회로 되돌아갈 수는 없다. 가수 신디 로퍼는 한 인터뷰에서 자신이 노래를 부르게 된 동기가 사람들의 삶에 영향을 미치고 싶고 또 나름대로 사회에 봉사하고 싶은 욕구 때문이었다고 말했다.

"내 노래는 여자들이 엄마에게 들어보라고 추천한 첫 번째 노래였어요. 그러니까 처음으로 3대에 걸친 여자들을 한자리에 모이게 한 노래였지요. 즐거운 시간을 보내자는 구실로 내 콘서트에 3세대의 여자들이 함께 모인 겁니다. 그것은 진정으로 하나의 일상적 실천이었어요. 인생을 즐겁게 살아간다는 것은 일상적인 삶에서 가장 중요한 요소랍니다."

지금부터 100년쯤 지난 후에는 학자들이 붕괴된 21세기 초의 문화를 되돌아보면서 우리 사회가 해체된 근본적인 이유는 모든 면에서 성별을 구분한 활동(성인 여자들과 소녀들끼리, 성인 남자들과 소년들끼리 함께 하는)과 단일한 성으로 구성된 공동체 활동을 거의 모두 없애고 성별을 무시했기 때문이라고 결론내릴 수도 있을 것이다.

희망적이게도 그동안 제대로 된 판단을 방해하던 장애물들이 하나둘 벗겨지고 있다. 이제 우리가 해야 할 일은 남자와 여자의 선천적인 타고난 차이점을 소중히 여기고 찬양할 수 있는 용기와 지혜가 있는 사회를 만드는 것이다. 그와 동시에 모든 아이들이 자신의 성별 안에서 편안함을 느끼고 남녀가 모두 동등한 기회를 누릴 수 있도록 한층 더 노력하는 것이다.

부록 1 성과 성별의 차이

2001년 미국 국립과학원이 발간한 소책자에 의하면, '성sex'과 '성별 gender'의 정확한 용법은 다음과 같이 공식적으로 구분되어 있다.

- '성'은 생물학적인 이항 변수이다. 인간은 여자이거나 아니면 남자이다.
- '성별'은 연속 변수이다. 성별은 사회적으로 구축된다. 인간은 대체로 여성적이거나 대체로 남성적이거나 아니면 그 중간 어디에 해당한다.

미국 국립과학원은 이처럼 '성'과 '성별'의 기준을 마련했다. 위의 기준에 대해 나는 두 가지 문제점을 지적하고자 한다.

첫째, 성별이 사회적으로 구축되었다는 점에 동의하지 않는다. 이 소책자는 개인이 드러내는 성별 특성은 한 가지 성 안에서도 아주 다양하다는 것을 지적하고 있다. 일부의 남자들은 남성적이기보다는 여성적이다. 일부의 여자들은 여성적이기보다는 남성적이다. 이 소책자의 저자들은 같은 성 안에서도 성별 특성이 아주 다양하게 드러나기 때문에 성별은 사회적으로 구축된 것임에 틀림없다고 결론을 내린다.

그러나 내가 이 책에서 주장하려는 요지는 지난 30년 동안 성별 특성에 대한 사회적, 인지적 영향은 지나치게 과대평가된 반면에 타고나는 요소들은 등한시되었다는 점이다.

두 번째로 지적하고 싶은 점은 이 기준들이 혼란과 애매모호함을 불러일으킨다는 것이다. 6장에서 언급한 내용을 다시 생각해보자.

　소녀들은 성별이 좀 더 중요한 문제로 부각될 때 종종 여성성에 대해 더 많은 관심을 갖게 된다.

　이 문장에서 말하려는 바는 많은 소녀들이 중학생 시절에 여성이라는 자신의 정체성을 보다 확실하게 인식하게 되며 자신의 여성성에 대해 더 많은 관심을 기울이게 된다는 것이다.
　그런데 바로 이 문장에 '성별'이란 단어 대신에 '성'이라는 단어를 넣으면 다음과 같이 문장의 의미가 완전히 바뀐다.

　소녀들은 성이 좀 더 중요한 문제로 부각될 때 종종 여성성에 대해 더 많은 관심을 갖게 된다.

　이 문장은 내가 말하고자 하는 의도와는 전혀 다르게 소녀들이 '성활동'에서 말하는 그런 점에 대해 더 많이 의식하게 된다고 암시하는 것 같다.
　이런 이유 때문에 이 책에서는 '성' 또는 '성별'이라는 단어를 사용할 때 각 문맥에 가장 적합하다고 생각하는 단어를 선택하였다.

부록 2 여성지수 남성지수

다음에 나오는 문항에 답을 적은 다음 점수를 합해 자신의 여성지수와 남성지수를 알아볼 수 있다. 여성적이다, 남성적이다, 라는 판단은 독립 변수이기 때문에 여러분은 여성적이거나, 남성적이거나, 여성적인 동시에 남성적이거나(양성적), 아니면 여성적이지도 않고 남성적이지도 않을 수 있다.

나의 여성지수는?

1. 사향 냄새를 가장 잘 설명해주는 단어는? (   )
   ① 곰팡내가 난다. ② 시큼하다. ③ 쓰다. ④ 자극적이다. ⑤ 잘 모르겠다.

2. 다른 사람들이 나에 대해서 듣기 좋은 말을 하면 나는 기분이 좋다. (   )
   ① 그렇다.
   ② 아니다. 다른 사람들이 나에 대해 무슨 말을 하든 아무렇지 않다.

3. 꽃상추는? (   )
   ① 자몽처럼 생겼다. ② 상추처럼 생겼다.
   ③ 오레가노처럼 생겼다. ④ 브로콜리처럼 생겼다.

4. 처음 보는 사람들과 함께 있을 때 수줍음을 탄다. ( )
 ① 종종 ② 때때로 ③ 거의 그런 일은 없다.

5. 황토색과 가장 비슷한 색깔은? ( )
 ① 갈색 ② 노란색 ③ 녹색 ④ 파란색 ⑤ 잘 모르겠다.

6. 재봉틀은 어느 때 사용할까? ( )
 ① 부엌을 정리할 때 ② 커튼 뒤쪽의 먼지를 털 때
 ③ 케이크를 만들 때 ④ 옷을 수선할 때 ⑤ 잘 모르겠다.

7. 기분이 별로 유쾌하지 않을 때도 사람들 앞에서 유쾌한 것처럼 행동하려고 애쓴다. ( )
 ① 종종 ② 이따금 ③ 거의 또는 전혀 그렇게 하지 않는다.

8. 다른 사람이 도움을 필요로 하는지 금방 알 수 있다. ( )
 ① 거의 언제나 ② 때때로 ③ 별로 그렇지 못하다.

9. 나는 사실이 아닌 것을 믿을 정도로 다른 사람들의 말에 잘 속는다. ( )
 ① 절대로 그렇지 않다. ② 인정하고 싶지는 않지만 종종 그렇다.

10. 내가 아는 사람이 슬퍼할 때 ( )
 ① 아마 나도 같이 슬퍼서 도와주고 싶어 할 것이다.
 ② 도와주고 싶기는 하겠지만 아마도 슬퍼하지는 않을 것이다.
 ③ 슬퍼하지도 않을 것이고 특별한 요청이 없는 한 도와주려 하지도 않을 것이다.

⟨점수 알아보기⟩

독자 여러분이 반드시 기억해야 할 점은 이 문항들을 작성한 목적은 단지 인간이 여성적이면서 '동시에' 남성적일 수 있고, 또는 여성적이지도 남성적이지도 '않을' 수 있다는 사실을 이해하도록 돕기 위한 것이다. 이런 문항들을 통해 독자 여러분은 소녀가 남성적일 수도 있고 소년이 여성적일 수도 있다는 점을 이해하게 될 것이다. 점수를 합해 보라.

1번 ④ 자극적이다라고 답을 했으면 1점,
　　　나머지 답들은 모두 0점이다.

2번 ① 그렇다라고 답을 했으면 1점,
　　　②에 답했으면 0점이다.

3번 ② 상추처럼 생겼다라고 답을 했으면 1점,
　　　나머지 답들은 모두 0점이다.

4번 ① 종종이라고 답을 했으면 1점,
　　　나머지 답들은 모두 0점이다.

5번 ② 노란색이라고 답을 했으면 1점,
　　　나머지 답들은 모두 0점이다.

6번 ④ 옷을 수선할 때라고 답을 했으면 1점,
　　　나머지 답들은 모두 0점이다.

7번 ① 종종이라고 답을 했으면 1점,

　　② 이따금이라고 답을 했으면 0점,

　　③ 거의 또는 전혀 그렇게 하지 않는다라고 답을 했으면 -1점이다.

8번 ① 거의 언제나라고 답을 했으면 1점,

　　② 때때로라고 답을 했으면 0점,

　　③ 별로 그렇지 못하다라고 답을 했으면 -1점이다.

9번 ① 절대로 그렇지 않다라고 답을 했으면 0점,

　　② 인정하고 싶지는 않지만 종종 그렇다라고 답을 했으면 1점이다.

10번 ① 같이 슬퍼서 도와주고 싶어 할 것이다라고 답을 했으면 1점,

　　② 는 0점,

　　③ 은 -1점이다.

〈점수를 모두 합산해서〉

-3에서 +3점을 받은 경우: 결코 여성적이지 않다.

+4에서 +6점을 받은 경우: 캐서린 헵번 상! 제법 여성적이다.

+7에서 +10점을 받은 경우: 오드리 헵번 상! 상당히 여성적이다.

나의 남성지수는?

1. 누군가가 반드시 책임을 져야만 한다면? (   )
   ① 종종 내가 나선다. ② 보통 다른 누군가가 나설 때까지 기다린다.

2. 자동차에 대하여 이야기할 때, 곡면(camber)이라는 단어의 뜻은? (   )
   ① 기어를 P에서 D로 바꿀 때를 말한다.
   ② 예리한 모서리를 돌 때 자동차가 도로에서 미끄러지지 않고 노면에 밀착하여 달려갈 수 있게 하는 솜씨를 말한다.
   ③ 타이어가 도로와 교차하는 각도를 말한다.
   ④ 연료 투입기로부터 엔진까지 연료가 전달되는 것을 말한다.
   ⑤ 무슨 말인지 모르겠다.

3. 어떤 일에 대해 아무것도 모르면서도 쉽게 결정한다. (   )
   ① 대체로 ② 가끔 ③ 별로 그렇지 못하다.

4. 이전에 한 번도 해보지 않은 일을 해야만 할 때는 다른 사람에게 물어보기 전에 먼저 혼자서 그 일을 어떻게 해야 하는지 시간이 걸리더라도 해보는 편이다. (   )
   ① 맞다. ② 아니다. 나는 다른 사람들에게 쉽사리 도움을 요청하는 편이다.

5. 나는 게임을 할 때 이기지 못하면 종종 당황해한다. (   )
   ① 맞다. ② 아니다.

6. 사람들이 하기 싫어해도 내가 원하는 일이면 다른 사람들이 하게 만들 수가 있다.
 (   )

   ① 대체로 그렇다. ② 때때로 그렇다. ③ 별로 그렇지 않다.

7. 근육이 5kg 정도 더 생기면 내 모습이 더 멋져 보일 거라고 생각한다. (   )

   ① 맞다. ② 아니다.

8. 독서를 할 때 내가 좋아하는 분위기는? (   )

   ① 조용한 방이다. 그래야 나는 집중도 더 잘 되고 신경이 분산되지 않는다.

   ② 소리가 너무 크지만 않으면 음악이나 TV를 틀어놓는 것이 좋다. 너무 조용한 것은 싫다.

   ③ 아무래도 상관없다. 소음이 있건 없건 아무런 차이가 없다.

   ④ 위의 것 모두 해당 사항이 없다. 나는 책을 거의 읽지 않는다.

9. 뭔가 하고 싶은 일이 있을 때 지식이 풍부한 어떤 친구가 그 일이 무척 위험하거나 모험을 필요로 하는 일이라고 말한다면? (   )

   ① 그렇더라도 아마 그냥 추진할 것이다.

   ② 인정하고 싶지는 않지만 종종 내 계획을 수정할 수도 있다.

   ③ 해당되지 않는다. 나는 사람들이 위험하다고 생각하는 일은 대체로 하지 않는다.

10. 내 성적을 아는 다른 사람들이 생각하는 것보다 나는 훨씬 똑똑하다. (   )

    ① 맞다. ② 아니다.

〈점수 알아보기〉

1번 ① 종종 내가 나선다라고 답을 했으면 1점,
　　 ② 다른 누군가가 나설 때까지 기다린다라고 답을 했으면 0점이다.

2번 ③ 타이어가 도로와 교차하는 각도를 말한다라고 답을 했으면 1점,
　　 나머지 답변은 모두 0점이다.

3번 ① 대체로라고 답을 했으면 1점,
　　 나머지 답변은 모두 0점이다.

4번 ① 맞다라고 답을 했으면 1점,
　　 ②는 0점이다.

5번 ① 맞다라고 답을 했으면 1점,
　　 ②는 0점이다.

6번 ① 대체로 그렇다라고 답을 했으면 1점,
　　 나머지 답변은 모두 0점이다.

7번 ① 맞다라고 답을 했으면 1점,
　　 ②는 0점이다.

8번 ③ 아무래도 상관없다와
　　 ④ 위의 것 모두 해당 사항이 없다라고 답을 했으면 1점,
　　 나머지 답변은 모두 0점이다.

9번 　① 그렇더라도 아마 그냥 추진할 것이다라고 답을 했으면 1점.
　　　② 인정하고 싶지 않지만 종종 내 계획을 수정할 수도 있다라고 답을 했으면 0점.
　　　③ 해당되지 않는다. 나는 사람들이 위험하다고 생각하는 일은 대체로 하지 않는다는 -1점이다.

10번　① 맞다에 답을 했으면 1점.
　　　② 는 0점이다.

〈점수를 모두 합산해서〉

-1에서 +3점을 받은 경우: 결코 남성적이지 않다.

+4에서 +6점을 받은 경우: 존 리터 상! 제법 남성적이다.

+7에서 +10점을 받은 경우: 클린트 이스트우드 상! 상당히 남성적이다.

옮긴이의 글

지금은 성별 차이에 다시 주목할 시기이다

'여자는 태어나는 것이 아니라 만들어지는 것'이라는 말이 있다. 수천 년 동안 당연시되어 온 남녀의 성역할과 기능에 토대를 둔 남성 우위의 성 경계는 허물어져야 한다는 의미이다. 그러나 남자와 여자는 정말 똑같을까?

2005년 봄 시사주간지 《뉴스위크》에 실린 '젠더에 관한 진실'이라는 기사에 의하면 남성과 여성의 유전학적 차이는 인간과 침팬지의 차이만큼이나 크다고 한다. 생물학과 유전학 분야에서 이루어진 최근의 연구들도 1960년대 이래 여성해방운동이 그토록 폐기하려고 애썼던 남녀 간의 차이(이전에 우리가 통념적으로 알고 있던 남녀 간의 차이와는 다소 다르지만)가 사실임을 확인시켜주고 있다.

레너드 삭스의 『남자아이 여자아이』는 생물학·심리학·교육학·유전공학 등 다양한 분야에서 최근에 밝혀진 연구 성과들을 근거로 남자와 여자의 본질적인 차이를 생생하게 보여주면서 어떻게 하면 우리 아이들이 자신의 능력을 최대한 발휘하며 조화롭고 행복하게 살아갈 수 있을지에 대한 깊이 있는 고찰과 그 대안을 제시하는 책이다. 특히 가정의학과 의사이자 임상심리학자인 저자가 자신의 경험을 토대로, 지금까지 우리가 통념적으로 가져왔던 남녀에 대한 무조건적인 선입관과 선천적인 성차까지 무시하는 극단적인 태도 때문에 우리 아이들이 얼마나 많은 편견에 시달렸으며 자신의 잠재력을 제대로 발휘하지 못하고 소외된 삶을 살았는지 구체적인 실례를 들어 설명하고 있다. 이 책을 옮기면서 과거에 자녀들을 키우며 궁금해했던 점들을 이해했을 뿐 아니라 나 자신의 양육 태도를 돌아보게 되었다. 이 책을 읽을 많은 부모와 교사들 역시 때로는 무릎을 치며 감탄하기도 하고 때로는 안타까워하리라 믿는다.

이 책에 실린 사례들 중 몇 가지, 특히 성 문제나 중독, 성적 경향에 관한 논의는 우리 상황과는 다소 거리가 있다고 느낄 수도 있지만 남의 나라 일로 방관하고 무시할 때만은 아니라고 본다. 지금은 전 세계가 하루 생활권으로 좁혀졌을 뿐만 아니라 수많은 우리 아이들이 외국 땅에서 교육을 받고 있는 것이 현실이다. 이 책에 제시된 수많은 생활과 교육현장 사례들은 자녀들을 진심으로 사랑하고 이 나라의 미래를 진정으로 걱정하는 부모와 교사들에게 훌륭한 타산지석이 되어줄 것이다.

알게 모르게 남성우월적인 성별 고정관념과 여자는 여자로 태어나는 것이 아니라 여자로 길러진다는 '사회적 구성주의'에 사로잡혀 있는 사람들에게 '남자와 여자는 생물학적으로 다르게 프로그램되어 있으며 그 차이는 성장기에 더욱 크다!'는 사실을 입증하기 위해 저자는 수많은 이론들과 사례들, 그리고 통계 자료들과 전문적인 주들을 삽입하였다. 아이들을 키우고 가르치는 부모와 교사들에게는 너무 전문적이라고 생각되는 부분과 난

삽한 내용은 읽기 쉽게 정리하였다. 그리고 좀 더 깊이 알고자 하는 독자들을 위해 원서에는 없는 인명색인과 용어색인을 만들고 단행본 중심으로 참고문헌을 넣었다. 아무쪼록 이 책이 많은 부모들, 교사들, 교육학자들, 교육정책 입안자들에게 널리 읽혀지고 활용되어져서 아름다운 생명들의 타고난 잠재력이 충분히 개발되고 우리 사회가 양성평등이 이루어지는 데 일조할 수 있기를 바란다.

이 책의 번역을 통해 남녀의 본질적인 차이를 다시 한 번 깨닫는 기회를 주신 도서출판 아침이슬의 박성규 사장님과 긴 시간 애써준 편집부에 감사드린다.

우리 아이들이 가슴에 푸른 꿈을 안고 새로운 길을 개척해나가기를 소망하면서……

2007년 새해 아침에
옮긴이　이소영

인명색인

ㄱ

갈랜드, 트루디 햄멀(Trudi Hammel Garland) 146
게슈윈드, 놈(Norm Geschwind) 26
그뢴, 게오르그(Georg Grön) 140, 141

ㄴ

네이덜, 린(Lynn Nadel) 140

ㄷ

다이아몬드, 리사(Lisa Diamond) 166, 280, 281, 282
드로쉬, 에드워드(Edward DeRoche) 153, 154
디터-데커드, 커비(Kirby Deater Deckard) 237

ㄹ

라이머, 데이빗(David Reimer) 42
라이프, 틸만(Tilman Reiff) 93
랜스델, 허버트(Herbert Lansdell) 26
레버, 자넷(Janet Lever) 84
레비-워렌, 마사(Marsha Levy-Warren) 162
레온, 피터(Peter Leone) 162
레파트, 에드윈(Edwin Lephart) 35
루타, 수니아(Suniya Luthar) 198
르베이, 사이먼(Simon LeVay) 271, 272, 279
리비오, 마리오(Mario Livio) 146

ㅁ

매스터스, 윌리엄(William Masters) 274, 275
맥가지, 에드윈(Edwin McGargee) 91
맥패든, 데니스(Dennis McFadden) 273, 274
맬러무스, 닐(Neil Malamuth) 168, 169
머니, 존(John Money) 14, 42
맥, 재니스(Janice Meck) 289
모겔, 웬디(Wendy Mogel) 74
모론지엘로, 바버라(Barbara Morrongiello) 62
뫼비우스, 폴 줄리어스(Paul Julius Möbius) 47~49
미트로비치, 이고르(Igor Mitrovic) 95
밀러, 앨리스(Alice Miller) 252, 253
밀번, 마이클(Michael Milburn) 165

ㅂ

바네트, 마크(Mark Barnett) 239
바스티안, 헨리 찰튼(Henry Charlton Bastian) 25
바우마이스터, 로이(Roy Baumeister) 170

바움린드, 다이애나(Diana Baumrind) 254
밥콕, 린다(Linda Bobcock) 67, 68
버킷, 엘리노어(Elinor Burkitt) 124
베커, 브론윈(Bronwyn Becker) 198
보일런, 제임스(James Boylan) 278
뷰포드, 미셸(Michelle Burford) 172
브라운-세카르(Charles Edouard Brown-Séquard) 25
브룸버그, 조안 제이콥스(Joan Jacobs Brumberg) 170, 310
비숍, 존(John Bishop) 105, 120

ㅅ

사이먼스, 로널드(Ronald Simons) 253
서빈, 리사(Lisa Serbin) 43, 276
섹스턴, 패트리샤 케이요(Patricia Cayo Sexton) 291~295, 297
셀리그먼, 마틴(Martin Seligman) 68, 69
소시에, 데보라(Deborah Saucier) 138
쇼즈, 트레이시(Tracey Shors) 126, 127
스왑, 딕(Dick Swaab) 277
스타이펙, 데보라(Debarah Stipek) 135
스톨러, 로버트(Robert Stoller) 169
시니시, 크리스티나(Christina Sinisi) 239
시먼스, 레이첼(Rachel Simmons) 103, 104, 106

ㅇ

아라이, 야스마사(Yasumasa Arai) 38
알렉산더, 제리안(Gerianne Alexander) 44
애론, 데보라(Deborah Aaron) 209
애론프리드, 저스틴(Justin Aronfreed) 13
엘리아스, 노베르트(Norbert Elias) 223, 224
엘리엇, 콜린(Colin Elliot) 32
엥겔, 안나(Anna Engel) 186
여젤런-토드, 데보라(Deborah Yurgelun-Todd) 45
영, 토머스(Thomas Young) 175
오키프, 존(John O'keefe) 140
왈, 프랜스 드(Frans de Waal) 84
워터스, 웬디(Wendy Waters) 289
웨너, 엘리자베스(Elizabeth Wehner) 180, 181

ㅈ

조하, 산드라(Sandra Zohar) 65, 66
존슨, 버지니아(Virginia Johnson) 274, 275
존슨, 크리스틴(Christine Johnson) 253
지토, 줄리(Julie Zito) 256
짐머만, 릭(Rick Zimmerman) 175

ㅊ

치드켈, 데이나(Dana Chidekel) 229, 230

ㅋ

캐논, 월터(Walter Cannon) 96
캐시디, 제인(Jane Cassidy) 31, 273
캔트럴, 페기(Peggy Cantrell) 280
캠벨, 앤(Anne Campbell) 43
커팅, 알렉산드라(Alexandra Cutting) 237
케이건, 제롬(Jerome Kagan) 254, 290, 291, 293, 294
케인, 자넬(Janel Caine) 29, 30, 32
코르소, 존(Jonh Corso) 14, 15
콘-웨슨, 바버라(Barbara Cone-Wesson) 31
콜린스, 줄리(Julie Collins) 92
콜먼, 제임스(James Coleman) 315, 316
콜스, 조네타(Johnetta Coles) 318
크롭, 폴(Paul Kropp) 233
크루이즈버, 프랭크(Frank Kruijver) 277

ㅌ

탄넨, 데보라(Deborah Tannen) 53
테일러, 셸리(Shelley Taylor) 96, 119
톨먼, 데보라(Deborah Tolman) 170
투먼, 도나(Donna Tuman) 39

트웬지, 진(Jean Twenge) 303, 304

ㅍ

파사넨, 에드워드(Edward Pasanen) 273
퍼먼, 윈덜(Wyndol Furman) 180, 181
펄스타인, 린다(Linda Perlstein) 179, 180, 380
페디건, 린다 마리(Linda Marie Fedigan) 65, 66
페리, 데이빗(David Perry) 85
페리, 루이스(Louis Perry) 85
페플로, 앤(Anne Peplau) 54, 55, 167,
포머런츠, 에바(Eva Pomerantz) 115
포시, 다이언(Dian Fossey) 179
피터스, 데브라(Debra Peters) 280
피터슨, 리젯(Lizette Peterson) 63, 74
핀스키, 드루(Drew Pinsky) 174

ㅎ

헌터, 앤드루(Andrew Hunter) 311, 312
헤인, 주디(Judy Hayn) 149
호튼, 니콜(Nicole Horton) 239, 240
호프만, 마틴(Martin Hoffman) 246
홀, 알렉산드라(Alexandra Hall) 164, 165, 174, 175
화이트헤드, 바버라 데포(Barbara Dafoe Whitehead) 165, 174
휴즈, 클레어(Claire Hughes) 237

용어색인

ㄱ

간상세포 34, 36
간세포핵 271
감각운동피질 132
게이 268~278, 280, 282
경구피임약 227
계통발생적 45, 140, 148
교감신경계 96, 97, 99
긍정적인 훈련 228, 229, 237

ㄴ

난공불락의 효과 74
남녀 성차 87, 95, 97, 115, 237
남녀 양성적 42
남성성 17, 86, 204, 278, 298
남성호르몬 26, 27, 86
낭만적 관계 180, 281
낭만적 애착 281
낭만적인 감정 281
놀이 친구 243
뇌구탈출증 77

ㄷ

담력강화훈련 71, 74, 75
대뇌피질 34, 35, 41, 45, 46, 48, 140, 141, 145, 148, 167
대안적 공격 104
덱세드린 194, 195, 196, 198, 215

도전 또는 도피 반응 63, 96
동성애 54, 55, 271~274, 279, 280
또래 집단 180, 248

ㄹ

레즈비언 275, 279, 280, 281, 282
렉사프로 137
리탈린 137, 255, 256, 308

ㅁ

마리화나 165, 175, 181, 203, 206, 209~211
마약 19, 95, 175, 195~198, 202, 203, 207~216, 222, 231, 255, 268, 318
마약중독 197, 209, 214, 236
메타데이트 255
메틸페니데이트 255

ㅂ

바이코딘 12, 193, 195, 196
발육 시간표 130, 138
변종 소녀 297, 298
변종 소년 292, 294, 297, 298
볼기 때리기 252
부교감신경계 97
부모들의 개입 정도 253
비만 101, 225, 226

ㅅ

사회성 105, 237, 238, 316
사회적 구성주의 20, 332
사회적 학습 42, 43
사회화 과정 306, 307
생물학적인 성 53, 54, 56
선천성부신과형성증(CAH) 86
성 정체성 56
성별 고정관념 39, 47, 50, 64, 138, 155, 158, 302, 311, 312, 317, 332
성별 역할 75, 172, 308
성별 전형적 43, 276, 304
성별 제한적 166
성별 중립적 17, 39, 125, 310
성역할 14, 18, 167
성염색체 28, 29
성적 취향 54~56, 270~274, 279, 280
성적 학대 279
세로토닌 226
세포핵 41, 44, 141, 148, 272
섹슈얼리티 54, 55, 161, 166, 167, 188
셀렉사 137
소그룹 학습 123
신경성식욕부진증(거식증) 12
신경전달물질 226
신경절세포 34
신경해부학 272, 273

ㅇ

아동발달 18, 52
아동학대 252, 254
아드레날린 96
아세틸콜린 97
알파살론 95
암페타민 255
애더럴 137, 255, 256
애착 166, 281
애착 이론 281
약물남용 19
약물치료 81, 255, 257~260
양성애자 269~271, 280, 282
언어적 징계 243, 246, 248, 249
에스트로겐 166, 278
엘라빌 137
M세포 34~36, 44
X염색체 28, 29
여성성 17, 52, 185, 298, 322
여성호르몬 27, 166, 278
역할 놀이 150
옥시토신 166
Y염색체 28, 29
우울증 82, 83, 107, 108, 137, 227, 256
원뿔세포 34, 36
웰뷰트린 137
유도 기법 238~240, 244~246, 248~250, 252, 276
음악 치료 29, 30, 31

이성애 54, 55, 170, 177, 270, 271, 276, 277, 280~282
인지기능 45, 145

ㅈ

자율신경계 63, 96, 97
자존감 73, 184, 185, 197, 198, 209, 293, 314, 315
잠재의식 250
재낵스 12, 193, 195, 196, 203
전측시상하부 271
졸로프트 137
주의력결핍 과다행동장애(ADHD) 136
주의력결핍장애(Attention Deficit Disorders, ADD) 15, 16, 81, 82, 83, 125, 130, 308
중심와 34
중추신경자극제 255, 256

ㅊ

창백핵 48
청력 14~16, 31, 32, 44, 54, 124, 125, 138, 273, 274
체벌 237, 239, 250, 252~254

ㅋ

콘서타 255, 256, 308

클로니다인 137

ㅌ

타임아웃(활동 중지) 244~246, 248, 252
테스토스테론 166, 167
통각 상실 95
통과의례 319
트랜스젠더 277, 278, 279
특전 철회 246~250

ㅍ

파멜로 137
팩실 137, 308
편도 44~46, 48, 148
프로작 137
피보나치 수열 143, 145, 147
P세포 34, 35, 36, 44

ㅎ

학대 부모 255
학습된 무기력 68, 69, 73
항우울제 81, 200, 256
황체호르몬 95
훈련 전략 228, 241, 250, 259
힘의 행사 239

참고문헌

Aranoff, Gaya and Bell, Jennifer. *Principles of Gender-Specific Medicine*. N. Y.: Academic Press(Elsevier), 2004.

Babcock, Linda and Laschever, Sara. *Women Don't Ask: Negotiation and Gender Divide*. Princeton: Princeton UP, 2003.

Barrs, Myra and Pidgeon, Sue. *Reading the Difference: Gender and Reading in Elementary Classrooms*. London: Centre for Language in Primary Education, 1994.

Bell, Alan, Weinberg, Martin and Hammersmith, Sue. *Sexual Preference: Its Development in Men and Women*. Bloomington: Indiana UP, 1981.

Bellow, Adam. *In Praise of Nepotism: A Natural History*. N. Y.: Doubleday, 2003.

Beveridge, Albert. *Abraham Lincoln, 1809~1859*. Boston: Houghton-Mifflin, 1928.

Blum, Deborah. *Sex on the Brain: The Biological Differences between Men and Women*. N. Y.: Penguin, 1998.

Boylan, Jennifer Finney. *She's Not There: A Life in Two Genders*. Broadway Books, 2003.

Brumberg, Joan Jacobs. *The Body Project: An Intimate History of American Girls*. N. Y.: Random House, 1997.

Burkitt, Elinor. *Another Planet: A Year in the Life of a Suburban High School*. N. Y.: HarperCollins, 2001.

Burros, Marian. *Cooking for Comfort: More Than 100 Wonderful Recipes That Are as Satisfying to Cook as They Are to Eat*. N. Y.: Simon & Schuster, 2003.

Chidekel, Dana. *Parents in Charge: Setting Healthy, Loving Boundaries for You and Your Child*. N. Y.: Simon & Schuster, 2002.

Colapinto, John. *As Nature Made Him: The Boy Who Was Raised as a Girl*. N. Y.: HarperCollins, 2001.

Coleman, James. *The Adolescent Society: The Social Life of the Teenager and Its Impact on Education*. N. Y.: Free Press, 1961.

Crawford, Susan Hoy. *Beyond Dolls and Guns: 101 Ways to Help Children Avoid Gender Bias*. Portsmouth, NH: Heinemann, 1995.

Fausto-Sterling, Anne. *Sexing the Body: Gender Politics and the Construction of Sexuality*. N. Y.: Basic Books, 2000.

Fillingim, Roger. *Sex, Gender, and Pain*. Seattle: The International Association for the Study of Pain, 2000.

Fisher, Helen. *Why We Love: The Nature and Chemistry of Romantic Love*. N. Y.: Henry Holt, 2004.

Furman, Wyndol, Brown, B. Bradford and Feiring, Candice. *The Development of Romantic Relationships in Adolescence*. N. Y.: Cambridge UP, 1999.

Garland, Trudi Hammel. *Fascinating Fibonaccis: Mystery and Magic in Numbers*. Parsippany, N. J.: Pearson, 1987.

Hall, Judith. *Nonverbal Sex Differences*. Baltimore: Johns Hopkins UP, 1985.

Harris, Marvin and Johnson, Orna. *Cultural Anthropology*. Boston: Allyn & Bacon, 1995.

Higley, J. Dee. *Primate Psychology*. Cambridge Mass.: Harvard UP, 2003.

Hoffman, Martin. *Social Cognition and Social Development*. Cambridge: Cambridge UP, 1983.

Jetzinger, Franz. *Hitlers Jugend: Phantasien, Lugen, und die Wahrheit*. Vienna, Austria: Europa Publishers, 1956.

Kagan, Jerome. *Galen's Prophecy: Temperament in Human Nature*. N. Y.: Basic Books, 1994.

Kindlon, Daniel and Thompson, Michael. *Raising Cain: Protecting the Emotional Life of Boys*. N. Y.: Ballantine, 2000.

Kropp, Paul. *I'll Be the Parent, You Be the Child*. N. Y.: HarperCollins, 2001.

Lahey, B. B. and Kazdin, A. E. *Advances in Clinical Child Psychology, Vol.3*. N. Y.: Plenum, 1980.

Levine, Judith. *Harmful to Minors: The Perils of Protecting Children from Sex*. University of Minnesota Press, 2002.

Masters, William and Johnson, Virginia. *Homosexuality in Perspective*. Philadelphia: Lippincott, Williams & Wilkins, 1979.

Miller, Alice. *For Your Own Good: Hidden Cruelty in Child-Rearing and the Roots of Violence*. N. Y.: Farrar, Straus & Giroux, 1983.

Mogel, Wendy. *The Blessing of a Skinned Knee*. N. Y.: Penguin, 2001.

National Research Council. *Reducing Underage Drinking: A Collective Responsibility*. Washington, D. C.: National Academies Press, 2004.

O'Keefe, John and Nadel, Lynn. *The Hippocampus as a Cognitive Map*. London: Oxford UP, 1978.

Pereira, Michael and Fairbanks, Lynn. *Juvenile Primates*. N. Y.: Oxford UP, 2002.

Perlstein, Linda. *Not Much Just Chillin: The Hidden Lives of Middle Schoolers*. N. Y.: Farrar, Straus & Giroux, 2003.

Philipson, Ilene. *On the Shoulder of Women: The Feminization of Psychotherapy*. Guilford Press, 1993.

Pinsky, Drew. *Cracked: Putting Broken Lives Together Again*. N. Y.: HarperCollins, 2003.

Ravitch, Diane. *Brookings Papers on Education Policy*. Washington, D. C.: Brookings Institution Press, 2003.

Riese, Walter. *A History of Neurology*. N. Y.: MD Publications, 1959.

Sadker, Myra and Sadker, David. *Failing at Fairness: How Our Schools Cheat Girls*. Simon & Schuster, 1994.

Sexton, Patricia Cayo. *The Feminized Male: Classrooms, White Collars, and the Decline of Manliness*. N. Y.: Random House, 1969.

Sharp, Peter. *Nurturing Emotional Literacy: A Practical Guide for Teachers, Parents, and Those in the Caring Professions*. London: David Fulton Publishers, 2001.

Shulman, Shmuel and Collins, Andrew. *Romantic Relationships in Adolescence: Developmental Perspectives*. San Francisco: Wiley/Jossey-Bass, 1997.

Simmons, Rachel. *Odd Girl Out: The Hidden Culture of Aggression in Girls*. N. Y.: Harcourt, 2002.

Smith, Bradley. *Adolf Hitler: His Family, Childhood, and Youth*. Hoover Institution Press of Stanford University, 1967.

Sommers, Christina Hoff. *The War against Boys*. N. Y.: Simon & Schuster, 2000.

Tannen, Deborah. *You Just Don't Understand: Women and Men in Conversation*. N. Y.: HarperCollins, 2001.

Taylor, Shelley. *The Tending Instinct*. N. Y.: Henry Holt, 2002.

Willingham, Warren and Cole, Nancy. *Gender and Fair Assessment.* N. J.: Erlbaum, 1997.
Zolotow, Charlotte. *William's Doll.* N. Y.: Harper & Row, 1972.

남자아이 여자아이

유치원생에서 고등학생까지
부모와 교사들이 꼭 알아야 할 성별 차이와 효과적인 교육법

첫판 1쇄 펴낸날 · 2007년 1월 20일
첫판 3쇄 펴낸날 · 2008년 6월 10일

지은이 · 레너드 삭스
옮긴이 · 이소영
펴낸이 · 박성규

펴낸곳 · 도서출판 아침이슬
등록 · 1999년 1월 9일(제10-1699호)
주소 · 서울 마포구 합정동 411-2(121-886)
전화 · 02)332-6106 / 팩스 · 02)322-1740
이메일 · 21cmdew@hanmail.net

ISBN · 89-88996-71-2 03370

책값은 뒤표지에 있습니다.